KB268674

주식투자의 길 2

증시해체

김태일 투자전략가 지음

주식투자의 길 2

증시해체

김태일 투자전략가 지음

Contents

Contents

이 책은 다른 원고를 탈고한 후 조금이나마 여유가 있을 때 처음으로 기획했습니다. 처음에는 한 권의 책을 우선 출간한 후 시간을 두고 다른 책으로 독자 여러분을 찾으려고 했습니다. 즉 『주식투자의 길』과 『증시해체』로 각각 만들 생각이었지요. 하지만 동시에 출간을 해야 독자 여러분들게 다양한 정보를 드릴 수 있을 것으로 확신하고 책 제목을 『주식투자의 길』 상·하권으로 통일했습니다. 상권에서는 투자철학과 전략을 고민했으며 하권에서는 이를 바탕으로 한국증시를 해체했습니다.

자료를 찾고 골격을 갖추다 보니 어느덧 2008년 여름은 지나고 스산한 가을이 인사를 하더군요. 당시는 글로벌 경제위기가 실체를 들어내면서 증시는 흔들리고 외환시장은 바짝 얼어붙던 때였습니다. 풍요로운 가을보다

매서운 겨울이 먼저 찾아온 듯 했습니다. 대공황도 심심찮게 언급되고 시장에는 수많은 설説이 난무했습니다. 투자철학이 없다면 현상 자체에 압도될 형국이었지요. 또한 현상은 곳곳에 있는데 그 배경과 이면을 쉽게 들여다볼 수 없었습니다.

현상과 이면은 별개의 개체가 아니라 하나의 몸이라고 생각합니다. 우리는 현상에 너무 몰입한 나머지 본질을 간과할 수 있고, 본질에 집착한 나머지 현상이 본질을 표현한 것이라는 사실을 과소평가할 수 있습니다. 저는 현상과 이면을 함께 직시할 철학적 사고를 떠올리게 되었고, 그 결과물이 바로 본 서書입니다. 관점 자체가 저자의 철학일 수도 아님 단순한 의견일 수도 있습니다. 종교적 절대성을 추구하는 것이 아니기에 감각적 경험, 편협한 사고, 불확실한 추리, 부족한 이성의 혼합물이 되었을 수도 있습니다.

저자가 생각하는 투자의 길은 이런데, 독자 여러분들은 어떻게 생각하는지? 그리고 각자의 길을 한번 고민해 보고 스스로의 투자철학을 구축해 보는 것은 어떠한지? 그런 의견과 생각을 두서없이 나열한 것에 불과합니다. 사실 원고가 손을 떠나면 저자인 저 자신에게도 낯설고 불명확하며 이해하기 힘든 부분이 생길 것입니다. 그 사이에 현상이 변하고 저자의 관점이 달라지기 때문이지요.

세상을 관통하는 깊은 깨달음을 얻은 자가 아니라면 절대성은 쉽게 언급될 용어가 아닙니다. 상황에 맞게 수정하면서 최선을 모색하는 것이 일반 투자자의 도리라고 생각합니다. 모든 것을 의심하고 비판하고 분석하시길 바랍니다. 마우스 클릭 한번, 그 찰나에 돈이 움직이며 수익이 결정된다고 그 판단의 밑바탕 역시 순간일 수는 없습니다. 증시에 돌아다니는 갖가지 유형의 투자이론, 격언, 법칙들을 일반투자자는 똑같이 진실이라고 생각하고 대가들은 똑같이 거짓이라고 생각하며 기관 투자자들은 똑같이 쓸모가 있다고 여기는 것 같습니다.

투자인생이 인생의 전부일 수는 없으며 인생 전체가 투자에 먹히지 않도록 우리는 언제나 경계하여야 합니다. 가끔 증시에 의식이 있다면 투자자가 아닌 자신의 자유의지로 움직이는 것이 아닌가 생각해 봅니다. 증시를 움직이는 힘과 증시와의 관계는 증시의 무게, 속도 그리고 회귀본능 등 증시 본연의 내적 상태와 관련이 있을 것입니다. 만약 증시가 이것을 인식한다면 그것은 투자자가 투자의지를 표출하듯이 증시도 그 자체로 삶의 의지가 있다고 판단할 수 있을 것입니다. 부사자가 증시를 움직이는 것이 아닌 증시가 투자자를 움직일 수도 있겠지요.

상권이 철학이라는 테제를 들고 자칫 무의미할 수 있는 내용과 관념적

서술로 독자 여러분을 괴롭힌다면 하권은 논문을 보는 듯한 딱딱함과 난해한 개념으로 당혹해 할 수도 있습니다. 하권은 증시 해체적 관점에서 한국증시를 분해하고 있습니다. 상권에서 도출된 일부 개념과 결론을 실증적으로 검증하면서 투자실무도 염두에 두었습니다. 주식투자의 길 상권이 현실주의에 방점을 찍었다면 하권은 해체주의 관점을 제기하고 있습니다.

펼쳐 보일 수 있는 한도에 특별한 제한을 두지 않고 한국증시를 해부해 보았습니다. 지레 짐작으로 독자들에게 일정한 선을 긋고 다가서지는 않았습니다. 간혹 전문용어와 개념들을 실무에 최대한 접목시켜 풀이했으며 그것이 무엇을 의미하고 투자판단과 수익에 어떤 영향을 미칠 수 있는지도 고민했습니다.

이 책에서는 뚜렷한 방향과 길을 제시하지 않습니다. 그건 독자의 몫이니까요. 펼쳐진 현상과 이면 속에서 무엇을 얻고 무엇을 버리고 어떻게 해석하고 어떤 결론을 내리는 가에 관하여는 저자의 영역이 아닙니다. 불친절하고 무책임한 접근일 수도 있습니다. 하지만 친절함이 자칫 독선과 왜곡으로 다가올 수 있음을 경계한 저자의 고뇌임을 이해 바랍니다. 또한 저자의 철학과 시각에만 종속될 뿐 그 외 어떠한 이해관계에서도 독립적임을 밝혀 둡니다.

돌이켜보면 의미의 명확성을 위하여 이분법과 보편론을 과도하게 도입한 면도 있고 일부를 전체로 몰고 가는 우(愚)를 범하였을 수도 있습니다. 이런 점들 충분히 감안하시고 탐독하시길 바랍니다. 개인적으로는 아쉬운 부문도 많고 글을 적는 과정 속에서 나름대로 배운 점도 적지 않습니다. 부족한 부문은 독자 여러분들과 더 깊은 담론을 통하여 메우길 희망해봅니다.

긴 시간 꼼꼼한 편집과 좋은 의견을 내주신 한국학술정보 김영권 부장님, 원활한 의견교환과 세심한 배려를 아끼지 않으신 강태우 팀장님, 전반적인 구성과 멋진 표지를 위하여 고생하신 편집팀과 디자인팀 여러분들께 고마움을 전합니다. 또한 좋은 작업을 할 수 있도록 지원해주신 한국학술정보의 헌신적 도움에 거듭 감사의 인사를 드립니다. 끝으로 언제나 버팀목이 되어주신 사랑하는 부모님, 그리고 제 인생의 기쁨인 파트너 경희에게 가슴 깊은 애정을 표합니다.

2010년 1월 늦은 밤에

김태일

1장

부자의 부동산, 가난한 자의 증시

"부정의한 사회제도에서 궁핍과 비참, 무지와 야만이 초래됨을 알고 자신의 힘이 닿는 데까지 이를 바로잡으려고 발버둥 치는 사람들에게는 실망과 쓰라림만이 남겨질 것이다. 과거에도 그리고 현재에도 이런 사실은 변함이 없다. 그러나 정말 쓰라린 것은 훌륭함과 용기로 무장한 이조차 때때로 희생의 무용과 노력의 덧없음을 노래하는 것이다. 씨를 뿌린 사람들 가운데 그것이 자라는 것을 본 이는 드물며 또한 그것이 자라기는 할 것인지 확실히 아는 사람 역시 희박하다."

— 위대한 사상가 헨리 조지

1. 탐욕의 열차 부동산

토지는 모든 버블의 왕이며 위기의 시작이다.

주가상승에 대한 기대감으로 주식을 보유하듯 토지 가격 상승에 대한 확실한 기대가 존재할 때 부동산 투기는 시들지 않는다. 부동산 가격 상승에 대한 확실한 기대는 토지 보유자들 간에 암묵적 담합을 조장하고 이들은 생활의 극심한 압박감이 체념의 속삭임으로 다가오지 않는 한 그 속에서 한없이 침체된다. 사회가 계속 팽창을 지속하는 한 유휴화된 토지들이 널려 있어도 문제될 것이 없다. 기다리다 보면 유휴지에도 도시권이 들어설 것이고 부동산 가격은 뛸 것이 확실하기 때문이다. 당장은 교육비도 부담 되고 삶도 피곤하지만 높은 가격을 제시하지 않는 한 이들은 보유한 토지를 내놓지 않으며 광기에 가까운 집착을 보이게 된다. IMF 같은 외부 충격이 개별적 삶과 산업을 완전히 비틀지 않는 한 그 광기를 잠재울 것은 아무것도 없다.

산업혁명으로 대량생산이 가능해지고 민주주의와 자유주의가 급격히 신장함에 따라 수많은 지식인들이 20세기 이전에 유토피아가 눈앞에 펼쳐질 것임을 굳게 믿었다. 하지만 헨리 조지는 19세기 말 〈진보와 빈곤〉을 통해 인간을 위한 이상향은 결코 도래하지 않을 것임을 주장하였다. 그는 도시가 생기고 산업이 발달하는 등 진보가 현실화되고 있는 가운데 왜 빈곤층은 줄 어들지 않고 확대되고 있는가를 고민하였다. 그는 토지의 편중이 부의 집중을 가져오며 이를 해결하지 않는 한 진보와 빈곤은 영원히 풀리지 않는 '수레의 두 바퀴'로 남을 것이라고 결론 지었다.

그는 제1차 세계대전 발발을 예감한 듯, 인류 문명을 위협하는 부의 불균등 분배는 토지사유제에서 출발한다고 성토하였다. 토지는 부와 생산의 밑바탕이며, 이는 몇천 년 전이나 그가 『진보와 빈곤』을 저술한 19세기나 로켓을 우주로 쏘아 올리고 있는 현재에도 변함이 없다. 강도의 차이만 있을 뿐 그 본질은 21세기에도 면면히 이어져 오고 있다. 그는 맬더스론자처럼 인구는 기하급수적으로 증가하지만 생산능력은 산술적으로 확대된다고 짐짓 체념하면서 빈곤문제에 정당성을 부과하지 않았다. 오히려 토지사유제에 대한 수술을 통하여 빈곤은 해결될 수 있다는 긍정적 시각을 가진 아름다운 영혼이었다.

토지 집중화는 빈곤 심화와 더불어 경제와 금융위기를 주기적으로 조장한다. 일례로 1920년 전후로 불어닥친 부동산 붐은 부의 효과를 창출하여 소비와 성장 모두에서 환상적인 그림을 만들어 내었다. 성장의 뒤편에서는 낙오되어 가는 중산층이 차곡차곡 쌓였지만 생산시설 팽창은 한층 탄력을 받았다. 소비를 떠받치고 있는 중산층이 점차 마모됨에 따라 공급과잉이 경제위기로 다가왔으며 부족한 소비를 채우기 위해 미 연방정부는 마지막 남은 기름을 쭉 짜듯 주식담보 대출을 적극 장려하였다. 소비는 일시적으로 회복되고 증시는 상승노래를 한껏 불러 젖혔다. 부동산에서 시작한 부의 효과가 이제는 주식에 의한 부의 효과로 전환된 것이다. 경제와 증시 전반에 걸쳐 낙관론은 만연되었으며 파라다이스는 영원히 지속될 것처럼 여겨졌다. 하지만 달콤한 꿈은 1928년 석유 카르텔이 휘발유 가격을 급등시킴으로써 그 바닥을 드러내었다.

자동차 산업이 휘청거렸으며 은행들이 파산하기 시작하였다. 300% 수준에 달한 부채비율은 대다수 미국인에게 어떤 불길한 시그널도 던져 주지 못했으며 80년 이후인 2008년 이전에도 동일한 상황은 반복 재현되었다. 참고로 2007년 미국은 국내총생산의 350%에 달하는 채무를 보유하였다. 1929년에 불어닥친 바람이 일시적 미풍이 아닌 대공황의 전조였음을 알게 되었을 때 증시는 장기침체 늪 속으로 깊숙이 빠져들었다. 체념 이후 남는 것은 퇴폐적이고 우울한 자화상이며 그 속에서 위기는 한층 심화된다. 손안에 잡힐 것 같던 이상향이 이루어질 수 없는 현실임을 깨닫게 되었을 때 대다수 자유·진보주의적 인사들이 현실도피와 타협의 길을 걸었다. 심화된 경제문제는 늘 대중을 불안하게 만들었으며 현실적 감각을 넘어 광기를 불러일으켰다. 대항 이데올로기가 없는 현실주의와 이상주의는 제국주의, 파시즘 형태로 변질되어 제1차, 제2차 세계대전이라는 재앙으로 인류에게 다가왔다.

21세기에도 거의 비슷한 시나리오가 반복되고 있다. 전 세계에 불어닥친 부동산 붐이 부의 효과를 창출하고 소비와 성장 모두에서 환상적인 그래프를 그렸다. 증시에는 버블이 잔뜩 끼었으며 석유를 필두로 한 국제원자재 시장에 투기자금이 물밀듯이 밀려 들어왔다. 1928년 당시처럼 석유 가격은 폭등하고 빅3으로 대변되는 미 자동차 산업이 무너졌다. 부동산 가격은 폭락하고 소비는 침체되었으며 제조기반은 송두리째 흔들리고 있다. 전쟁이 아닌 화폐와 국제공조로 공황을 간신히 막고 있지만 그 결과는 아직 단정하기 힘들다. 위기는 아직 현재 진행형이다.

2. 악어와 악어새(?), No

부동산은 증시를 한계 짓는 결정적 요인이다.

부동산과 증시 간의 관계는 때때로 악어와 악어새의 관계로 여겨진다. 가장 보편화된 투자대상으로 투자자들의 사랑을 받고 있으며 경쟁적으로 서로를 촉발하면서 투자분위기를 북돋기도 한다. 투자자금이 무한하다면 좋은 파트너 관계를 유지했을지도 모르겠다. 하지만 인쇄기를 돌려 무한정 지폐를 찍어 내기에는 현실적 한계도 만만찮다. 유동성 규모도 일정 단계를 넘어서면 그 효과가 퇴색되고 부작용만 두드러진다. 또한 중앙은행이 항상 일방향 통화정책을 취하는 것도 아니다. 유동성을 풀면 언젠가는 출구전략을 통하여 일부 흡수하게 되고 금리도 내리는 날이 있으면 오르는 날도 있기 마련이다.

화폐가 아닌 근원적 시각에서 부동산과 증시를 살펴보면 다음과 같은 관계를 발견할 수 있다. 생산의 세 요소가 토지, 자본, 노동으로 구성된다는 사실을 우리는 초등교육 과정에서 이미 배운다. 이들 세 요소를 투입해 산출된 것을 생산량이라 부른다. 투입요소별로 생산량을 구분하면 지대(토지), 이익(자본), 임금(노동)으로 나뉘는데, 만약 생산량에서 지대를 제한다면 등가의 법칙에 따라 이자와 임금이 남게 된다. 이들 간의 관계를 통해 우리는 생산량을 아무리 높여도 그 상승분만큼 지대가 올라간다면 이익과 임금의 증가는 없다는 점을 알게 된다.

논의를 좀 더 단순화시키면 기술개발과 기계화로 생산성은 높아지는데 왜 자본축적 기회는 좁아지고 빈곤은 확대되는지에 대한 해답을 찾을 수 있다. 한국사회가 현재 직면한 문제이기도 하다. 주식투자자 측면에서 이 문제를 곰곰이 더듬어 보자. 지대라는 말 대신 부동산 투자이익, 이익 대신 주식투자 이익(증시의 본원적 기능 가운데 핵심은 생산에 투입될 자본을 조달하는 것임)을 대입해 보면 우리는 부동산 투자이익과 주식투자 이익은 윈-윈Win-Win이 아닌 대립적 관계에 놓여 있음을 파악할 수 있다. 누가 뭐라고 하든 부동산 가격 상승은 증시에 있어 그 자체로 독인 셈이다.

상기 결론에 대한 구체적 사례는 이후 살펴보기로 하고 일단은 개념적 논의를 이어 가기로 한다. 부동산은 인류 역사상 가장 핵심적 자산으로 간주되지만 주식과 달리 체계화된 가치평가 기준이 없다. 국제적으로 임대료와 주택 가격을 비교하여 과열과 침체수준을 판단하곤 하지만 이론적 완결성은 좀 떨어진다. 학문이 아닌 경험과 생활상의 결과물인 셈이다. 부동산 시장이 활황을 보인다면 1:200~1:300 수준을 유지할 것으로 추론하고 있다. 보통 1:100~1:260을 기준으로 삼고 있는데, 여기서 1:100~1:260이란 주택을 세 놓을 경우 최소 100개월, 최대 260개월 이내에 원금을 회수할 수 있다는 의미이다. 연 단위로 쉽게 설명하자면 주택 가격은 최소 8.3년 최대 21.7년 사이에 회수될 수 있는 수준이 바람직하다는 뜻이다.

일례로 30평짜리 강남지역 아파트 가격이 10억을 호가하고, 월세가 200만 원이라면 1:500이라는 비율이 산출된다. 이는 500개월이 지나야만 해당 아파트 원금을 회수할 수 있다는 의미로 국제 부동산 활황기준보다 2배 정도 높다는 뜻이다. 현실적으로 월 200만 원을 주고 30평짜리 아파트에 살 샐러리맨은 극히 드물 것이고 100만 원도 사실 부담스러울 것이다. 반론이 존재할 수 있지만 수도권 부동산 가격은 상당한 거품이 분명히 끼어있다. 수도권과는 달리 지방 부동산 가격은 대체로 국제기준에 부합하는 것 같다. 부동산 시장에도 약육강식의 룰이 존재하는 셈이며 지방 부동산에 넓게 퍼져야 될 상승분이 수도권, 그 가운데 강남을 필두로 한 버블세븐 지역에 집중됨으로써 가격격차는 확대되고 쏠림 현상은 갈수록 심화되는 것이다.

원천: 인베스트먼트툴Investment Tool

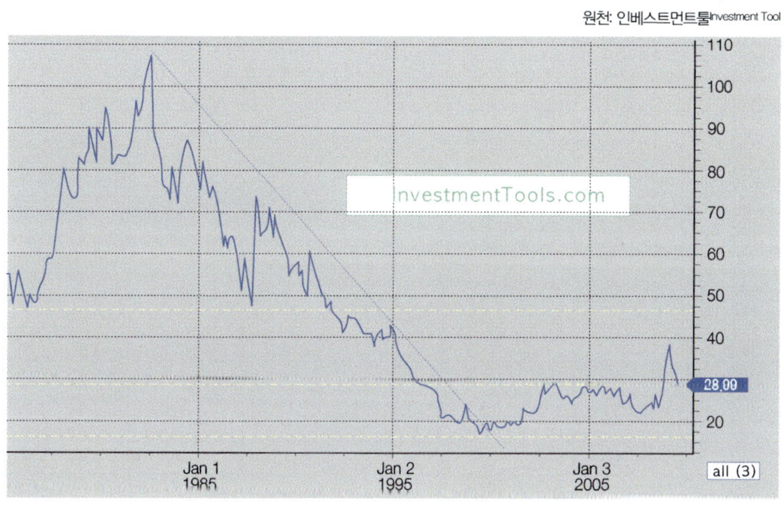

〈그림 1-1〉 미 부동산 가격을 다우존스지수로 나눈 값

중국도 한국과 비슷한 모습이 연출되고 있는데, 현재 1:400~1:500 수준을 유지하고 있는 것으로 추정된다. 통계국 발표에 따르면 베이징지역 부동산 가격은 수입 대비 27:1로 국제평균 수준보다 5배 높은 것으로 나타났다. 위 수치는 27년 동안 먹거나 쓰지 않고 한 가구가 꼬박 27년 동안 돈을 모아야 주택 한 채를 살 수 있다는 의미로, 가구수입 대비 주택 가격이 너무 높다는 뜻으로 해석될 수 있다. 중국 주요 도시 아파트 가격은 이미 한국인에게도 부담스러운 수준이며 중국인에게는 인생의 굴레로 자리 잡고 있다.

〈그림 1-1〉은 미 부동산 가격을 다우존스지수로 나눈 그래프이다. 1980년부터 2000년대 초까지 약 20년 동안 지표가 수직 하향하는 것을 관찰할 수 있는데, 이는 부동산 대비 주식시장이 장기 상승한 것으로 해석할 수 있다. 주식 투자자들에게는 이상적 모습이며 장기투자가 유효한 구조이기도

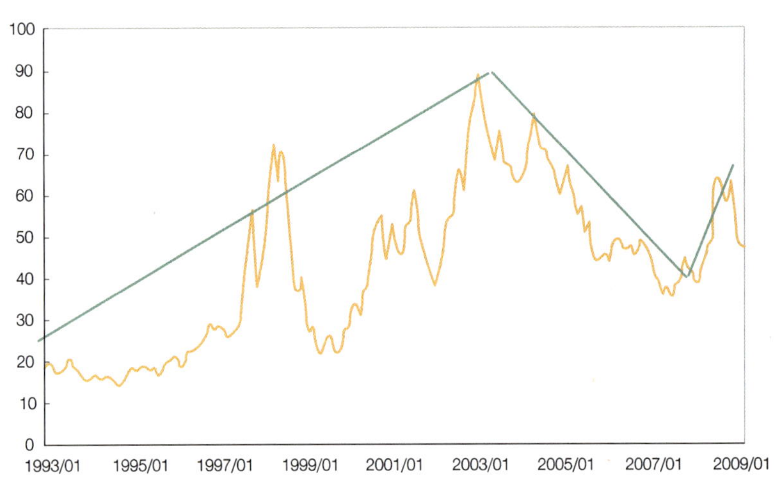

〈그림 1-2〉 한국 주택자금 대출액을 코스피지수로 나눈 값

하다. 하지만 IT버블을 겪으면서 지표가 상승 반전되었으며 이는 2007년 하반기 서브프라임 모기지 부실사태가 발생할 때까지 지속되었다. 증시보다는 부동산에 돈이 더 몰렸으며 자산버블은 조장되었다. 증시버블과 달리 자산, 특히 부동산버블은 경제 전반에 심각한 타격을 주는데, 멀게는 80년 전 대공황 사례, 가깝게는 80년대 말 저축대부조합 사태와 그 붕괴를 통하여 익히 경험한 사실이다. 21세기 초 영화는 리메이크되고 있으며 시나리오와 주인공들도 거의 비슷한 것 같다.

〈그림 1-2〉는 1993년부터 2009년까지 주택자금 대출액을 코스피KOSPI 주가지수로 나눈 것인데, 앞서 살펴본 미국 상황과 달리 수직 상향하는 그래프를 나타내고 있다. 국내 부동산매매가격에 대한 역사적 자료가 체계적으로 수집, 축적되어 있지는 않아 그 대용치로 주택자금 대출액을 이용하였다. IMF 이후 1~2년 동안은 증시가 부동산을 상대적으로 압도한 것을 제하고는 2002년까지 부동산이 대체로 증시를 누르는 형태를 띠고 있다. 간혹 부동산에 더 몰리는 경향이 있었지만 2003년부터 2007년 하반기 한국증시는 보기 드물게 긴 상승을 경험하였으며 그래프도 수직 하향하는 모습을 보였다. 부동산에서 증시로 힘의 축이 이동한 것이다. 하지만 그래프에서 보는 것처럼 공은 다시 부동산으로 넘어갔으며 증시는 좁은 박스권에서 상하운동을 반복하고 있다. 부동산 가격이 잡히지 않는 한 한국증시에서 장기투자는 유효하지 않다.

〈그림 1-3〉은 1993년부터 2009년까지 주택매매가격등락률을 살펴본 것이다. 전체 수치보다 서울로 한정할 경우 그 추세가 더욱 두드러지며, 떨어지는 폭은 같지만 상승폭은 2배 이상 높은 것으로 조사되었다. 지방을 포함

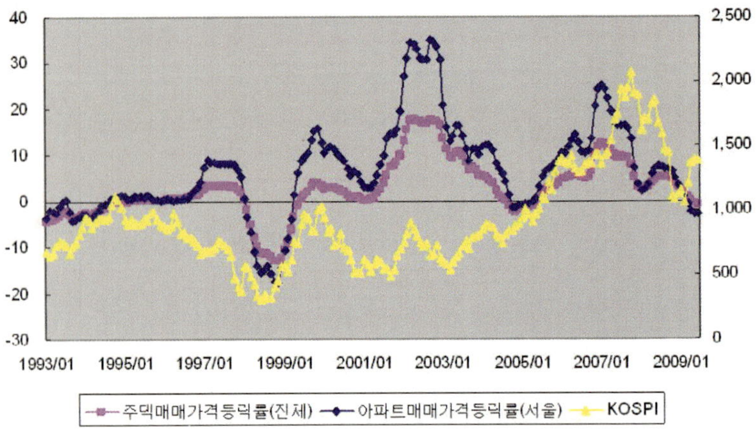

〈그림 1-3〉 주택, 아파트가격 매매등락률과 코스피 추이

한 전체 자료의 경우 서울과 비교하여 전형적인 소외주 패턴을 그리고 있다. 오를 때는 조금, 떨어질 때는 왕창 떨어지는 소외주말이다. 한편 1993년부터 2009년까지 주택매매가격등락률과 코스피 수익률 간의 상관관계를 살펴보면 대체로 부(−)의 관계가 유지됨을 알 수 있다. 수익률이 아닌 주가지수 그 자체를 놓고 본다면 앞의 결과와 달리 정(+)의 값이 도출되었다. 머릿속에 그려진 이미지가 얼마나 현실을 외면하는지 알 수 있는 좋은 사례이다. 부동산과 증시가 상호 보완적이라는 것은 이미지이지 현실은 아니다.

3. 주식투자, 어떻게 할 것인가

투자상품은 다양하며 시장을 넘나드는 하이브리드 상품도 시시각각 출시되고 있다. 부동산과 증권이 결합된 신용파생상품도 있고 부동산 경기에 따라 수익률이 좌우되는 부동산 펀드와 원자재를 대상으로 한 원자재 펀드들도 각광을 받고 있다. 하지만 문제를 단순화시켜 여러분의 자금이 갈 곳을 열거하면 결국 예금, 증시, 부동산으로 3등분 될 것이다. 그 가운데 예금은 중립적 지대에 속하고 증시와 부동산만이 투자영역에 편입된다. 유동자금은 삼각편대를 기초로 사이클을 그리면서 돌아가는 것이다. 증시자금이 예금으로 이동한 후 부동산으로 넘어갈 수도 있고, 부동산 시장이 침체기에 빠진다면 예금을 기쳐 증시로 유입될 수도 있다. 예금은 중간통로이지 투자시장은 아니다.

증시와 부동산 모두 상승 혹은 침체를 보일 수도 있다. 하지만 그 강도는 상대적이며 그곳에서 역학관계의 변화가 발생한다. 여러분의 주 투자대상이 부동산이라면 증시가 가급적 일정한 박스권에서 등락을 반복하면서 그 자신을 한계 짓는 상황을 고대할 것이다. 증시가 아예 붕괴되는 것이 더 좋지 않는가라고 반문을 던질 이들도 존재할 것이다. 하지만 증시 붕괴는 투자심리 자체를 냉각시켜 역효과를 초래할 수도 있다. 적이라도 관리된다면 찻잔 속의 태풍에 불과하고 아군이라도 통제 불능이면 그 자체로 위험이다. 부동산시장이 항상 급등할 수 없으니 잠시 쉬어 가는 장소로 증시만큼 이상적인 영역도 사실 드물다. 예금처럼 투자심리를 식히지도 않고 일정한 긴장감을 유지시키기 때문이다.

증시가 주主이고 부동산이 객客이라면 부동산 폭락이야말로 코스피 3,000포인트 달성의 단초가 될 것이다. 중단기적으로는 부의 효과Wealth Effect 위축으로 증시가 흔들릴 수 있다. 하지만 〈그림 1-2〉가 아닌 〈그림 1-1〉과 같이 장기상승 구조가 형성될 것이다. 시간 그 자체가 돈이 되며 망하지 않을 주식에 돈을 파묻으면 된다. 경제성장의 과실을 한 번도 마음껏 누려 보지 못한 주식투자자에게 있어 한 번쯤 그런 선물을 던져 줄 때도 된 것 같다. 이런 주장을 현실적이지 않은 경제이론과 왜곡된 데이터로 굳이 검증할 필요는 없다. 그럼 그 이유를 두 가지 측면에서 살펴보자.

첫째, 부의 효과는 부동산만의 영역이 아니다. 증시가 상승한다면 부가 확대될 것이고 이는 소비를 촉발한다. 증가된 소비는 생산 확대로 연결되며 기업이익은 향상될 것이다. 투자지표가 개선됨에 따라 주가는 가일층 상승할 것이며 이는 또 다시 투자자의 부를 증대시킬 것이다. 이런 선순환 구조는 증시를 장기상승 국면으로 몰고 가며 시장을 확대할 것이다. 깊고 넓은 시장은 일시적 급등락에 비교적 담담한 모습을 나타내고 안정자산에 속하는 자금 역시 급속히 빨아들일 것이다. 한정된 자원을 놓고 힘겨루기를 하는 상황에서 증시에 유리하도록 투자자금의 재분배가 구조적으로 일어나는 셈이다.

둘째, 주식이 사치품이라면 주택은 필수품으로 가격과는 별개로 매입하든지 또는 임대해야 하는 삶의 안식처이다. 상당수 국민이 주식과 펀드 등에 투자하고 있지만 그것은 선택이지 필수가 아니다. 반면 주택은 삶의 옵션이 아니며 취향에 따라 길거리에서 잠을 잘 수도 없다. 논란은 있지만 부동산 불패라는 말이 광범위한 동의를 이끌어 내는 것도 단순·명료하면서도 선택을 불허하는 과점적 논리 때문이다. 장기추세는 전문가들의 논리로 움직이는 것이 아닌 다수가 인정하는 방향으로 흐르며 대중은 증시보다는 부동산에 손을 들어 주고 있다. 한국의 경우 필수품 가격이 너무 높아 일반 대중이 사치품을 살 여유가 없으며, 필수품이 오히려 사치품으로 전도되고 있다. 주택이 본연의 자리를 돌아서지 않는다면 한국증시는 영원히 가난한 자만의 필수품으로 존재할 것이고 주식투자자는 그 속에서 질식될 것이다. 현 부동산 시장이 송두리째 무너지지 않는 한 장기투자는 한국증시의 몫이 아니며 단기적 대응만 유효할 뿐이다.

결국 산업화와 기계화를 통하여 노동생산성은 향상되고 총론적인 부는 확대되고 있지만 세부적으로는 임금이나 자본이익을 높이는 방향이 아닌 부동산 가격 상승으로 연결된다. 사회가 진보할수록 빈곤층은 확대되고 기업, 특히 제조업의 이익 창출력은 제한을 받게 되는 셈이다. 결국 기업은 다량의 부동산을 확보하려는 욕망에 휩싸이고 생산과 토지 양쪽에 다리를 걸치게 된다. 이런 상태가 누적된다면 도전의식과 창조성은 퇴색되고 생산은 위축되며 토지가 왕인 세상으로 변모한다. 증시는 미래에 대한 불확실한 보장 속에서 급등락을 반복하고 투자자는 끊임없이 돌을 언덕 위로 밀어 올리게 된다.

2장

버블
그 기회와 위험

"사회적 부가 확대되었다는 것은 상대적 가치가 아닌 실질적 가치가 증가했다는 것을 말한다. 주식, 채권, 어음 등과 같은 유가증권이나 생산과 관련 없는 주택, 자연상태의 토지 등의 가치 증가로 사회적 부를 재단할 수 없으며 오직 생산물과 생산요소 증가만이 부의 확대로 볼 수 있다. 주식시장에서 인용되는 '부의 효과'가 얼마나 허황된 계산착오인지 우리는 활황장의 끈기 없는 지속성을 통해 자주 관찰할 수 있다. 폴 크루그먼 교수의 말처럼 우주에서 실질적인 무엇인가를 수혈하지 않는다면 인간 문명의 몰락은 필연적 결과일 수도 있다. 생존본능에 의해 내부적 계산기가 인류의 부가 확대가 아닌 축소 과정을 겪고 있다는 것을 우리에게 알려 주며 이를 만회하기 위해 위험한 도박판을 자주 벌이는지도 모르겠다."

1. 버블을 일으키는 요인들

버블의 원인은 복합적이지만 그 결말은 단순하다.
패러다임이 완전히 무너질 때까지 자기 복제적 위기를
재생산하며 인간은 원숭이보다 더 현명한 처신을 하지 못한다.

그린스펀은 버블이 발생하기 전에는 버블의 존재를 인식하기 힘들다고 생각했으며 사전에 버블을 인식했더라도 버블 붕괴가 가져올 대규모 경제활동 위축을 둔화시킬 선제적 수단을 중앙은행은 충분히 보유하고 있지 않다고 고백하였다. 한때 투자자들을 들뜨게 만들었던 '신경제' 라는 용어는 1990년대 갑자기 등장한 말은 아니다. 그 이전부터 증시를 배회하고 있었는데, 1920년대에는 유틸리티, 1960년대에는 전자 섹터가 그 역할을 담당하였다. 1990년대에는 IT가 그 자리를 꿰찼을 뿐이다. 20세기 말 S&P 500 지수가 1/2배 정도 상승할 때 S&P 테크놀로지Standard & Poor's Technology 지수는 약 4배 정도 폭등하였다. IT섹터를 제할 경우 S&P 500 지수는 상승이 아닌 횡보로 판단하는 것이 더 적당할 것이다. 당시 나스닥의 평균 PER는 200배를 넘어섰는데, 이만하면 버블에 대한 핑계를 미래가치로 돌리기에는 그 변명이 상당히 궁색해 보인다.

버블을 일으키는 요인은 다양하다. 사회적 관점에서는 자본주의 사회가 가진 원죄로 해석하고 있다. 자본주의는 자본주의에 의해 파괴된다는 사고가 그 기저에 깔려 있다. 경제적 측면으로는 시장주의자는 일시적 시장불균형, 마르크스주의자는 계급불균형에 따른 소비감소와 과잉생산에 그 원인을 둔다. 또한 정책적으로 접근한다면 인위적인 산업육성 정책과 적극적 통화·재정정책, 높은 인플레이션, 느슨한 감독체계 등을 들 수 있다. 헨리 조지와 같은 이는 생산과 소비로 국한된 전통적 관념에서 탈피하여 토지에 그 근원을 두고 있다. 그는 닭이 먼저인지 또는 달걀이 먼저인지와 같은 패러독스로는 버블과 그 이후 찾아올 불황문제를 영원히 풀 수 없다고 생각했다. 초점은 생산과 소비가 아닌 이 둘의 균형을 어긋나게 하는 무엇인가에 두어야 하며 수요와 생산의 선순환 사이클을 비집고 들어가 단절을 일으키는 존재가 무엇인가에 골몰할 필요가 있다고 생각했다.

그의 견해에 따르면 토지가 가장 유력한데, 토지는 수요와 생산 양쪽에서 자원을 빨아들이는 역할을 한다. 수요 측면에서 토지 가격 상승은 수요능력을 떨어트리고 이는 생산위축으로 전이된다. 또한 생산 측면에서 토지 가격 상승은 자본이익을 축소시켜 기업의 생산의욕을 떨어뜨린다. 기업이 생산을 회피하면 산업규모는 축소되고 유효인력은 남아돌게 된다. 그 뒤를 이어 소비축소가 유발됨은 의심할 여지가 없다. 생산과 소비부문에서 충격을 흡수할 수 있을 만큼 토지 가격이 올라간다면 삐걱거리면서 불쾌한 신호음을 발산하겠지만 그래도 나사는 돌아갈 것이다. 하지만 그 한계를 벗어난다면 단절이 초래되고 경제는 전면적 불황으로 넘어간다. 2007년 서브 프라임 모기지 부실사태로 촉발된 글로벌 경기침체가 그 좋은 사례이다.

미시적으로 들어가, 인구학적으로 해석한다면 베이비붐 세대와 그들의 활발한 노후준비, 즉 연기금과 뮤추얼펀드 성장에서 답을 찾을 수 있으며 문화적으로는 단순하고 긍정적인 사고만연과 성공 지향적인 사업환경, 일확천금을 꿈꾸는 투자문화, 모럴해저드 등을 들 수 있다. 또한 기술에 포커스를 둔다면 IT혁명이 초래한 24시간 거래시스템, 즉각적 시장반응, 정보량 폭주에 따른 시장충격 확대 등에서 답을 찾을 수 있다. 결국 버블은 하나의 요인이 아닌 다양한 요인들이 복합적이고 체계적으로 가동한 결과이며 일단 빠져든다면 헤지Hedge가 결코 용이하지 않다.

시장 내부에서 버블의 원인을 찾아가면 다음과 같이 바라볼 수 있다. 낙관적 시장환경 속에서 일부 투자상품이 출시되고 거래량이 증가하면서 버블의 초기 씨앗이 뿌려지는 것이다. 만족할 만한 이익을 던져 줄 것으로 기대되는 투자상품에 시장의 관심은 모아지며 이는 확대 재생산 과정을 통하여 투자를 촉진시킨다. 레버리지Leverage 투자가 발생하며 부족한 자금은 국내뿐만 아니라 국제금융가로부터도 종종 차입된다. 실제 투입된 자금보다 더 높은 가격 상승이 발생하며 투자자들의 조심성이 점차 희석된다. 이 단계에서 시장 움직임은 실물경제와 어긋나거나 괴리를 보이게 된다. 가격이 폭등함에 따라 투기시장에 진입하는 신규 투자자 수는 점점 감소하게 되며 시장 불안정성이 노출되고 붕괴할 때까지 시장은 히스테리적인 반응을 나타낸다.

찰스킨들버그Charles P. Kindleberger는 상승은 종종 새로운 시장, 신기술 또는 드라마틱한 정치전환 등에 의해 시작되고 이때 투자자들은 높은 수익을 추구하다고 보았다. 신용확대가 버블을 팽창시키는 동안 투자자는 가격 상승에 대한 도취감으로 흠뻑 물든다. 과열상태에서 투자자는 돈을 최대한 끌어 모아 주식, 원자재, 부동산 등과 같은 비유통성 자산에 쏟아붓고 수많은 사람들이 부자가 되기를 꿈꾼다. 최종적으로 시장이 상승을 그만둘 때 능력 이상으로 차입한 투자자는 벼랑의 문턱에 내몰리게 된다. 신용불량이라는 딱지와 함께 담보물에 대한 압류절차가 이루어지며 최종적으로는 버블 붕괴 와 함께 전방위적으로 패닉이 확산된다. 막대한 손실을 무릅쓰고 보유자산 을 내던지는 상황이 연출되며 현금이 곧 왕이 된다.

앞서 내용과 달리 심리적으로 버블문제를 접근할 수 있다. 주류는 아니 지만 행동금융학Behavioral Finance 영역이 점차 시장 움직임을 설명하는 한 갈 래로 인정을 받고 있다. 행동금융학이란 증시 움직임을 과도한 자신감, 공포 와 탐욕, 닻 내리기 효과, 유용성과 이성적 부주의, 알레의 패러독스Allais Paradox, 주관적인 확률 등으로 해석하는 학문영역이다. 알레의 패러독스는 흔히 확실성 효과라고도 불리는데, 보상이 적더라도 만일 좋은 결과를 가져 올 것이 확실하다면 인간은 보다 안전한 쪽을 택한다는 개념이며 닻 내리기 효과Anchoring는 사람들이 어떤 값을 추정할 때 초기 값에 근거하여 판단하는 현상을 일컫는다.

2. 버블 예측에 도전하는 이들

버블이 자연적 현상이라면 예측이 가능할 것이다.
하지만 증시버블은 사회적 현상이므로
예측의 진위를 떠나 피할 수는 없다.

균형모형에서 주가의 무작위성을 보장하기 위해서 일반적으로 랜덤Random, 무작위 함수를 이용한다. 주가가 무작위적으로 움직인다면 우리는 그 모양을 어떤 특정한 형태로 유추할 수 없다. 하지만 주가흐름이 무작위적이지 않고 카오스적으로 움직인다면 일정한 모습을 그려 볼 수 있다. 카오스 이론에 의하면 주가는 무작위적 흐름이 아닌 $y(n+1)=3.95*y(n)*(1-(yn))$과 같은 결정론적 흐름을 따르는데, 초기 값만 정확히 설정할 수 있다면 주가 예측도 더 이상 미지의 영역은 아닌 셈이다.

다만 논리적 우수성이 현실적 적합성을 보장하는 것은 아니다. 경제지표, 자금흐름처럼 계량화가 가능한 것들도 있지만 투자심리와 같이 비계량적 요인들도 잠복해 있기 때문이다. 또한 증시는 확률변수를 제외하고는 거의 설명될 수 없으며 현실은 불확실성이 좌우하는 세상이다. 이런 고민에 대한 돌파구로 일부 학자는 주식시장에서 특정한 질서를 찾아내는 작업에 돌입했다. 우리가 발견하지 못한 미지의 질서에 따라 증시가 움직인다면 이 체계는 노이즈Noise로 통칭되는 교란변수에 의해 예측의 신뢰성이 파괴되지 않을 것이며 그 설명력 역시 담보할 수 있다고 생각한 것이다. 그 한 갈래가 바로 로그주기성이다.

로그주기성은 최근 빈번이 관찰되는 극단 값과 버블현상으로 점차 그 실효성을 넓혀 가고 있는데, 소위 금융공학으로 불리는 수많은 모형과 이론들이 물리학에서 그 개념을 차용해 왔듯이 로그주기성도 그 근원은 지리학에 뿌리를 두고 있다. 증시가 아닌 지진예측으로 먼저 선을 보인 셈이다. 로그주기성을 이용한 증시버블 예측의 대표주자는 디디어소네D. Sornette, 요한슨Johansen, 조우Zhou 교수 등이며 이들은 지질학, 물리학에 학문적 뿌리를 두고 있다. 디디어소네 교수는 2009년 8월 포스텍에서 강연을 개최하기도 했다.

참고로 나심의 블랙스완은 증시 움직임 전체보다는 흐름의 단절에 집중한 경향이 강하다. 그 단절은 예기치 못한 극단 값으로 나타나며 불확실성은 확대되는 것이다. 그의 주 논지는 정규분포적 세계보다 현실에서 우리는 더 자주 극단 값을 관찰할 수 있으며 그 가능성은 확률적 요인이지 희귀성을 가진 멸종생물은 아니라는 점이다. 이와 달리 디디어소네는 드래곤개념을 들고 나온다. 마치 동물의 세계를 언급하는 것 같다. 정규분포를 부정하는 것은 나심과 같지만 그의 드래곤은 극단 값에 더해 동시성과 구조를 함유하고 있다. 즉 점이 아닌 형태로 극단 값 문제를 바라본 것이다. 따라서 인수 그 자체보다 인수 간의 상호 작용이 더 강조된다. 극단 값들이 독립적으로 나타나면서 시스템을 변환시키는 것이 블랙스완이라면 드래곤은 변수 간의 간섭을 통하여 구조적으로 시스템을 건드리는 것이다.

본론으로 돌아가 로그주기성은 지진 발생가능성을 예측하는 분야에 자주 이용되었는데, 금융시장을 설명하는 데도 그 유효성은 떨어지지 않으며 이런 주장을 담은 관련 논문들을 학계에 던짐에 따라 크게 주목을 받았다. 쉽게 말해 지진발생 전의 파동 사이클을 주식시장 움직임에 대입한 것으로 주가가 로그주기성을 따른다면 그 모양의 찌그러짐 없이 사이클의 관찰이 가능하고 진동속도의 강약을 통하여 추세구조 전환, 주가폭등과 폭락 등을 예측할 수 있다는 것이다. 그럼 〈그림 2−1〉을 통하여 간략히 그 의미를 되새겨 보자. 〈그림 2−1〉은 2000년부터 2007년까지 일 코스피지수를 이용하여 2008년 주가흐름을 유추해 본 것이다. 그래프를 보면 상승세로 진입할수록

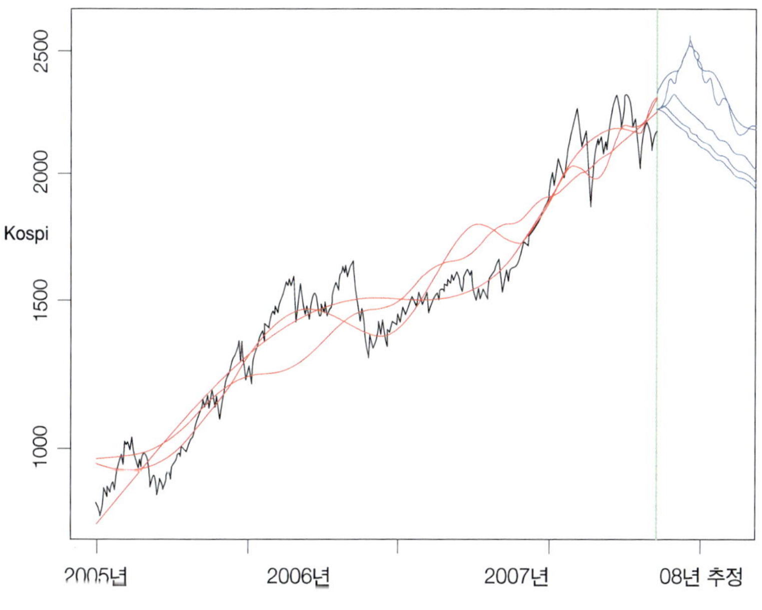

〈그림 2−1〉 KOSPI를 통한 주기성 개념 이해(2000~2007년)

파동 간의 간격이 점차 짧아짐을 알 수 있다. 2006년 중반 이후 파동 사이클이 뚜렷이 좁아지면서 주가가 올라가는 모습을 우리는 관찰할 수 있으며 2007년 중반 이후로는 시각으로 사이클을 감지하기 힘들 정도로 그 간격이 축소되고 있다. 즉 버블이 폭발할 징조를 보이는 셈이다. 한편 폭발 이후로는 점차 파동가격이 확대되면서 느슨한 사이클을 그리는데, 그 느슨함이 일정한 수준에 도달하면 하락을 마무리하고 상승 국면으로 재진입하게 된다.

로그주기성과 함께 버블예측에 사용되는 또 다른 개념으로는 거듭제곱법칙Power Law이 있다. 거듭제곱법칙은 강도가 큰 지진 발생확률은 낮은 반면 강도가 적은 지진의 발생확률은 높다는 의미로 받아들일 수 있다. 주식시장에 대입할 경우 버블 붕괴와 같은 대폭락 가능성은 상대적으로 낮지만 소규모 폭락이 올 확률은 높다는 뜻으로 해석할 수 있다. 로그주기성과 거듭제곱법칙을 혼합한 모형이 바로 디디어소네 교수의 LPPL모형이며, 주식시장뿐만 아니라 원자재, 부동산 시장 등에서 활발히 응용되고 있다.

3. 버블, 기회인가 혹은 위험인가

대다수에게 버블은 위기이지만 소수에게는 천재일우千載一遇의
기회이다. 그래서 증시는 버블을 반긴다. 모든 투자자들이
그 자신만은 소수에 포함될 것으로 착각하기 때문이다.

증시버블 예측모형으로 디디어소네 교수의 LPPL모형이 자주 언급되고 있는데, 앞서도 언급했지만 그 자신은 지질학에 뿌리를 두고 있다. 경제물리학Econophysics이 더 이상 낯설지 않은 현재 수많은 물리학자, 천문학자들이 증시로 연구방향을 선회하거나 간접적으로 한 다리 걸치고 있다. 그는 2009년 7월 동료학자 몇 명과 '중국증시버블: 붕괴임박The Chinese Equity Bubble: Ready to Burst' 이라는 3페이지 분량의 간단한 리포터를 발표하면서 시장의 주목을 다시 받았다. 결과적으로 3,500포인트를 넘어 4,000포인트를 향할 것 같은 상해종합지수가 꼬리를 내림으로써 LPPL모형의 유용성과 함께 버블예측이 결코 불가능한 것은 아니라는 점을 상기시켰다.

사실 지진을 예측하려는 시도는 과학 이외의 영역에서도 끊임없이 일어났다. 지진 발생 전에 나타나는 전조현상, 우물의 급작스런 수위변화, 동물들의 기이한 행동 등이 바로 그것이다. 2008년 사천대지진이 발생하기 전

일어난 두꺼비들의 집단 이주를 놓고 적절한 조치를 취하지 않은 관련 당국의 무관심이 언론의 주목을 받기도 하였다. 하지만 주류 국제지진학계는 신뢰도와 정확성을 담보로 지진을 확정적으로 예고하는 것은 불가능하다는 견해를 표명하고 있다.

일례로 2008년 4월 미국지질조사국은 향후 40년 내에 캘리포니아에서 진도 6.0을 초과할 지진이 발생할 확률을 99% 이상으로 보고 있지만 그 정확한 지점과 시간에 대해서는 명확한 예측을 내놓지 못하고 있다. 현재는 지진예측보다 지진메커니즘과 재해평가를 통한 손실축소에 더 포커스를 두고 있으며 증시도 이와 별반 다를 것이 없다. 지진을 기정사실화한 것처럼 버블 역시 피할 수 없는 현상으로 보고 얼마나 그 충격을 완화시킬 수 있을지에 학계는 관심을 보이고 있다. 인간의 욕망이 존재하는 한 버블은 사라지지 않을 것이며 우리는 그 속에서 생을 영위할 것이기 때문이다.

엄밀히 말해 버블 그 자체를 완전히 부정할 수는 없다. 대참사로 불리는 지진도 투자 세계로 오면 긍정적 코멘트가 붙을 수 있다. 지진발생 후 폐허만 우리를 반기겠지만 그것이 건설경기 활성화와 소비촉진에 이롭다면 그 자체로 긍정적이라는 소리도 리서치보고서 한편을 차지하고 있는 것이 현실이다. 주식투자자에게 있어 버블이 무서운 것이 아닌 버블 붕괴에 함께 휩쓸리는 상황이 두려운 것이다. 흥청망청 한껏 파티를 즐기고 비용부담 없이 떠날 수 있다면 그것처럼 즐거운 일도 드물 것이다. 사회와 경제 전체로 확대한다면 단연코 부정적이지만 증시로 포지션을 좁히면 일부 투자자에게는 긍정적일 수도 있다. 보편적 경제정의보다 투자이익이 항상 우선인 셈이다.

버블은 투자자에게 최대의 기회인 동시에 최고의 위험이다. 모든 투자자들이 기회는 챙기고 위험은 헤지하려고 노력한다. 하지만 현실적 결과는 그리 이상적이지 않은데, 왜 그럴까? 왜 버블은 충분히 헤지될 수 없을까? 이 질문에 대한 다양한 연구결과가 학계에 제출되고 있는데, 그 가운데 몇 가지를 살펴보면 다음과 같다. 우선 델롱deLong, et과 아브레우 & 브루너마이어 Abreu and Brunnermeier는 재정거래 제한 측면에서 이 문제를 풀어냈다. 델롱은 노이즈 거래자가 재정거래를 제한하여 결국 버블을 회피할 수 없다고 보았으며 아브레우 & 브루너마이어는 위험의 동기화, 즉 증시 상호간에 영향을 주고받음에 따른 재정거래가 제한된다고 보았다. 한편 앨런Allen은 고차원적 사고를 가진 인간 상호간의 이해부족과 위임된 투자형태 때문에 버블을 헤지할 수 없다고 본다. 쉽게 말해서 직접투자가 아닌 간접투자에서는 펀드매니저들이 위험헤지의 필요성을 못 느낀다는 것이다. 기업CEO, 펀드매니저, 브로커 입장에서 중요한 것은 수익으로 나타나는 성과이지 위험이 아닌 셈이다. 또한 완벽히 헤지할 수 있는 상품 부재와 공매도를 제한하는 시장환경 역시 버블 헤지를 방해하는 주요인으로 손꼽히고 있다.

또한 버블이 시장 자체, 즉 내생변수가 아닌 외생변수에 의해 초래된다는 생각도 다수이다. 극단적으로 말하자면 시장은 별 탈 없이 잘 돌아가고 있는데, 갑자기 외부에서 바람을 잡아 버블이 생성되고 또한 무너진다는 것이다. 따라서 시장을 통한 헤지는 현실적으로 어렵고 버블은 회피될 성질이 아니라고 본다. 증시버블이 헤지될 수 없다면 예측은 가능할까? 타임머신을 타고 시간여행을 하지 않는 한 먼 미래를 엿보는 것은 불가능하며 시간이 진화한다면 그 모습은 시시각각 변할 것이다. 통속적으로 증시버블을 예측하는 것은 거의 불가능에 가깝다.

다만 가까운 미래를 살펴볼 샛길은 존재하는데, 그건 바로 과거와 현재를 통해 미래를 투영하는 것이다. 비슷한 조건이 주어진다면 과거와 동일한 반응을 보일 것이라는 전제를 사전에 설정하면 된다. 과거와 현실을 배제한 예측은 자칫 공허한 지적 호기심으로 끝나기 쉬운데, 이는 검증 자체가 불가능하기 때문이다. 앞서 살펴본 LPPL모형도 무작위적 과거를 통해 미래주가 흐름을 예측하는 것이 아닌 이미 일정한 형태를 띤 상태에서 가까운 미래를 살펴보는 것이다. 증시에 따라 다르겠지만 요한슨은 1년 이내를 유효한 예측 범위로 제시하고 있다. 그럼 다음에서는 주가지수와 종목주가를 놓고 버블 생성과 붕괴의 일면을 살펴보기로 하자.

4. 버블로 대박 터뜨리기

우리가 상상한 것과 다른 모습으로 다가오더라도 미래를
엿보고자 하는 욕망은 무엇보다 강렬하며 투자자는 이성보다
욕망에 더 기댄다. 버블이 제어될 수 없다면 남은 대안은 보완이다.

정확한 지진 예측이 불가능한 것처럼 증시버블 붕괴도 쉽게 논할 주제는 아니다. 다만 지진과 버블 가운데 하나만 고른다면 아무래도 지진보다는 버블에 손이 갈 것이다. 인과관계를 벗어날 수 있는 현상은 드물며 지진과 버블 역시 그 범주에 속한다. 지진은 지구 내부에 쌓인 에너지가 돌발적으로 방출되면서 발생하는 자연재해로 인간의 사회적 행위는 아니다. 지진 발생 전에 발생하는 각종 전조현상들이 약간의 예시적 기능은 제공하더라도 인간이 그것을 얼마나 신뢰할지는 의문시된다. 반면 버블은 사회적 현상으로 그 인과관계가 비교적 명확하고 지속 관찰된다는 특징이 있다.

우리가 모르는 것은 버블이 터지는 시점이지 버블의 진위가 아니다. 일부 경제학자들이 생각하는 것보다 대중은 똑똑하다. 문제는 탐욕 역시 그들이 생각하는 것보다 강렬하다는 데 있다. 우리가 원하는 것은 탐욕의 제어가 아닌 이성적 보완이다. 주식시장은 탐욕을 제어하는 곳이 아니며 그렇게 될

가능성도 희박하다. 존재를 부정하면 우리는 그 존재를 직시할 수 없게 된다. 버블은 통제변수가 아닌 에너지의 분화구이다. 술잔을 내려놓을 때 박차고 나갈 수 있다면 탐욕을 마음껏 즐겨라. 노욕에 침체된 서글픈 자화상이 그대를 맞이하지는 않을 것이다.

이후 다룰 예정인 디디어소네 교수의 LPPL모형이 미다스의 손이 될지 장담할 수 없다. 예측은 사실이 아니며 일순간 혹하고 기존 사이클이 변경될 수도 있다. 혹자는 일정한 형태를 밟아 가고 있는 구조를 놓고 가까운 미래를 점치는 게 무슨 소용이 있는가라고 냉소를 보낼 것이다. 그 말에도 일리가 있다. 자칫 무의미한 연장선으로 끝날 수 있으며 선 몇 개에 미래를 맡겨 두기는 어딘지 불안하다. 하지만 탐욕을 즐기지 못하고 먹혀 버린 그대에게 한 줄기 빛은 될 수 있을 것이다.

〈그림 2-2〉는 과거 코스피 흐름을 기초로 2008년과 2009년 상반기 추세흐름을 대략 유추해 본 것이다. 좌측은 2005년부터 2007년 말까지 데이터를 사용하였는데, 상승곡선을 그리던 코스피지수가 2008년에는 하락으

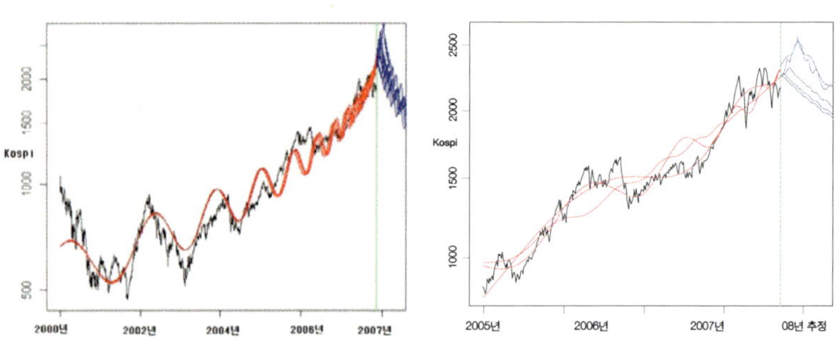

〈그림 2-2〉 2008년과 2009년 상반기 코스피 추정사례

로 방향이 전환되는 것을 관찰할 수 있다. 실제 데이터는 2007년 11월부터 떨어지는 모습을 보였지만 당시만 해도 일시적 조정인지 또는 대세하락인지 그 방향성에 논란이 있었다. 그림 (좌)는 대세하락에 분명히 힘을 실어 주고 있다. 한편 그림 (우)는 2008년부터 2009년 2월까지 데이터를 기초로 2009년 6월 말까지 지수흐름을 추정해 본 것이다. 2009년 2월까지만 해도 1997년 외환위기를 넘어서는 충격이 한국사회를 강타할 것이라는 분위기가 지배적이었으며 대다수 증시 붕괴를 점치고 있었다. 하지만 모형적 결과는 상승반전으로 추정하고 있으며 상반기 최대 1,500포인트, 중립은 1,300포인트 근처까지 전망하고 있다. 2009년 6월 말 코스피지수는 1,390포인트로 장을 마무리하였다. 이상의 결과는 버스 정류장을 약간 지나쳐 타고 내릴 수 있어도 버스터미널로 그대로 직행할 오류는 사전에 막을 수 있음을 보여준다.

모형을 몰라도 결과를 이끌어 내는 데 큰 장애는 없다. 핵심은 추세전환 신호이지 부수적으로 따르는 예측범위가 아니다. 우리에게 필요한 것은 지금 버블이 붕괴되고 있는 과정인지 또는 침체에서 탈피하고 있는 과정인지

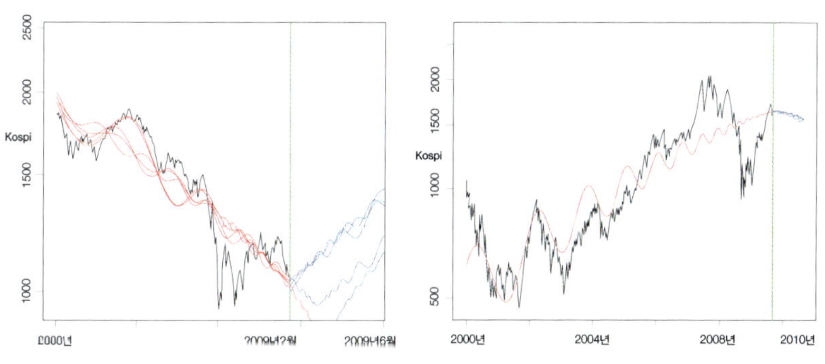

〈그림 2-3〉 2010년 코스피지수추이 전망

가 중요하다. 그 외는 2차적 문제이다. 모형의 힘을 빌리지 않더라도 이 정도
는 지수그래프를 놓고 추세 사이클을 그려 보면 된다. 앞서도 언급했듯이 주
가지수(또는 주가)는 고점을 계속 경신하고 있는데, 사이클 간격은 갈수록
좁아진다면 버블 붕괴가 임박했다는 신호이다. 반대로 주가지수는 떨어지지
만 사이클 간격은 점차 넓어진다면 가까운 시일에 상승반전이 일어날 것임
을 유추할 수 있다. 이 정도만 인식해도 어둠 속에서 고립된 투자자로 살아가
지는 않을 것이다.

그럼 2010년 한국증시 흐름을 간략히 예측해 보자. 〈그림 2-3〉 좌측은
2000년부터 2009년 10월까지 코스피 흐름을 두고 2010년 지수흐름을 전망
한 것이며, 우측은 2009년 1월부터 10월까지 자료로 샘플범위를 좁혀 2010
년 1분기까지 코스피 흐름을 추정한 것이다. 두 그래프 모두 하락에 무게를
두고 있지만 구체적 모습은 약간 달리 표현된다. 투자에 응용할 때는 그림 좌
측으로 큰 흐름을 보고 구체적 타이밍은 우측으로 잡아 가는 것이 좋을 것 같
다. 사후 데이터들이 계속 첨부되면서 전망추이는 달리 다가올 수도 있을 것
이다. 참고로 추세 사이클(우측 그래프)은 하락과 조정을 끝내고 대세상승으
로 넘어가려면 충분한 인내가 필요할 것임을 보여준다.

3장

일상화된 블랙스완

1. 블랙스완은 멸종생물인가?

위기가 수시로 발생한다면 위기는 더 이상 위기가 아니다.
증시에서 위기는 애초에 존재하지도 않았으며
그 자체가 위기인 세계이다.

나심 니콜라스가 〈블랙스완〉이라는 상당히 두꺼운, 어찌 보면 지겹기조차 한 내용으로 독자들에게 계속 전달하고자 하는 것은 블랙스완이 생각만큼 희귀종은 아니라는 사실이다. 정규분포로 대변되는, 즉 세상은 항상 공평하다는 틀을 벗어난다면 의외로 세상 곳곳에서 블랙스완을 목격할 수 있으며, 멸종생물로 취급할 것이 아니라 세상에 풀어 주어야 한다는 것이 주 논지인 것 같다. 블랙스완에 대한 연구는 금융시장에서도 체계적으로 진행되고 있으며, 이미 극단 값 이론이라는 영역을 구축하고 있다.

수익이라는 말과 함께 자주 듣는 용어가 바로 '위험' 일 것이다. 어깨를 노리고 덤벼드는 칼은 위험이 아니라 단순한 위협일 뿐이다. 위험은 언제나 목을 노리고 달려든다. 국어사전을 보면 위험을 '실패하거나 목숨을 위태롭게 할 만함. 안전하지 못함' 이라고 풀이하고 있다. 영어사전에서는 좀 세분화된 개념으로 '위험' 을 접근하는데 일례로 danger는 '손상, 손실 또는 사고를 당할 기회’를 의미하고, peril은 ‘serious danger’의 의미로 danger보다 좀 더 심각한 손상 및 손실을 당할 기회’를 뜻한다. 금융시장에서 자주 사용하는 hazard라는 단어는 ‘위험하게 되는 것 또는 위험을 일으키는 것’을 의미하며, risk는 ‘위험을 만날 가능성 또는 손실, 손상을 당할 가능성’을 나타낸다.

이렇듯 위험은 긍정보다는 부정적 의미가 더 농후하다. 금융과 연계된 극단적 사태Extreme Event는 알게 모르게 우리 곁에 항상 있어 왔다. 좀 멀게는 근대 버블 3인방으로 지목되는 튜립버블Tulip Mania, 1634~1637년, 미시시피버블Mississippi Bubble 1716~1720년, 사우스시버블South Sea Bubble, 1716~1720년이 있으며, 20세기에 접어들어서는 부동산버블과 은행차입 투기로 촉발된 1929년 대공황, 1970년대 석유파동, 1980년대 일본의 자산버블과 그 붕괴, 1997년 동남아 외환위기 등이 언뜻 떠오른다. 21세기 첫해에는 IT버블 붕괴가 전 세계를 강타하였으며, 그 후 10년도 지나지 않아 부동산버블 붕괴와 더불어 국제자금 시장경색을 불러일으켰다.

지금 진행되고 있는 상황이 대공황의 전조인지 아니며 회복단계인지는 아직 판단하기 힘들다. 외관상으로는 중환자실을 나와 회복실로 들어간 것처럼 보이지만 암세포가 언제 다시 다른 영역으로 전이轉移될지 아무도 모른다. 무엇보다도 현 상태가 치유가 아닌 과도한 모르핀에 따른 신경감각 둔화로 판명 난다면 지금 세대는 경험하지 못한 전면적 위기구도로 번질 가능성도 존재한다. 제1차, 제2차 세계대전의 본질이 경제문제라는 것은 누구도 부인할 수 없는 사실이다. 소수에게는 위험이 기회로 비칠 수 있지만 대부분은 목숨을 위협하는 승냥이로 받아들일 것이다.

금융위험 관리의 주요한 목적은 증권시장의 붕괴, 외환위기, 운영위험 또는 채무불이행 등 극단적 사건 발생에 의한 최대 손실금액 범위 및 그 발생 확률 추정에 있다. 통계학적 의미에서 손실범위와 확률은 상위 분위수 및 꼬리분포와 밀접한 관련이 있다. 따라서 극단 값 이론은 비정상적 손실의 확률적 특성을 계량화하고 극단적인 사건을 관리하기 위한 도구를 개발하는 데 주안점을 두고 있다. 비록 적지 않은 관측치를 토대로 한 경험적 분포를 이용하여 변수의 분포 및 밀도를 추정하는 전통적인 파라미터와 비非파라미터적 방법이 어느 정도 실용성을 확보하고 있지만 꼬리부문 극단 값에 대한 추정은 그리 이상적이지 않은 것 또한 사실이다.

이러한 현상은 위험관리상의 어려움을 한층 배가시킨다. 위험관리자 측면에서 현재 인지한 위험수준보다 이를 넘어선 꼬리부문의 확률분포가 더 중요하기 때문이다. 다만 국내에서는 위험관리 분야에 극단 값 이론을 응용하는 사례가 보편화되어 있지 않은데, 그 이유는 이익창출이라는 명제에 시장의 모든 초점이 집중되어 있기 때문이다. 복잡한 이론 배경을 제시하지 않더라도 수익과 위험은 동전의 양면과 같다는 사실을 우리는 경험적으로 알고 있다. 하지만 현실을 돌이켜 보면 수익실현의 중요성에는 대부분 공감하지만 손실방어에 대한 공감대는 부족한 경향이 없지 않다.

일례로 외환위기 이전에는 위험관리라는 개념 자체가 생소하였으며 IMF외환위기, 대우사태, 카드대란 등을 겪으면서 일시적으로 금융위험에 대한 논의가 유행처럼 번지기고 했다. 하지만 최근 그런 경향도 한풀 시든 느낌이며 대공황의 문턱에 있을지 모를 현재에도 위기에 대한 경고성은 비관론자의 한탄으로 받아들이고 있다. 금융위험은 항상 발생하는 것은 아니지만 그렇다고 그 가능성이 완전히 소멸된 것 또한 아니다. 위기는 옆집 아저씨처럼 점점 친숙해지고 있으며 어느덧 일상화된 모습을 띠고 있다. 위기가 일상화된 곳이 바로 위험한 세상이다.

2. 가벼운 느낌으로 개념 엿보기

대중적인 관심을 불러일으킨 측면에서 〈블랙스완〉이라는 책은 분명 성공하였다. 하지만 그것으로 끝났는데, 그 개념과 내용 자체가 결코 대중적이지 않으며 실무 적용상의 난제가 놓여 있기 때문이다. 사실 국내에 극단값 이론을 실제 투자 혹은 위험관리에 적용시킬 수 있는 사람이 얼마나 되겠는가? 그들만의 리그이며 또한 그 리그의 수준도 그리 높지 못하다. 극단 값 이론에 관한 연구가 상대적으로 해외에서 활발히 이루어지고 있으며 그 시작도 한국보다는 몇 년은 앞선 것 같다.

엠브레히츠Embrechts 교수는 극단 값 이론을 수학적으로 자세히 설명하였을 뿐만 아니라 이를 금융 및 보험에 적용하는 문제에 관하여 심도 깊게 토의하고 있다. 맥닐McNeil 교수는 증시를 대상으로 스탠더드앤푸어지수(S&P)

와 독일 DAX 지수를 대상으로 VaR 및 ES$^{Expected\ Shortfall}$을 Stochastic Volatility 조건하에서 극단 값 이론을 통해 추정하였다. 극단 값 이론으로는 모형을 POT 모형을 이용하였는데 연구결과에 의하면 일반적으로 VaR측정은 극단 값 이론에 동태성을 부여할 경우 측정능력이 우수한 것으로 나타났다. 반면 ES의 경우 정규분포의 가정 하에서는 동태적으로 추정하여도 그 결과의 실효성은 떨어지는 것으로 조사되었다.

론긴^{Longin} 교수의 경우 다양한 방법을 통해 일반적인 VaR 측정법과 극단 값 이론을 적용한 측정법과의 차이점 등을 비교 분석하였다. 예로 일정 기간별로 관측치를 최대 및 최소 수익률로 나누어 파라미터의 변화를 측정하였는데 그 결과 장기간을 기준으로 구한 극단 값의 제한분포는 수익률 분포 그 자체와는 상당히 독립된 형태를 보이고 있음을 밝혀내었다. 말하자면 주가지수 수익률 흐름과 상관없이 증시를 뒤흔들 극단 값, 즉 대폭락은 불쑥 찾아올 수 있다는 의미이다. 또한 매수 및 매도 포지션별로 구분된 관측치를 극단 값 분포 역사적 분포 및 정규분포 등 5가지의 분포로 구분하여 값을 구하여 보는 등 다양한 시도를 하였다. 최근에는 시장위험, 신용위험뿐만 아니라 바젤2$^{Basel\ II}$에 새로 도입된 운영위험을 측정하는 방법으로 극단 값 이론이 활발히 논의되고 있다.

엄밀히 말해 극단 값에 대한 관심은 수익창출보다 위험관리, 개인보다 기관투자자에게 더 어울리며 주식시장보다는 보험, 은행권에 더 적합하다. 물론 증시에 전혀 소용이 없다는 말은 아니다. 대폭락으로 대변되는 꼬리 값에 대한 연구는 투자 마인드를 한층 넓혀 줄 수 있다. 최적 포트폴리오 선택 문제에 극단 값 이론을 적용해 볼 수도 있을 것이며 재무부, 한국은행 등과

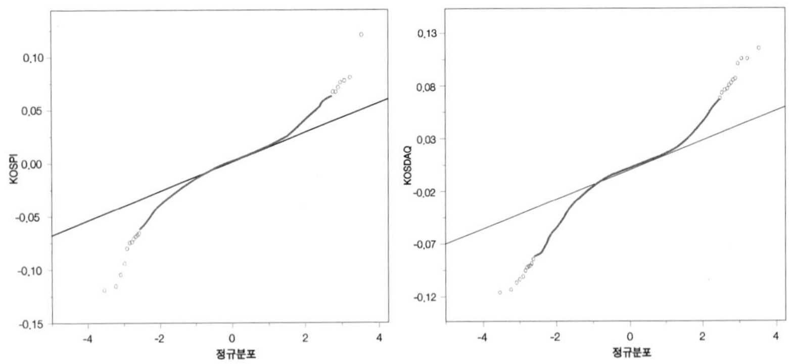

〈그림 3-1〉 일 코스피(우)와 코스닥(좌) 수익률 비정규성 검증

해석: 일직선에 가까워질수록 정규분포에 가까운 것으로 추정되고 있으나 코스피와 코스닥 수익률 모두 정규분포와는 일정한 격차를 보이고 있다. 또한 코스닥(좌)이 코스피 보다 일직선과의 이격도가 더 심하며 극단 값이 더 자주 관찰되고 있다.

같은 국가기관에서는 극단적 사태Extreme Event가 초래할 손실규모를 측정해 봄으로써 얼마만큼의 예비자금이 필요한지를 가늠해 볼 수 있다. 발 빠른 일부 학자들은 이미 2007년 서브프라임 모기지 사태를 사례로 다양한 연구 결과를 제출하고 있으며 금융기관 생존에 의미 있는 조언을 해 주고 있다. 한층 깊게 들어간다면 뒷장에서 언급할 코플라Copula와 혼재된 형태로 위험범위를 추산해 볼 수 있지만 본서의 의도와 좀 거리가 있어 언급하지 않기로 한다. 시장은 체계적으로 위험을 저평가하고 있으며 그것이 어떤 결과로 여러분의 수익에 영향을 미칠 것인가에 대한 전략적 사고만으로도 본 단락의 의도는 충분히 달성되었다고 본다.

블랙스완이니 또는 극단 값이니 하는 용어들을 어렵게 받아들일 필요는 없다. 일례로 한 쌍의 연인을 생각해 보자. 이들은 사소한 문제로 가끔 다투기도 하지만 대체로 무난한 관계를 유지하고 있다. 따라서 우리는 그 친밀도를 70%, 즉 괜찮은 수준으로 평가한다. 큰 굴곡이 없다면 이들 커플은 별 탈 없이 결혼하고 행복한 부부생활을 영위할 것이다. 하지만 이 커플이 깨질 가능성, 즉 위험 측면에서 현상을 접근하면 일은 생각만큼 안 풀릴 수 있다. 깨가 쏟아진 상황보다는 사소한 문제로 다툰 부정적 사태에 집중할 수밖에 없으며 현실적 친밀도는 70%가 아닌 50% 이하로 추론될 수 있다. 또한 무난한 시기를 제외한 부정적 상태만을 추려 이 커플의 위험상태를 따로 계산한다면 예상보다 훨씬 심각한 일면을 엿볼 수 있다. 주위를 돌아보면 부부관계가 괜찮은 줄 알았는데, 어느 날 갑자기 이혼한 커플들을 흔히 볼 수 있을 것이다. 이들이 위기를 저평가하지 않고 심각히 고민하고 대화를 나누었다면 이혼이라는 극단적 결과로 번지지는 않았을 것이다. 위기는 차곡차곡 누적되는데, 그 영향력을 저평가한 결과 치명적 위험으로 다가온 것이다. 쉽게 말해 극단 값 이론은 좋은 날과 그럭저럭 괜찮은 날에 대한 기억으로 현실적 위기를 낮추어 보는 습성에 대한 경종을 울리는 작업으로 볼 수 있다.

3. 증시 속에서 날고 있는 검은 백조

우리는 평균과 망각의 함정 속에서 검은 백조를
잊고 살지만, 증시 속 검은 백조는 의외로 많으며
투자위험은 체계적으로 저평가되어 있다.

본 단락에서는 검은 백조를 증시로 끌어들여 투자위험을 살펴보도록 한다. 월 20% 투자손실을 담담히 받아들일 수 있는 투자자도 있지만 또 다른 이는 5% 투자손실도 치명적일 수 있다. 사전에 투자시장과 종목의 위험수준을 유추할 수 있다면 투자자는 자신의 위험능력에 맞게 투자대상을 선택할 수 있을 것이며 설혹 막대한 손실을 입어도 상대적으로 그리 치명적이지는 않을 것이다. 증시 속에서 날고 있는 검은 백조들은 의외로 많으며 투자 위험은 체계적으로 저평가되고 있다.

먼저 한국증시 투자위험을 종합주가지수로 유추해 보면 다음과 같다. 1993년부터 2009년 9월까지 발생한 최악의 상황은 IMF 관리체제로 넘어간 1997년 말경인 것으로 나타났다. 유사 이래 이처럼 정치, 경제, 사회적으로 한국을 뒤흔든 사건은 드물었으며 증시도 그 영향권에서 벗어날 수 없었다.

종합주가지수는 1997년 10월 13.7% 하락에 이어 11월에는 15.4%로 하락폭을 확대하였으며 연말에는 21% 폭락하며 종합주가지수를 400포인트 밑으로 끌어 내렸다. 1998년 1, 2월 일시적 반등에 성공하며 수습되는가 싶었지만 그 이후 다시 무너지며 하반기 300포인트를 위협하였다. 이보다 더 심한 상황이 2009년 10월, 즉 샘플기간(1993년 1월~2009년 9월) 바로 다음 달에 발생할 확률은 얼마일까? 계량기법을 동원해 알아본 결과 0.08% 정도로 추산되었다. 이 수치는 적어도 2009년 10월에 여러분이 경험하지 못한 증시 붕괴가 일어날 가능성은 거의 없다는 점을 반증한다.

구간을 월 단위에서 분기 단위로 확대할 경우 그 결과는 어떻게 바뀔까? 다음 달이 아닌 2009년 4분기로 확대하면 가능성은 좀 더 높아지지는 않을까? 결론은 '그렇다' 이다. 비록 미미한 수치 변화에 불과하지만 0.08%에서 0.31%로 발생 가능성이 높아짐을 알 수 있다. 하지만 실무적으로 그리 신경 쓸 수준은 아니다. 1%에도 못 미치는 확률을 두려워해 기존 투자전략과 패턴을 바꿀 이는 드물 것이다. 다시 말해 2009년 4분기에 1997년 IMF 위기, 21세기 초 IT버블 붕괴, 2007년 서브프라임 모기지 사태와 2008년 리만브라더스 파산 등으로 대변되는 일련의 불행한 상황을 일거에 넘어설 대재앙이 한국증시를 강타할 가능성은 1%에도 못 되는 셈이다.

하지만 분기에서 연 단위로, 즉 2009년 4분기가 아닌 2010년 전체로 확대할 경우 그 가능성은 3.27%로 상승하였다. 이 말은 근 17년 동안 발생한 월 최대 하락폭 21%를 2010년 특정 월에 갱신할 확률이 3%를 약간 상회한다는 의미이다. 1% 미만과 달리 3% 수준은 뇌리 속에 처박고 놓더라도 아주 가끔은 끄집어낼 필요가 있다. 3%는 전혀 가능성이 없다는 말은 아니기 때문이다. 100명 가운데 1명도 채 죽지 않을 확률과 적어도 3명은 죽을 확률은 그 의미가 확연히 틀리다.

그럼 10년이라는 기간을 두고 매년 현실화될 수 있는 최대 하락폭은 살펴보자. 분석결과 95% 신뢰수준에 17% 정도인 것으로 추정되었다. 투자에 위 결과를 연결하면 매년 17% 정도 월 하락폭은 가슴에 품고 증시를 지켜봐야 된다는 의미이다. 흔히 마이너스(−) 10%를 손절매 구간으로 설정하는 경우가 많은데 분석 결과만 놓고 본다면 이는 조금 성급한 결론인 것 같다. 단기 투자자가 아니라면 한국증시에서 월 17% 수준의 손실은 희귀 현상이 아니며 염두에 둘 스트레스 구간인 셈이다. 손절매가 왕도로 여겨지는 경향이 있는데, 증시를 영영 떠날 것이 아니라면 때에 따라서 누적 손실로 다가올 수도 있다.

투자기간을 상당히 짧게 유지한다면 10% 손절매 구간도 유효한 것 같다. 일례로 10년이 아닌 3년, 연 단위가 아닌 분기별로 간격을 축소한다면 월 최대 하락폭은 6.7% 수준을 기록한다. 6.7% 하락으로 큰 충격에 휩싸일 투자자는 그리 많지 않을 것이다. 투자기간을 3년으로 둔다면 3개월에 한 번 정도는 월 하락폭이 6.7%에 근접할 것이라는 점은 염두에 두길 바란다. 코스닥은 코스피보다 극단 값이 더 자주 관찰되고 있음을 〈그림 3−1〉을 통해 이미 확인해 보았다. 굳이 분석경로를 밟지 않더라도 최대 하락폭과 그 발생 가능성이 코스피보다 높을 것임을 쉽게 유추할 수 있다. 주 투자시장이 코스닥이라면 위험에 좀 더 친숙해질 필요가 있으며 안전선호형 투자자라면 좀 거리를 두길 바란다. 적어도 퇴직금과 전세금으로 투자할 시장은 아닌 것 같다.

이왕 시작한 것, 위험의 끝에 무엇이 있는지 한층 깊게 들어가 보자. 월

6.7% 하락도 계속 쌓이다 보면 부담스러울 수 있다. 2,000포인트 돌파로 들뜬 마음을 채 가다듬기 전에 연타석으로 6.7% 하락 두 방만 맞으면 바로 1,700포인트가 위태롭게 된다. 따라서 1,800포인트는 간신히 지켜 내는 월 5% 하락을 기준점으로 우선 삼아 보도록 하자. 통계적으로도 5.0%가 무난한 것으로 여겨진다. 이제는 1993년 1월부터 2009년 9월까지 전체 데이터가 아닌 5% 이상 떨어진 월만을 추려 보자. 여러분은 대충 몇 개나 추출될 것으로 전망하는가? 정확히 41개가 바구니에 떨어졌다. 경험적으로 보면 1년 12개월 가운데 2~3개월은 전월보다 5% 이상 하락한다고 볼 수 있다. 월 평균 자료를 이용했으므로 피부로 느끼는 것보다는 낮을 것이다. 최소한의 마지노선으로 생각하고 해석하길 바란다.

투자위험은 어디에도 존재하지만 그 실체는 모호하고 그 정도는 불분명하다. 위험을 구체적 수치로 표현하고자 하는 시도는 다양하게 이루어졌지만 VaR^Value at Risk처럼 대중성을 확보한 지표는 드물다. 이론의 간결성과 적용의 편리성을 무기로 투자위험 평가 전면에 나서고 있으며 각종 금융 관련 자격증 시험의 단골메뉴로 등장한다. 통상적으로 VaR는 정규분포를 가정하지만 현실적 데이터가 정규분포를 만족할 경우는 드물다. 또한 VaR 그 자체는 주어진 신뢰수준에서 발생할 수 있는 최대손실 금액만을 나타낼 뿐이며 그 한도를 초과한 경우에 관해서는 어떠한 정보도 제공하지 못한다. 한도를 초과하는 경우가 실제 위험관리의 주요 대상이 된다는 점에서 VaR는 뚜렷한 한계를 내포하고 있는 셈이다. 따라서 우리는 VaR를 초과하는 조건하에서 발생 가능한 예상 손실규모, 즉 KOSPI 극단 값만을 그 대상으로 한 ES^Expected Short Fall도 함께 적용하기로 한다.

산출된 결과를 설명하면 다음과 같다. 95% 신뢰수준에서 코스피 월 VaR를 측정해 보면 11.7%로 추정되었다. 이는 월 최대손실이 11.7%를 넘어서지 않을 확률이 95%라는 뜻과 진배없다. 말하자면 KOSPI에 100만 원 투자했다면 원금이 88.3만 원 밑으로 떨어지지 않을 확률이 95%라는 의미이다. 물론 한 달이라는 기간에 한해서 유효하지만. 만약 99%로 신뢰구간을 높이면 어떻게 될까? 아주 가끔 찾아오는 재난이 큰 재해로 변하는 것처럼 신뢰구간을 높이면 투자손실액은 확대된다. 99% 신뢰구간에서는 16.8%로 추정되었는데, 이는 투자 손실액이 16만 8천 원을 넘어설 확률이 1%라는 뜻이다. 위 수치는 모든 데이터를 기준으로 측정한 것이다. 만약 한 번 더 꼬아 극단 값만을 대상으로 한다면 월 최대손실액은 얼마나 될까? 95%와 99% 신뢰구간에서 각각 14.8%와 19.3%로 추정되었다. VaR로 추정한 값보다 손실 폭이 확대됨을 알 수 있다. 흰 백조, 검은 백조 섞어 놓으니 검은 백조가 두드러지지 않지만 따로 분리하면 '아! 검은 백조도 의외로 많구나' 하는 것을 느낄 것이다.

4. 어음시장을 통해 본 한국경제 진단

시장은 위기를 말하지만 사람은 위기를 보지 않는다.

연말이 되면 어김없이 올해의 증시를 뒤돌아보고 내년을 전망하는 자료들이 각종 경제신문과 뉴스채널을 수놓는다. 이런 정보를 접하고 우리는 내년 한 해 또는 분기 주가지수를 마음속으로 점쳐 보기도 한다. 상승장만 연출되면 좋겠지만 현실은 상승과 하락을 반복하게 된다. 각자의 상황에 맞추어 나름대로 손절매 구간도 설정하고 투자위험에 대한 인식도 고취시킨다. 하지만 일상적 수준이 아닌 역사상 최악의 폭락이 다가온다면 어떻게 될까? 말 그대로 패닉상태에 빠질 것이다. '호랑이에게 물려 가도 정신만 차리면 산다.'라는 격언처럼 재해예측이 불가능하다면 위험대처 능력이라도 향상시켜야 한다. 첫 단추는 아마 위험을 깊숙이 파악하고 해체하는 것부터 시작될 것이다. 확률이 아무리 낮아도 그 가능성을 제로로 묶어 두는 오류는 우리 모두 피해야 한다. 설혹 증시가 반 토막 나더라도 사전에 위기 매뉴얼을 작성하였다면 큰 혼란은 피할 것이다. 때에 따라 전화위복의 계기로 삼을 수도 있다.

위기상황에서 발생한 최대손실을 추산하는 것도 같은 맥락이다. 정책 당국이 사전에 가능성과 그 위험크기를 가늠하고 효율적으로 관리할 수 있다면 경제위기가 붕괴로는 번지지는 않을 것이다. 위기는 대응이 가능하지만 붕괴는 긴 시간을 두고 밑바닥에서 차근차근 시작할 수밖에 없으며 성공 가능성도 불투명하다. 그 길은 험난하고 고달플 것이며 구조적으로 한국사회를 흔들어 놓을 것이다. 일례로 IMF 위기가 극복되었다지만 지표상 결론이지 내용적으로는 현재 진행형이다. 한국사회에는 양극화라는 괴물을 한국증시에는 주객전도라는 구조를 던져 주면서 한국이 가야 할 방향성을 모호하게 만들었다.

그럼 분석결과를 놓고 논의를 이어 가도록 하자. 본 내용은 사실 2005년 어음시장을 대상으로 저자가 한국경제를 진단한 분석보고서를 발췌, 요약한 것이다. 시기성은 떨어지지만 돌이켜 보면 현 경제상황에 대한 예시적 기능도 담고 있었다고 생각된다. 일단 모형 구현에 관한 이론은 한쪽에 밀어 두고 결과만 놓고 설명하고자 한다. 경제현상이 단발적 이벤트가 아닌 한 과거는 현재와 미래에 또다시 재현될 것이고, 그 움직임은 유사성을 보일 것이다. 증시가 가끔 경기와 동떨어진 모습을 보일 때도 있지만 개괄적 맥락은 대체로 따라가고 있다.

분석자료는 1970년 1월부터 2004년 12월까지 월 어음부도금액으로 한정하였다. 참고로 화폐가치 변화를 반영하기 위해 GDP 디플레이터, 소비자물자지수로 각각 나누어 월 어음부도액을 조정하였다. 조정 후 결과를 간략히 소개하면 다음과 같다. 1970년 1월 어음부도액은 35억으로 조사되었지만 GDP 디플레이터로 조정할 경우 875억 원으로 환산되었다. 또한 소비자물가지수로 조정할 경우 875억 원보다 370억 원 이상 낮은 502억 원 정도로 추산되었다. 표에서 보는 것처럼 2004년 12월 부도액은 오히려 5,212억 원에서 4,644억 원과 4,519억 원으로 각각 하향 조정되고 있다. 전자는 기준시점(2000년) 대비 화폐가치 상승을 후자는 그 반대로 화폐가치의 하락을 경험한 것으로 볼 수 있다. 좀 비약하자면 절대적 부는 확대되었지만 물가상승으로 실질적 부는 계속 감소하고 있다고 해석될 수 있다. 예금보다도 주식시장을 더 선호하는 이유도 현실적으로 시간이 화폐보유자를 배반하고 있기 때문이다. 이런 강박관념이 부동산에 열광하고 주식에 목매도록 대중을 몰고 가고 있다.

자료원전: 한국은행 / 단위: 억 원

기간	부도금액		부도금액 (GDP디플레이터)		부도금액 (소비자물가)	
	금액	증감률	금액	증감률	금액	증감률
1970. 01~1974. 12	1,737		34,209		19,746	
1975. 01~1979. 12	6,659	283%	38,199	12%	30,899	56%
1980. 01~1984. 12	39,567	494%	94,288	147%	113,027	266%
1985. 01~1989. 12	55,518	40%	118,879	26%	109,594	(3%)
1990. 01~1994. 12	290,981	424%	404,149	240%	398,456	264%
1995. 01~1999. 12	1,448,496	398%	1,515,106	275%	1,552,978	290%
2000. 01~2004. 12	707,054	(50%)	681,285	(55%)	677,451	(56%)

〈표 3-1〉 한국어음시장 5개년 부도금액 추이

〈표 3-1〉은 5년 누적부도금액 추이를 살펴본 것이다. 조정여부와 상관없이 1970년부터 1999년까지는 모든 자료에서 부도금액이 꾸준히 상승함을 알 수 있다. 특히 1995년부터 1999년까지 부도금액은 약 150조 원으로 35년

동안 부도 총액의 57%를 점하는 것으로 나타났다. 1985년부터 1989년까지는 낮은 증가율(소비자물가지수 기준으로는 오히려 3% 감소)을 보였지만 그 다음 단계에서는 420% 이상 확대된 것을 관찰할 수 있다. IMF 발생 전 위기 징조는 이미 시장에 떨어진 셈이다. 역사상 최대 어음부도액은 약 15조 원으로 1997년 12월에 발생하였다. 1998년 8월과 9월에는 대우 등 대기업들의 부도가 연이어 일어남에 따라 13조 원과 10조 원이 추가 집계되었다.

그럼 위 수치를 들고 2005년도 첫 분기에 이제까지 발생한 최대 손실액을 초과할 가능성을 살펴보면 얼마나 될까? 또한 5년과 10년 단위로 각각 발생할 최대 평균손실은 어느 정도나 될까? 통계자료를 그대로 사용할 경우 8.2%로 비교적 높게 추산되고 있지만 GDP 디플레이터와 소비자물가지수로 조정한다면 2.40%와 3.3% 정도로 나타났다. 2~3%라면 대부분 무시하고 지나치겠지만 8% 이상이라면 망설임이 남을 것이다. 망설임은 자기제약적 요인으로 작동하여 맹목적 설비투자를 제한하고 경제팽창을 가로막을 것이다. 결과론적으로 경기활성화와 함께 증시는 2005~2007년 팽창현상을 나타내었다. 물가를 감안한 확률에 손을 들어 준 셈이며 이 수치가 현실에 더 부합할 것이다. 통계자료의 경우 어음부도액이 5.7조 원 정도이지만 GDP 디플레이터와 소비자물가지수로 조정하였을 경우 6.4조 원과 8.6조 원으로 추정되었다. 최소 부도액 범위도 통계자료가 상당히 낮게 보고 있는 것으로 나타났는데, 일례로 소비자물가지수 반영자료는 6.8조 원으로 추산되었지만 원 자료를 그대로 적용할 경우 4.4조 원에 불과하였다. 위 사실은 어음부도로 인한 경제적 타격이 통계 값 수준보다는 높을 것임을 반증한다.

한편 VaR 값을 살펴보면 95% 신뢰수준에서는 정규분포를 가정한 경우가 그렇지 않은 경우보다 조금 높게 나타났다. 다만 99%로 신뢰수준에서는 정반대의 결과를 내놓고 있다. 수치를 들고 좀 더 설명해 보면 95% 신뢰수준에서 GDP분포는 부도금액을 2조 5천억 원 정도로 산출했지만 정규분포는 이보다 높은 2조 8천억 원을 제시하고 있다. 99% 신뢰구간으로 이동할 경우 정규분포는 3조 8천억 원으로 추정되었지만 GDP분포는 약 6조 원을 내놓고 있다. 신뢰구간이 높아질수록 두 분포 사이에 격차가 확대됨을 관찰할 수 있다. 자주 찾아올 위험보다 거의 안 찾아올 위험이 더 두려운 법이다. 우리가 국내 어음시장의 부도위험을 정규분포로 가정하고 접근한다면 자칫 위험을 상당히 저평가할 오류에 빠질 수 있다. 또한 ES의 경우 신뢰수준에 관계없이 정규분포가 GDP분포보다 위험을 훨씬 저평가하고 있는 것으로 조사되었다. 소비자 물가지수 조정자료의 경우 정규분포를 가장할 때 95%와 99%의 신뢰수준에서 3조 6천억 원과 4조 4천억 원을 제시하고 있지만 GDP분포로 변경할 경우 5.2조 원과 11.3조 원으로 추정되었다.

이는 어느 분포를 사용하는가에 따라 1997년 IMF 위기 같은 스트레스적 상황에서의 대응능력이 달라질 수 있음을 의미한다. 어음시장에 빗대어 설명하고 있지만 그 근저에 한국경제가 놓여 있다는 점을 명심하길 바란다. 결과적으로 검은 백조 위력을 평균의 함정 속으로 몰고 갈 경우 실제위험은 최대 2배 이상 저평가될 수도 있다. 예상 경제위기 범위가 축소, 왜곡될 수 있는 셈이다. 한국경제에 진정한 위기가 찾아온다면 어음시장에서만 월 최대 11조 원 정도의 충격이 가해질 것이며 이를 흡수할 만큼 기초체력이 튼튼하지 못하다면 안울한 터널 속으로 다시 한 번 빠져들 것이다.

4장

동조화 인가
종속화인가

1. 동조화가 투자자에게 던져 주는 것들

동조화Coupling는 쉽게 말해서 동일한 움직임을 보이는 관계를 말하며 흔히 커블링이라고도 부른다. 디커블링Decoupling은 그 관계의 역전현상으로 해석해 볼 수 있다. 홀로 존재하는 것이 아니라면 그 존재가 사람이든 혹은 사물이든 관계의 틀 속에서 벗어날 수 없으며 그 관계에 따라 존재상태가 변화하게 된다. 그 역으로 변화가 관계를 바꾸기도 한다. 닭이 먼저인지 또는 달걀이 먼저인지에 관한 해묵은 논쟁은 생략하기로 한다.

갓 태어난 애기에게는 엄마, 좀 더 넓게는 가족과의 관계가 전부일 것이다. 유치원에 들어감에 따라 또래문화가 생기고 작은 울타리에서나마 사회를 경험하게 된다. 정규교육 과정을 거치면서 그 울타리는 한층 확대되고 행동반경도 넓어질 것이다. 대학교에 진학하면서 우리가 사회로 부르는 그 일면을 약간 엿보고 나아갈 길을 모색하게 된다. 이전과 달리 인적, 물적으로 관계의 폭은 확대될 것이고 그 관계 속에서 웃고 또한 울기도 할 것이다.

학문의 요람을 벗어난다면 더욱 냉혹한 사회가 앞에 버티고 서 이익과 손해가 그 관계 속에 깊이 묻어난다. 커블링적 세계에 맴돌던 자신이 어느덧 디커블링적 세계에 몸담고 있음을 경험하기도 한다. 사회적 존재로서의 인간, 좁은 의미에서의 투자자는 이해관계에 따라 커블링과 디커블링적 세계를 넘나들면서 관계를 형성한다.

그럼 인간과 사물 간의 관계는 어떠할까? 동조화 혹은 탈동조화라는 개념이 성립할까? 그 답은 "아니요"일 것이다. 동조화는 일반적 관계가 아닌 상호성을 가진 개념이다. 인간이 사물을 버릴 수는 있어도 사물이 인간을 버릴 수는 없다. 다시 말해 여러분이 먹다 남은 캔 커피를 길가에 버릴 수 있어도 캔 커피가 자신을 들이켠 여러분을 버릴 수는 없는 것이다. 인간과 사물 간에는 인간이 사물을 지배하는 종속관계만이 존재한다. 사물이 인간을 지배하는 세상은 아마 인간적이지 않은 세상일 것이며, 늙었음을 찬양하는 순간일 것이다. 결론적으로 인간과 사물은 관계만이 정립될 뿐이다.

논점을 확대하여, 사물과 사물 간에는 단지 관계만 성립할까 아니면 상호 작용이 존재할까? 그 답은 간단한 예로 설명하기로 한다. 불과 나무는 동조화 경향을 보인다. 활활 타오르는 아궁이에 나무를 집어넣을수록 불은 한층 뜨거운 불꽃을 뿜어낸다. 반면 불과 물은 탈동조화 성격을 함유하고 있다. 물의 더함이 불의 꺼짐으로 나타나기 때문이다. 이상의 결론을 통해 인간과 사물과의 관계를 제외하고는 어떤 경우의 수에도 상호 영향성이 존재함을 추론할 수 있다.

본질적 문제로 돌아가서 경제와 증시는 서로 영향을 주고받을까? 관련 수치를 잔뜩 꺼내 놓고 굳이 복잡한 계산과정을 거칠 필요가 없다. 이미 그 답을 알고 있으므로…. 앞서 사물 간의 관계에는 영향력이 존재함을 결론지은 적이 있다. 그 한계에도 불구하고 연역법적 사고의 간결성과 확실성은 논리 전개에 유용하다. 증시가 사람이 아닌 한 위 전제는 유효하며 그 결론 역시 동일하다. 일단 한국증시와 미국증시 사이에는 영향력이 존재하며 그 방향에 따라 커블링이 되기도 또한 디커블링이 되기도 한다.

투자자로서의 '나'와 '증시' 사이의 관계는 어떠할까? 내가 정말 증시에 내 의지를 투사하는 지배자일까? 앞서 내린 전제에 의하면 인간인 나는 사물인 증시에 일방적 영향을 미치는 존재이며 증시는 나에게 종속된 개체여야 한다. 하지만 현실은 불행히도 사물인 증시에 대부분의 인간이 종속당하는 입장에 처해 있다. 증시는 아마 인간적이지 않은 세상일 것이다.

2. 정적, 동적 그리고 구조로

인간사처럼 주식 혹은 주가지수들 간의 관계는 정적으로도
또한 동적으로도 파악할 수 있다. 그 속을 들여다보면
좋은 날보다 나쁜 날에 더 긴밀한 관계를 맺은 종목들도
있을 것이고 그 반대로 나쁜 기억보다 좋은 기억들을 같이
공유한 날들이 많은 종목들도 찾을 수 있을 것이다.

관계라 불리는 것들이 항상 일정하지 않음을 우리는 알고 있다. 불같이 사랑했던 사이도 한순간 살얼음판이 될 수 있고 적이 친구가 되기도 한다. 관계를 맺고 영향을 준다는 것은 그와 같이 변화무쌍하며 예측이 쉽지 않다. 관계와 그 변화방향에 대한 판단을 우리는 정적으로도 그리고 동적으로도 내릴 수 있다. 또한 궤적이 아닌 덩어리, 즉 구조적 모습으로도 그려 볼 수 있다. 어느 것이 참된 진리인지는 단정하기 힘들다. 그 모든 것이 대상들 간의 관계와 상호 작용의 반영이기 때문이다. 다만 일반화시켜 생각해 보면 정적인 것은 단순, 명료함에 그 미의 기준을 두고 동적인 것은 그 역동성과 현실감에서 의미를 찾는다. 구조적인 것은 완결성에 무게중심을 놓는 것 같다. 그럼 증시에서 상기 개념들이 어떻게 적용될 수 있는지 살펴보기로 한다.

통계적 의미에서 동조화란 상관관계로 그 구체적 모습이 나타난다. 쉽게 말해서 미국증시와 한국증시가 동일한 방향으로 움직이면 상관관계가 상승하고 그 반대이면 하락한다. 증시에서는 이를 동조화가 두드러지게 나타난다, 혹은 저하되고 있다는 말로 간추린다. 통계용어는 모호한 개념이 아닌 통계수치로써 설명될 필요가 있는데, 이를 대중매체에서 다루기는 현실적이고도 실무적인 장애가 존재한다. 동조화 강약에 대한 추정기간을 어디까지로 둘 것인지 그리고 앞서 3가지 개념 가운데 어떤 것을 주 현상으로 두고 판단할 것인지 등에 따른 논란이 불거질 수 있으며 계속 새로운 정보를 창출해야 하는 메커니즘에서 정확성은 번거로움이 될 수도 있다.

대중화라는 통로를 거친 후 동조화는 애정도 70%이나 30%이나 똑같은 것으로 인식되며 그 강약도 의미를 상실하게 된다. 객관성이 상실된 지극히 주관적 판단이 난무하며 간혹 전문가들 가운데 자신이 무엇을 말하고 있는지 모르는 이들 역시 등장한다. 다우지수와 코스피지수가 며칠만 비슷한 움직임을 보여도 동조화가 강화되고 있다는 발언이 연이어 나오며 그 반대면 마침 독립기념일을 경축하는 것처럼 디커블링 현상이 심화되고 있다고 울부짖는다. 그 증거로 제시되는 것은 달랑 표상화된 주가지수 그래프 하나가 끝이다. 이렇듯 동조화는 인스턴트 상품처럼 쉽게 생산되고 취급된다. 그렇다고 전혀 허튼소리라는 말은 아니다. 주가지수 그래프를 그려 보는 것만으로 두 증시 간 동조화라는 상은 대충 떠올릴 수 있다. 우리가 생각하는 그 이미지가 진실인지 혹은 거짓인지는 불문에 두고라도 최소한 무지에 대한 공포감에서는 벗어날 수 있다. 내가 속한 세상이 무엇에 의해, 그리고 어떻게 돌아가는지 모른다는 것은 충분히 우리를 불안하게 하고 손해와 이익을 떠나 인간적 좌절을 안겨 준다. 때론 진실에 대한 갈망보다 소외의 두려움이 더 강력하다.

동조화를 정적으로 표현한다면 숫자로 생각할 수 있다. 측정기간에 따라 다르겠지만 중국증시가 본격적으로 세계증시에 명함을 내밀고 그 영향력을 확대한 2006년부터 2009년 3분기까지 코스피와 항생지수의 동조화 수준, 즉 상관관계는 0.7 정도로 추정되었다. 상호간의 영향관계는 일단 논외에 두고 그 수치를 통속적으로 해석한다면 두 주가지수가 동일한 방향으로 흐를 가능성이 한 85% 정도는 된다고 볼 수 있다. 더 쉽게 말하자면 항생지수가 상승한 날 코스피도 상승할 확률이 85% 수준에 육박한다는 의미이다. 동일기간 코스피와 상해종합지수는 60%를 약간 상회하는 동조화 경향을 보였으며 다우지수는 이보다 한 단계 높은 70% 수준을 나타내었다. 친밀도로 동조화를 대체한다면 코스피와 가장 가까운 친구는 항생지수이며 그 다음이 다우지수, 상해종합지수 순이다. 위 결론은 동조화를 정적으로 본 결과이다.

그럼 동조화를 동적으로 보면 어떤 결과가 초래될까? 친구 간의 우정도 세월이 지남에 따라 깊어지기도 하고 퇴색되기도 한다. 어떤 계기로 촉발된다면 완전 돌아설 때도 있다. 그런 의미에서 1997년 IMF는 한국과 미국증시의 동조화를 한 단계 도약시키는 계기가 되었으며 이전과 전혀 다른 모습을 창출하였다. 전문용어로는 상관관계 단절Correlation Breakdown이라고도 부른다. 증시의 변덕스러움은 익히 아는 사실이고 그 관계는 시시각각 변화한다.

〈그림 4-1〉은 소위 동조화로 불리는 상관관계를 시간의 흐름에 따라 가변적으로 그려 본 것이다. 코스피-항생지수가 코스피-다우지수보다 더 깊은 동조화를 보이는 것으로 나타났지만 전반적 흐름은 비슷한 형태를 띠고

(상) 코스피와 다우, 항생지수

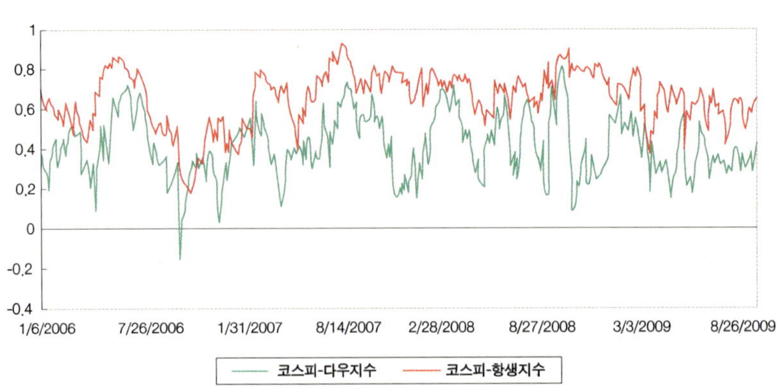

(중) 하나금융과 현대중공업 (대우증권 ELS, 2년 만기 조기상환형)

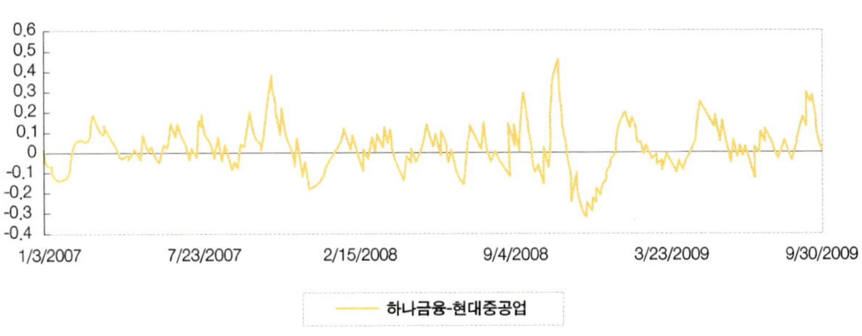

(하) LS전자 & LG 디스플레이(대신 ELS 835, 2년 만기 조기상환형)

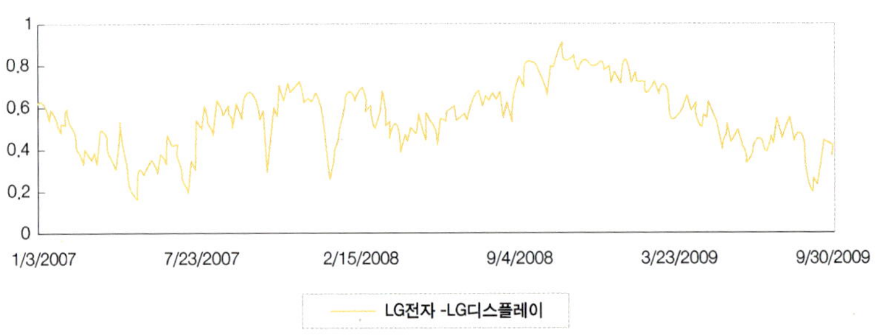

〈그림 4-1〉 시계열적으로 살펴본 동조화 추이

있다. 이는 글로벌 증시가 독립된 움직임보다 한 묶음으로 굴러다니는 경향이 있기 때문이다. 증시 상호간 영향관계는 다음 단락에서 좀 더 깊게 들여다볼 것이지만 일단 증시 방향성은 비슷한 것 같다. 투자전략 측면에서 주의할 점은 아무래도 기존 추세가 비틀어지는 경우일 것이다.

일례로 2007년 11월, 2008년 7월, 2008년 12월~2009년 1월경이 그 대표적 사례이다. 과거 증시추이를 곰곰이 생각해 보면 이 달에 무슨 이벤트들이 벌어졌는지 대충은 떠오를 것이다. 2007년 11월 홍콩직통차 중지 여파가 본격적으로 한국증시에 퍼져 나갔으며 미 증시도 서브프라임 모기지 부실사태로 점차 패닉에 빠져들었다. 홍콩증시에 대한 미련이 남아서인지 미 증시와의 디커플링이 뚜렷이 감지되는 가운데 한국증시는 한층 홍콩증시에 기대는 모습을 보였다. 그 후 2008년 9월 리만브라더스 파산으로 글로벌 증시가 당황감 속에 깊게 빠져들 때 한국증시는 비로소 미 증시와 긴밀한 보조를 나타내었다.

위기감이 최고조에 달했던 2008년 말과 2009년 초 한국증시는 홍콩증시와의 동조화 수준을 한층 낮추며 미 증시의 방향성에 촉각을 기울인 것 같다. 막상 2009년 3월 코스피가 저점을 찍을 때는 홍콩증시와 미 증시 양쪽 모두에서 탈동조화되는 경향을 보였는데, 이는 바닥이 가까워졌다는 심리가 넓게 퍼졌기 때문으로 판단된다. 위기감의 퇴색, 즉 불확실성이 상당부분 완화된 상태로 한국증시가 점차 제 목소리를 찾아가는 시점으로 볼 수 있다. 매를 맞기 전에 눈치를 보지 흠뻑 두들겨 맞은 후에는 겁나는 것이 없는 법이다. 붕괴될 것만 같은 증시가 2009년 1분기 이후 단기 급상승하며 〈그림 4-1〉 상단처럼 동조화 수준을 낮추고 있다.

이상의 결과로 글로벌 위기가 잠복상태에 있으면 한국증시는 홍콩증시와 박자를 맞추지만 위기가 표면화되고 손실이 현실화된다면 급속히 미 증시를 추종하는 것을 알 수 있다. 또한 2009년처럼 조심스런 상승장이 연출될 경우 믿을 것은 나 자신밖에 없다는 호기가 고개를 들면서 대외변수 영향력을 가급적 배제하려는 성향도 일부 노출시킨다. 상호간의 관계는 이렇듯 상황에 따라 가변적이고 변화 속에 다양한 의미를 내포하고 있다. 위 사례는 증시를 두고 살펴본 것인데, 종목은 어떠할까? 그 맥락은 비슷할 것이다. 차후 언급하겠지만 관계가 변한다는 것은 넓게는 투자 포트폴리오 조정, 좁게는 ELS 같은 투자상품의 가격 재조정을 요구하게 된다.

ELS 가격결정은 몬테카를로 시뮬레이션을 통하여 추산하는 경우가 대부분인데, 이때 두 종목 주가경로는 상관관계(동조화)에 기초를 둔 촐레스키 분해를 통하여 산출한다. 즉 동조화 수준을 어디로 두고 어떤 구조로 보는지에 따라 가격 자체가 바뀔 수 있는 것이다. 〈그림 4-1〉 중단과 하단 그래프를 살펴보면 하나금융과 현대중공업은 마이너스(-)에서 플러스(+)로 주가 상관관계가 급격히 출렁이는 모습을 관찰할 수 있다. LG전자와 LG디스플레이는 같은 그룹, 동종업계라는 동질성을 바탕으로 비교적 높은 동조화를 보이지만 그 강약은 시시각각 변화하고 있다. 그 대상이 무엇이든지 '변화와 관계'는 가격결정의 핵심이며 현상파악의 기초가 된다.

정적 상태로부터 동적인 개념을 지나 이제 마지막 귀착점인 구조로 들어가 보자. 구조는 동적인 개념보다는 정적인 개념에 가깝지만 정적인 것과는 달리 형태를 가지고 있으며 그 형태는 다양하게 표현될 수 있다. 동조화를 선과 궤적의 개념으로 바라봤지 일정한 형태로 보지는 않았을 것이다. 이제 동조화에 형태를 첨부해 보자. 동조화를 형태로 본다는 것은 무엇을 의미하는 것일까? 앞서 살펴본 하나금융과 현대중공업 사례로 들어 보면 이 두 종목은 동종그룹도 아니며 업종도 금융과 중공업으로 나누어져 있다. 두 종목 주가가 어떤 구조를 보일지 아직 모르지만 적어도 그 움직임이 항상 같지는 않다는 것을 〈그림 4-1〉 중단 그래프를 통하여 알 수 있다.

우리는 이를 통하여 두 종목의 상승과 하락 확률이 같지 않다는 점은 추론할 수 있어도 상승과 하락 가운데 어느 쪽에서 더 자주 관찰될지, 즉 그 빈도는 실제 이미지적 형상으로 도출하기 전에는 아직 모른다. 이쯤에서 논의를 중단하길 원하는 분들도 계실 것이고 굳이 구조적으로 들어갈 필요가 있는가라는 회의도 일어날 것이다. 다만 13장에서 다룰 신용파생상품에서 짚고 넘어가야 할 문제이며 증시를 둘러싼 다양한 현상과 개념을 해체해 보는 것도 의미가 있을 것으로 생각되어 우려를 불식시키고 진행하기로 한다.

혹자는 'LG전자와 LG디스플레이 같은 우량주가 1년 사이에 동시에 반토막이 날 가능성이 어디에 있어! 그럼 한국경제는 그냥 몰락하는 거야' 라고 감상적 추론으로 미래를 쉽게 예단하기도 한다. 하지만 상승이 가능하다면 하락도 가능하다. ELS는 현실화되지 않은 감상적 추론과 관념을 먹고 활개를 치는 것이다. 모르면 당하는 것이 증시이다. 고객에게 일방적으로 유리한 금융상품은 절대 없다. LG전자와 LG디스플레이를 빌려 설명한 개념이 불충분하다면 다른 각도에서 한번 접근해 보자.

글로벌 증시를 놓고 전략을 짜는 기관 투자자가 아니라도 무의식적으로 종목들 간의 동조화는 염두에 둔다. 그 흐름을 직접 추적하지는 않겠지만 머릿속에서 희미하게 종목 간 움직임을 대충 그려 볼 것이고 감이라는 이름을 빌려 여러분의 투자종목 선택에 영향을 미친다. 포트폴리오 최적화라는 명제를 떠나 상식적으로 종목 발굴, 분석이라는 추가 비용을 부담하면서 비슷한 움직임을 보이는 자산들을 이중 매입할 필요는 없다. 별 이유도 없이 여러분은 같은 업종들만으로 포트폴리오를 구성하는 것에 거부감을 느낄 것이다. 이는 동종업종에 속한 종목은 비슷한 주가 움직임을 보이며 오를 때는 격차를 보이지만 떨어질 때는 무섭게 동조화된다는 것을 경험적으로 인식하기 때문이다. 손안의 투자종목들이 붉은색으로 모두 물들여지면 좋겠지만 현실적으로는 파란색으로 합창하는 경우가 더 자주 관찰된다. 이런 현상들이 동조화 구조에 대한 이해를 요구하게 되는 것이다. 이익의 동조화는 기쁘게 맞

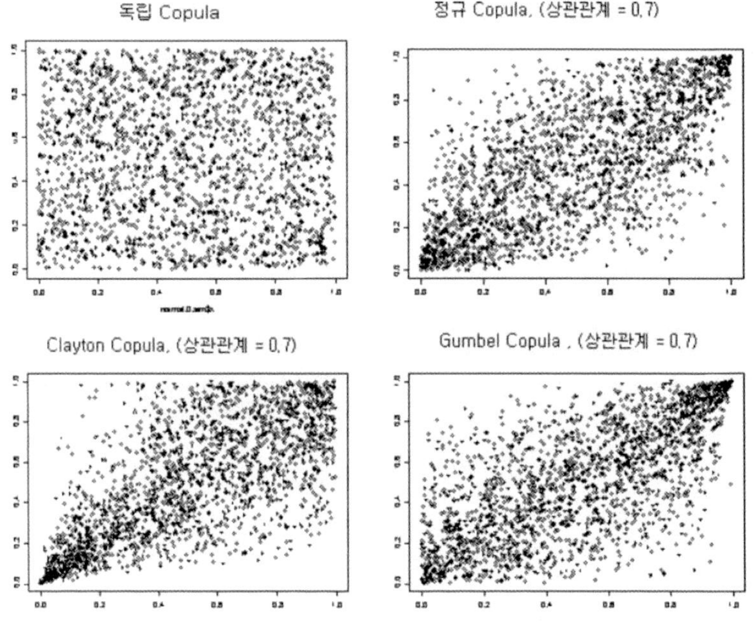

〈그림 4-2〉 코풀라Copula로 살펴본 동조화 구조

이할 수 있지만 손해의 동조화는 피하고 싶은 것이 인지상정이다.

〈그림 4-2〉는 코풀라Copula 개념을 통하여 살펴본 동조화 구조이다. 악마의 함수로도 불리는 코플라의 이론적 구조는 본서에서 다루지 않기로 한다. 논점이 상당히 흐려질 것이며 책의 수준을 학술논문 이상으로 끌어당겨야 하기 때문이다. 다만 그 개념과 응용 사례는 본 장과 차후 언급될 신용파생상품 부분에서 담아내도록 한다. 코플라의 본질을 간략히 요약하자면 세상은 공평하기도 하고 그렇지 않기도 하며 그 공평과 불공평성의 분포는 조사지역과 대상에 따라 다르다는 것이다. 여러분이 알고 있는 대부분의 투자모형과 투자법칙은 세상은 항상 공평하다는 원칙을 기준으로 만들어지고 생성된 것이다.

〈그림 4-2〉 상단 그래프는 정규분포를 가정하고 상관관계가 제로, 즉 독립일 때와 0.7인 경우를 비교한 것이다. 종목주가의 상관관계가 독립일 경우 상단 좌측처럼 뚜렷한 구조를 보이지 않고 퍼진 형태로 나타난다. 반면 상관관계를 0.7로 둘 경우 두 종목은 상단 우측 그래프처럼 동일한 거리감을 보이며 직선형태를 보인다. 하단 그래프는 종목주가를 정규분포로 고정하지 않고 클라톤Clayton과 검블Gumbel로 그 틀을 변경한 것이다. 상관관계는 0.7로 상단 좌측 그래프와 동일하게 두었다. 같은 동조화 수준을 가정해도 동조화 구조를 어떻게 끌고 가는가에 따라 두 종목 주가의 대응모습은 180도 달라질 수 있는 것이다.

특히 신용파생상품, 이색옵션, ELS 등과 같이 투자위험 그 자체가 투자대상이 되는 상품은 주가수익률이 클라톤 형태를 띨 경우 자칫 치명적인 결함을 노출시킬 수 있다. 같은 수준의 상관관계를 가정해도 상단보다는 아래

쪽에 밀집된 구조를 보인다면, 즉 주가상승 때보다 주가하락 때 더 밀접한 동조화를 나타낸다면 위험을 체계적으로 저평가할 수 있으며 상품가격을 왜곡시킬 수 있다. 한편 주가수익률이 정규분포가 아닌 검블 구조를 보인다면 현실보다 위험을 과대평가할 수 있으며 상품가격이 필요 이상으로 높게 책정될 우려도 있다.

여담이지만 서브프라임 모기지 부실사태로 불거진 신용파생상품 문제는 위험을 체계적으로 저평가한 것에 그 출발점이 놓여 있다. 현실보다 위험을 낮게 책정함에 따라 스프레드가 좁아졌으며 이는 거래쌍방을 진흙탕에 불러들이는 촉매제가 되었다. 7~8% 투자수익을 얻자고 4~5% 수준의 수수료를 감당할 이는 드물 것이다. 하지만 1~2% 수준으로 떨어진다면 신용위험을 적극적으로 떠넘기려는 기관들이 등장하게 되고 그 속에서 적극적으로 위험을 안으려는 이들도 나타난다. 마치 AIG처럼….

이제까지 우리는 정적인 점에서 동적인 선을 지나 구조형태로 동조화를 살펴보았다. 동조화는 단순히 보고 끝나는 것이 아니라 현상 간의 관계를 펼쳐 보이는 한 작업이다. 도대체 증시가 어떻게 돌아가고 투자종목 간 어떤 관계를 맺고 움직이는지 알아야만 투자전략이란 것이 나올 수 있다. 또한 대체로 좋았다고 여겼던 인간관계가 막상 필요할 순간 대체로 좋지 않았음을 실감한다면 충격이 배가 되듯이 저평가된 위험은 그 본연의 크기보다 더 깊은 충격을 시장에 던져 줄 수 있다.

3. 해바라기Sunflower의 숙명

당일 시황을 논하는 데 빠짐없이 등장하는 것이 해외증시 동향과 주요 이벤트들이다. 평소와 다른 움직임은 항상 해외변수로 설명되며 그 원인이 불분명할 때면 영향관계를 떠나 수수께끼를 풀듯이 기어코 조그만 이벤트라도 찾아내고야 만다. 모르는 것을 모른다고 하는 것은 용납되지 않으며 진위를 떠나 어떤 식으로든 현상은 설명되어야 한다는 압박감이 강하게 작용한다. 세력으로 대변되는 돈의 움직임과 충격적 사건이 방향성에 대한 길을 제공해 줄 수 있다. 하지만 증시는 수많은 투자자들이 각자의 판단에 따라 살아 숨 쉬는 장소로 주가 또는 주가지수로 현실화된 현상을 단칼에 이것이라고 정의를 내릴 수 없다. 간혹 별 영향관계도 없는 소식이 증시 움직임을 설명하는 메인타이틀로 해석된다면 '아! 오늘 장은 시장 내부동력에 따라 그냥 굴러갔구나' 라는 생각이 고개를 든다.

시시각각 변화하는 증시 움직임이 모두 이유를 가질 필요는 없다. 지속된 추진력이 별다른 마찰 없이 미끄러질 경우도 있고 내재된 에너지가 갑자기 분출될 수도 있다. 시장이라는 그 무게감은 어떻게든지 한 발을 내딛게 하며 매수하는 사람이 있으면 매도하는 사람 역시 존재하는 것이 시장이다. 우리는 모든 증시 움직임에 이유를 댈 필요는 없으며 때로는 움직임을 움직이는 그대로 바라볼 필요가 있다. 미지에 대한 불안감은 결벽증과 같이 투자자들로 하여금 원인을 찾아 헤매게 하고 그 결과 미지가 무지로 바뀌게 된다. 매 순간 변화하는 정보들을 짧은 시간차를 두고 쫓아갈 수 있는 사람이 몇 명이나 될까? 24시간 컴퓨터를 켜 놓고 매일 수대의 모니터로 자신을 둘러싸도 이는 불가능에 가깝다. 근본적으로 사람은 컴퓨터가 아니며 종족과 접촉하면서 자신의 존재감을 확인하고 영향을 주고받는 사회적 동물이다.

증시에 영향을 주는 모든 정보들을 추적하고 반영할 수 없다면 우리는 우선순위를 두고 주요 변수를 체크할 필요가 있다. 그 가운데 하나가 바로 변수 간의 인과관계이다. 그 변수는 경제지표가 될 수도 있고 당일 거래량, 자금흐름이 될 수도 있다. 다만 본 단락에서는 동조화의 맥락에서 타 증시와의 관계를 통하여 이를 설명하고자 한다. 한국증시가 큰 출렁임을 보일 때 빠짐없이 등장하는 문구들이 바로 다우폭락, 차이나쇼크 등과 같은 타이틀이다. 이들이 글로벌 경제와 금융에 미치는 투사력이 넓고 깊기 때문이다. 요즘은 미국과 중국을 G2라고 부르며 세계의 두 기둥으로 대접하기도 한다. 1년 전만 해도 겸양을 보이며 G2에 대한 칭송을 사양하던 중국도 이제는 공공연하게 세를 과시한다. 두 개의 태양이 존재할 수 없고 한 산에 두 마리 호랑이가 머물지 못한다고 하지만 지금 당장은 창공에 두 개의 태양이 떠 있는 상태이다. 태양 주위를 도는 행성처럼 한국증시도 미국과 중국증시를 배회하며 서로 끌어당기고 밀면서 균형을 추구하고 있다.

이제 그랜저Granger 인과관계 모형을 통하여 증시 상호간의 영향관계를 살펴보자. 참고로 이 모형을 발표한 그랜저 교수는 '공적분Cointegration' 이라고 불리는 새로운 시계열 분석방법을 통하여 2003년 노벨 경제학상을 수상하기도 하였다. 그랜저 인과관계 모형에 따르면 보통 확률 값이 0.05 미만일 경우 가설을 기각하는 것으로 받아들인다. 즉 확률 값이 0.05 미만일 경우에 신뢰수준 95% 수준에서 '영향을 미치지 않는다' 는 가설이 기각되고 '영향을 미치는 것' 으로 추정한다는 의미이다. 이론적으로 접근할 경우 영향력이라는 용어 자체가 부적합할 수 있으나 실무적인 관점에서 '영향력' 으로 통칭하여도 무방할 것이다.

분석은 일 데이터와 월 평균 데이터로 나누어 진행하였으며 분석대상은 코스피, 항생지수, 상해종합지수, 다우지수로 한정하였다. 일 데이터로는 개별증시 간 초단기 영향관계를 살펴보고 월 평균 데이터로 전략적 방향을 점검하고자 한다. 분석결과 5거래일, 즉 일주일이라는 시간을 놓고 볼 때 한국증시는 홍콩과 상해증시에 영향을 미치지 못하는 것으로 조사되었다. 반면 항생지수는 한국증시 움직임에 지속적으로 영향을 끼치는 것으로 나타났다. 상해종합지수로 대변되는 중국본토 증시는 신뢰수준을 90%로 좀 넓게 둔다면 한국증시에 일정한 영향력을 발휘하는 것으로 나타났다.

의외인 점은 미 증시와 한국증시가 상호 영향력을 주고받는다는 사실이다. 힘의 우위를 바탕으로 미 증시가 일방적으로 한국증시에 힘을 투사할 것 같은데, 분석결과는 미 증시도 한국증시를 염두에 둔다는 것이다. 다만 이런 추론을 섣불리 단정하기는 힘들 것 같다. 한국증시뿐만 아니라 홍콩증시도 동일한 현상을 보이기 때문이다. 요약하자면 한국증시가 아닌 아시아증시로 상징된 한국·홍콩증시가 미 증시와 영향을 주고받는다고 볼 수 있다. 특히 한국과 홍콩증시는 중국증시와 달리 자금 유·출입에 제한이 없어 수시로 포트폴리오 헤지가 가능하다는 장점이 있다. 옵션, 선물과 같은 파생상품과 데이트레이닝을 묶어 통한 초단기 이익추구 역시 가능하다. 입구와 출구가 자체가 넓은 것이다. 이런 점들이 글로벌 증시의 바로미터인 미 증시와 지역 통로인 한국증시를 긴밀히 연결시키고 있다.

한 달 단위라는 좀 긴 호흡으로 접근할 때도 상기 결과는 유효할까? 답은 '그렇지 않다' 이다. 한국증시는 홍콩과 상해증시에 여전히 충분한 영향력을 미치지 못하고 있으며 이번에는 미국증시에도 힘을 발휘하지 못한다. 참고로 미 증시 역시 한국증시 움직임을 설명하지는 못하는 것으로 나타났다. 논리를 비약하자면 한국증시는 전략적 움직임을 유발할 만큼 그 중요도가 크지 않다고 해석할 수 있다. 홍콩증시는 1~2개월을 두고 한국증시에 영향을 미치는 것으로 나타났다. 홍콩을 중심에 두고 글로벌 자금들이 한국, 중국, 일본 등 아시아 시장으로 유·출입을 반복하면서 전략적 움직임을 보이는 셈이다. 홍콩달러가 미 달러에 연계된 것도 이런 움직임에 힘을 실어 주는 것 같다.

큰 관심사로 부각되지는 않지만 중·미 증시 사이에서 꿈틀거리는 움직임을 한 번은 짚을 필요가 있다. 돌고 돌아 결국 한국증시에 영향을 미칠 것이기 때문이다. 해외투자자가 깊숙이 들어간 것도 그렇다고 출입구가 넓게 펼쳐진 것도 아닌 중국증시의 움직임에 미국증시가 반응할 것으로 생각하는 이는 드물 것이다. 정책적으로 큰 이벤트가 벌어질 경우 미국증시가 출렁일 수도 있지만 일상적 움직임에까지 깊은 영향력을 미친다고 보기는 힘들다. 각종 금융상품을 통한 헤지거래가 자유롭지 못하다면 그 관계는 제한적일 수밖에 없다. 하지만 이 두 시장 간 월 단위 움직임은 어떻게 해석할 수 있을까? 헤지보다는 전략적 조정으로 바라볼 수 있지는 않을까? 월 단위로 분석 간격을 확대할 경우 중국증시는 1~2개월 기간을 두고 미 증시에 영향을 주는 것으로 조사되었다. 엄밀히 말해 '중국경제'로 상징되는 중국증시가 미 증시 움직임에 영향을 끼친다는 해석이 바람직할 것이다. 옳을 것이다.

중국경제는 이제 신흥 경제대국이라고 부르기도 어색할 정도이다. 브릭스에서 중국은 제외되어야 한다는 목소리도 있고 미국과 함께 세계를 지탱하는 두 개의 기둥으로도 칭송된다. 중국 대신 EU가 들어가는 것이 더 어울리겠지만 국가가 아닌 연합체라는 한계가 존재하며 중국에는 책임을 지우고 EU 영향력은 제한하려는 전략적 고려로 작용한 것 같다. 미 증시가 시간차를 두고 중국증시를 의식한다면 우리는 중국증시 향방을 통하여 시시각각 변화하는 미 증시 움직임이 아닌 전략적 그림을 유추해 볼 수 있다. 이런 과정을 통해 우리는 향후 한국증시 움직임에 대한 또 다른 통로를 확보하는 것이다. 이렇게 물고 물리는 관계 속에서 우리는 현상의 한 단면을 살펴볼 수 있는 것이다.

5장

변동성, 기회와
위험의 미학

변동성이란 무엇인가?

불확실은 변화를 유발하고 그 속에서 위험과 기회가 싹튼다.
변동성은 변화의 척도이며 변화는 다양한 모습을 가지고 있다.

나심 니콜라스는 '정규분포로는 큰 편차를 다룰 수 없는데도 우리는 마치 불확실성을 길들이고 있다고 확신한다' 라고 주장하면서 이를 거대한 지적사기라고 단정하였다. 그는 또한 학자들은 불확실한 상황에서 결정을 내려 본 경험이 없기 때문에 무엇이 중요하고 무엇이 중요하지 않은지 판별하지 못하며 불확실성을 연구하는 이들조차도 그런 경향을 보인다고 진단하였다. 주식시장에서는 변동성을 위험으로 취급하고, 옵션과 옵션구조를 띤 파생상품은 기회로 바라본다. 변동성은 동전의 양면과 같이 위험과 기회를 함께 품고 있다. 변동성이란 대체 무엇인지? 그리고 어떻게 우리의 매매판단과 투자수익에 영향을 미칠 수 있는지 이 장을 통해 면밀히 파헤쳐 보기로 한다.

일반적으로 주가 수익률은 고첨도 현상을 나타내는 경향이 강하다. 이 말은 증시 급등락이 생각보다 자주 발생한다는 것과 같다. 대다수 금융모형은 정규분포라는 일반적 상황Normal Situation을 가정하는데, 현실은 이와 일정한 괴리를 보이는 셈이다. 복잡한 이론 또는 실증적 연구결과를 제시하지 않더라도 경험적으로 우리는 이런 사실을 인식하고 있다. 각종 연구소가 산출하는 리서치 보고서들이 자주 현실감이 떨어지는 내용과 결론을 내놓는 것도 현실을 아주 무난하게 보는 경향이 많기 때문이다. 소위 증권가에서 풀리는 자료들도 이런 논란을 비켜갈 수는 없다. 사실 월 스트리트는 분석이 아닌 문장으로 먹고사는 곳이다. 화려한 형용사로 점철된 문장과 신조어를 끊임없이 생산하는 구조 속에서 진정한 분석가들은 설 자리를 잃고 냉소와 타협적 삶을 영위하고 있다. 여러분이 받아 보는 분석결과는 타협의 산물인 셈이다.

시차적 논란은 존재하지만 증시는 대개 경제국면과 밀접한 연관성이 있다. 따라서 증시 변동성을 통화지표, 실업률, 소비자신뢰지수, 산업생산성 등과 같은 경제변수로 해석하는 것 역시 그리 무리한 시도는 아니다. 경기가 침체를 보일 때 증시 변동성은 확대되고 활황을 보인다면 대개 하락한다. 2008년 글로벌 경제위기가 전 세계를 강타할 때 코스피 변동성이 급격히 확대되었다는 사실을 여러분은 잘 알 것이다. 다만 경제변수 자체의 불확실성이 증시 변동성을 뒤흔들지는 않는다. 말하자면 경제현황이 증시변동성을 높이는 것이지 예상 경제지표의 불확실성이 현 증시에 큰 파도를 몰고 오지는 않는다는 말이다. 일례로 2011년 경제성장률이 제로일지 아님 5%일지에 대한 불확실성이 2010년 한국증시를 움직이는 동력은 아니라는 셈이다. 2010년 증시는 현실화된 경제수치에 따라 좌우되는 것이다.

한편 주가급등락은 독립이 아닌 연속적으로 발생하는 경향이 높은데, 이를 전문용어로 '변동성군집현상'이라 부른다. 쉽게 말해서 급등락은 단발적으로 그치는 것이 아닌 일정한 기간을 두고 한 묶음으로 발생한다는 뜻이다. 1997년 IMF 당시 국내증시, 1999년 IT버블과 붕괴, 2007~2008년 증시에서 우리는 그 모습을 자주 관찰하였다. 구조가 아닌 단기패턴으로 접근한다면 짧게는 2~3일, 길게는 일주일 정도 주가 방향성이 일치하는 것도 심심찮게 목격된다.

변동성과 관련된 또 다른 견해는 1976년 블랙Black이 제시한 레버리지 효과이다. 블랙은 그 유명한 블랙-숄즈모형을 통하여 우리에게도 친숙한 학자이다. 그는 레버리지(부채) 효과를 통하여 주가와 변동성 사이의 부(-)의 상관관계를 설명하고 있다. 블랙은 기업 재무제표를 예로 기업이 보유한 자산가치가 떨어진다면 부채비율은 상승할 것으로 보았다. 기업수익이 일정한 상황 하에서 만약 부채비율이 상승한다면 주가는 자연 하락할 것이다. 그 결과 주가변동성은 촉발될 것으로 생각했다.

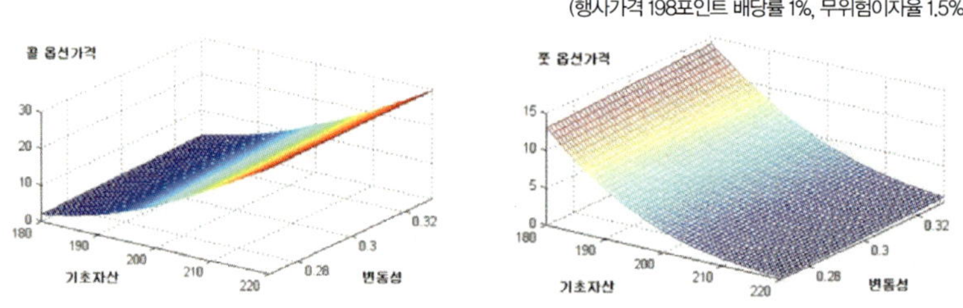

〈그림 5-1〉 변동성에 따른 KOSPI200 콜, 풋 옵션가격 변화

해석: 풋 옵션이든 또는 콜 옵션이든 변동성이 높아짐에 따라 옵션가격이 상승함을 알 수 있다. 상기 〈그림 5-1〉이 이해가 되지 않는다면 변동성이 상승함에 따라 오른쪽으로 그래프가 가파르게 올라가는 것을 발견할 수 있을 것이다. 일례로 풋 옵션의 경우 10포인트와 15포인트 사이 여백공간이 줄어들고 있는데, 이는 옵션가격이 상승함을 의미한다.

앞서 논의된 것 이외에 시장의 미시적 움직임으로 변동성을 풀어낼 수도 있다. 개장 전 누적된 정보들은 통상 장중 주가에 영향을 미친다. 하지만 정보의 양은 시간에 비례하지는 않는 것으로 알려지는데, 만약 정보의 양이 시간에 비례한다면 금요일부터 월요일까지의 수익률 분산은 월요일에서 화요일까지 수치보다 3배 정도 높아야 된다. 하지만 연구결과는 이를 부정하고 있다. 비록 주말이나 공휴일이 겹친 때 변동성이 평일보다 높게 나타났지만 누적된 정보의 양만큼 그 차이가 크지는 않은 것으로 조사되고 있다. 특히 한국과 미국증시 간에는 시간차가 존재하는데, 이는 두 시장 간에 누적된 정보의 양만큼 변동성 격차가 발생하지 않는다는 점을 반증한다.

그럼 시간이 아닌 사건을 전제로 변동성의 일면을 들여다보자. 일반적으로 예측 가능한 정보공개와 초과 변동성 간에는 밀접한 동조화를 보이고 있다. 상장회사 실적공개 전후로 주가변화가 크게 움직이는 것을 여러분도 느낄 것이다. 일례로 환율 변동성은 중앙은행의 과다한 직접개입 또는 거시경제 정보발표 때 상대적으로 높게 나타났다. 특히 증시 변동성은 장중보다는 개장과 폐장 때 상대적으로 높게 관찰되는데, 전문 투자자들이 개장 후 1시간, 폐장 전 1시간을 중요시 여기는 이유도 여기에 있다.

2. 증시 변동성과 투자의 묘

투자자마다 위험수준에 대한 해석이 다른 것처럼
증시도 동일한 잣대를 들이댈 수 없다. 변동성은
위험척도인 동시에 투자타이밍 역시 제공한다.

변동성에 대해서 모르는 이들도 VIX지수라는 용어는 한 번쯤 들어 보았을 것이다. 약간의 과장을 곁들여 흔히 공포지수라고 부르기도 한다. VIX지수는 시카고옵션 거래소에 상장된 S&P 500 지수옵션을 토대로 향후 30일간 변동성에 대한 시장기대를 추산한 지수이다. 국내투자자에게는 다우존스지수가 S&P 500 지수보다 더 친근하겠지만 실제 시장 움직임을 반영하는 것은 S&P 500 지수일 것이다. 그런 의미에서 VIX지수는 시장변동성을 정확히 집어낸다고 볼 수 있다. 참고로 VIX지수가 20%라면 한 달이라는 기간을 두고 S&P 500 지수가 20%의 등락을 보일 것이라는 점을 의미한다.

앞 단락에서 언급했듯이 이론적으로 변동성은 시장국면과 역방향으로 흐르는데, 실제 VIX지수도 S&P지수와 반대로 움직이는 특징을 보이고 있다. VIX지수가 최고치를 친다는 것은 투자자들의 불안심리가 극에 달했다는 것을 의미하며 반대로 최저로 떨어지면 긴장감이 무뎌졌다고 볼 수 있다.

한편 VIX지수 그 자체로도 매매전략 수립이 가능하다. VIX지수가 20% 이하로 떨어지면 대개 과매수 구간으로 보고 매도를 권하며 반대로 40% 이상이면 과매도 구간이므로 매수를 염두에 둔다. 다만 이는 S&P 500 지수옵션을 대상으로 한 것이므로 한국증시에 적용할 때는 약간의 변형이 필요하다.

국내는 아직 KOSPI200 지수옵션을 토대로 한 변동성지수를 내놓고 있지 않다. 다만 투자에 필요한 벤치마크 지표는 한국증권거래소에서 쉽게 얻을 수 있는데, 현재 KOSPI200 옵션을 대상으로 콜 평균 내재변동성, 풋 평균 내재변동성, 대표변동성, 역사적 변동성(90일 기준)을 매일 발표하고 있다. 이를 매매판단의 보조지표로 삼아도 큰 무리는 없을 것이다.

〈그림 5-2〉는 KOSPI200 옵션을 대상으로 한국증권거래소가 산출한

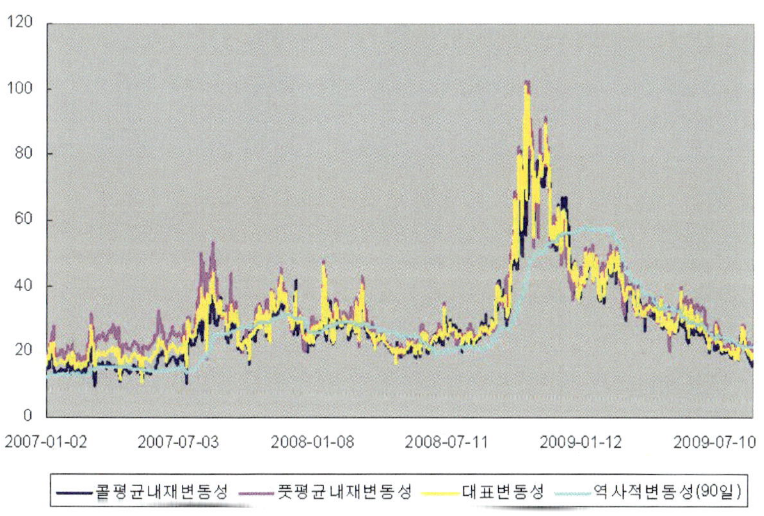

〈그림 5-2〉 KOSPI200 옵션 변동성 지표들

변동성 지표들을 그려 본 것이다. 2007년 8월로 접어들면서 변동성이 눈에 띄게 확대되는 것을 관찰할 수 있다. 이때는 서브프라임 모기지 사태가 점차 세간에 오르락내리락하며 증시버블의 정점을 찍어 갈 때이다. 2007년 하반기 이후 변동성이 구조적 상승을 그린 것 역시 관찰할 수 있는데, 30%를 기준에 두고 상하 운동을 벌이던 변동성은 2008년 2분기 전후로 일단 진정세를 나타내었다. 결과론적 이야기이지만 2008년 2분기 진정세는 폭풍 전의 고요함이며 그 이전 관찰된 변동성 확대는 다가올 재앙의 전조에 불과하였다. 2008년 10월 대표변동성과 풋 평균 내재변동성이 100% 이상으로 치솟으며 증시를 완전히 흔들어 놓은 것이다. 당시 콜 평균 내재변동성과 90일 역사적 변동성은 50% 전후를 기록하였다. KOSPI200 옵션 변동성은 2008년 10월을 정점으로 점차 떨어졌으며 그 추세는 일단 2009년 8월까지 지속되고 있다.

여기서 잠시 VIX지표를 통한 투자전략을 점검해 보기로 하자. VIX지수는 40% 이상은 과매도 구간으로 매수, 20% 이하면 과매수 구간으로 매도를 염두에 둘 것을 권한다. 하지만 S&P 500이 아닌 KOSPI로 대입할 경우 여기에 최소 10%까지 구간범위를 넓힐 필요가 있다. 즉 과매도 구간은 최소 50% 이상, 과매수 구간은 최소 30% 이하로 조정되는 셈이다. 조정된 수치를 놓고 〈그림 5-2〉를 다시 살펴보면 우리는 투자판단에 필요한 약간의 정보를 얻을 수 있다.

2007년 상반기까지는 대체로 과매수 구간으로 편입될 수 있다. 하지만 그 이후인 2007년 8월부터 2008년 3월까지는 과매도도 그리고 과매수도 아닌 회색지대로 판단된다. 섣부른 투자판단에 대한 유보를 요구하는 셈이다.

반면 2008년 4월부터 9월까지는 대체로 과매수 구간에 속하며 매도시그널을 발산하고 있다. 2008년 3분기부터 2009년 1월까지는 과매도 구간으로 매수시그널을 보내고 있는데, 실제 2008년 10월 KOSPI 지수는 900포인트 수준까지 떨어진 후 상승의 발판을 마련하였다. 약간의 시간차는 존재하지만 변동성 수준이 투자판단의 보조지표로 활동이 될 수 있음을 보여준 사례이다. 2009년 2월 이후 변동성은 일단 대세하락으로 자리 잡았으며 2009년 8월 20% 전후를 기록하고 있다. 뚜렷한 과매수 구간이며 투자자에게 적극적 매수전략보다는 방어적 또는 중립적 전략으로 회귀할 것을 권하는 셈이다.

3. 지수에서 종목까지 변동성 해부

변동성은 시장, 업종, 종목별로 이원화되며
위기에 대한 반응도 상이하다.

앞서 우리는 옵션 변동성 지수를 통하여 매매전략을 어떻게 끌고 갈지 한번 고민해 보았으며 S&P 500 지수보다 등락이 큰 한국증시 특징을 고려하여 변동성 구간을 최소 10% 높일 것을 건의하기도 했다. 즉 과매도 구간은 최소 50% 이상, 과매수 구간은 최소 30% 이하로 조정하여 현실적으로 적용할 것을 요구한 셈이다. 그럼 옵션시장을 통하여 유추한 내재변동성이 아닌 지수와 종목에서 발산되는 변동성으로 투자전략을 한번 이끌어 보기로 하자.

〈그림 5-3〉은 2000년 1월 초부터 2009년 9월 말까지 지수와 주요 업종 변동성 추이를 살펴본 것이다. 거의 전 부분에 걸쳐 코스닥 변동성이 코스피 변동성보다 높게 형성되고 있으며 가끔 2배 이상 확대될 때도 관찰된다. 코스닥은 코스피보다 단기정보에 좌우되는 경향이 강한데, 변동성이 높다는 것은 한편으로는 투자위험이 크다는 의미이지만 또 다른 관점에서는 그만큼

고수익을 창출한 기회도 존재한다는 뜻이다. 작전세력들의 농간으로 밝혀지는 경우가 대부분이지만, 일주일 연속 가격 제한폭까지 치솟으며 신고가를 갱신하는 것도 코스피가 아닌 코스닥 종목들이다. 장밋빛 실적은 일순간 또는 계약 하나로 성립되는 경우가 드물다. 꾸준히 제출되는 우수한 실적과 높은 이익창출능력은 단기간에 이루어질 수 없는 것이지만 투자자는 항상 신데렐라에 목매며 허망함을 직감하지만 유혹을 뿌리치지는 못한다. 위험에 상응하는 대가를 요구하고 그 대가가 충족되지 않는다면 시장과 종목을 떠나 토양이 마련될 때까지 회피하는 것이 현명하다. '혹시'는 대부분 '역시'로 끝난다.

〈그림 5-3〉으로 돌아가 2008년 9월부터 10월 말까지 변동성이 급격히 확대되는 것을 관찰할 수 있다. 이후 하락세로 전환되어 2009년 5월에는 30% 밑으로 떨어졌으며 2009년 9월에는 20% 수준을 유지하고 있다. 앞서 변동성 논리에 따르면 2009년 5월부터는 코스피는 과매수 구간이며 7월부터는 과매수 구간에 속한다. 조정 전 상태, 즉 S&P 500 지수를 토대로 한 VIX지수에 대입해도 동일한 결론을 얻을 수 있다. 실제로 당시 코스피지수는 1,700포인트를 정점으로 쭉 미끄러지는 모습을 그렸다. 한편 〈그림 5-3〉 중단 그래프는 코스피와 코스피200 변동성을 비교한 것인데, 예상과 달리 우량주만으로 구성된 코스피200 지수 변동성이 코스피 변동성보다 구조적으로 높게 형성되고 있다.

한편으로는 KOSPI200 선물과 옵션시장으로 대변되는 파생상품 시장이 빈번한 거래를 촉발하였을 수도 있고 또 다른 측면에서는 투자자들이 충분한 관심을 보임에 따라 주가 변동성이 조금 높게 나타날 수도 있다. 시장이

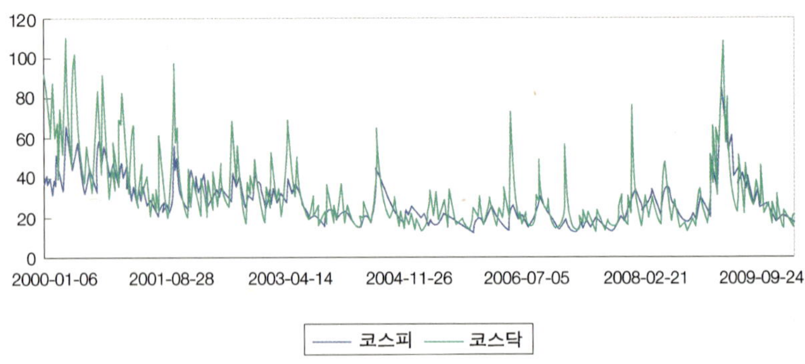

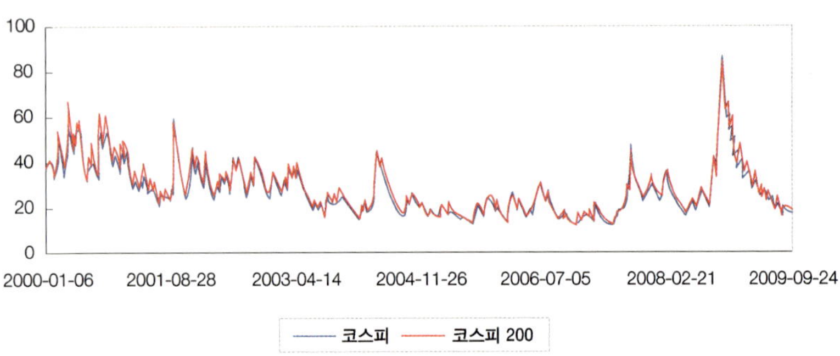

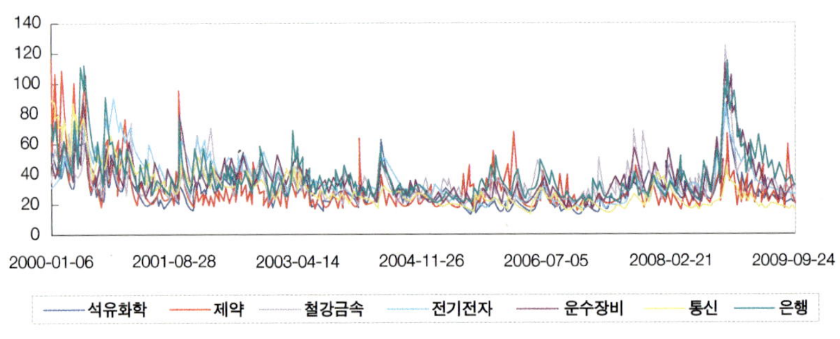

〈그림 5 – 3〉 주가지수와 업종 변동성 추이

없다면 가격의 등락도 좀 침체된 양상을 보일 것이기 때문이다.

〈그림 5-3〉 하단은 코스피 업종지수를 대상으로 업종별 변동성을 한 번 살펴본 것이다. 투자자에게 친숙한 석유화학, 제약, 철강금속, 전기전자, 운수장비, 통신, 은행업종을 샘플로 뽑아 보았는데, 예상과 달리 은행, 철강금속, 전기전자, 운수장비 업종이 상대적으로 높은 변동성을 보였으며 제약은 일정구간 뚝뚝 끊어지듯이 홀로 변동성을 높이는 경우가 많았다. 통신업종은 예외적으로 2007년 서브프라임 모기지 사태와 2008년 리만브라더스 파산으로 촉발된 국제금융위기에도 안정된 모습을 보였다. 단지 2000년 IT 버블 붕괴기간 높은 변동성을 보였을 뿐이다. 매매타이밍을 변동성 수준으로만 결정한다면 통신업은 구조적으로 과매수 상태에 떨어질 개연성이 높다. 달리 해석하자면 그만큼 투자매력이 높다고 볼 수 있다. 통신업은 증시상황과 별개로 일정 투자비중을 유지하는 업종으로 판단되며 매매범위를 설정

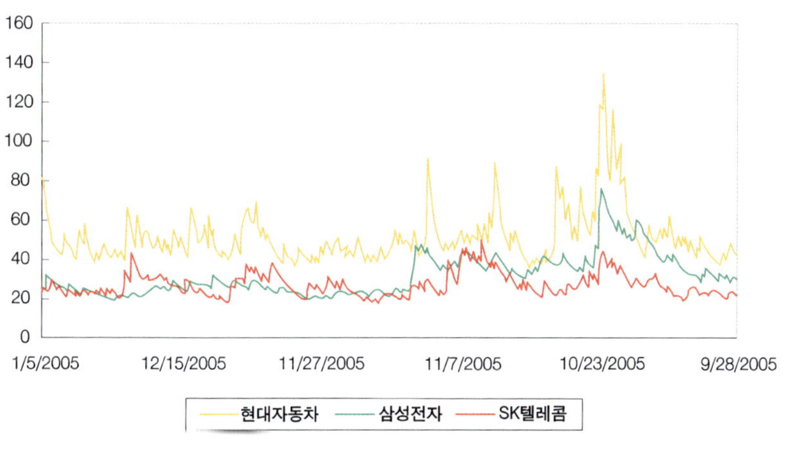

〈그림 5-4〉 현대자동차, 삼성전자, SK텔레콤 변동성 추이

해서 해당 시그널에 따라 안정적 수익을 추구하는 전술이 유효할 것 같다.

〈그림 5-4〉는 시가총액과 업종을 기준으로 대표종목 3개를 뽑아 종목 변동성을 살펴본 것이다. 이미 업종을 통해 가늠해 본 결과의 연장선일 수도 있다. 분석결과 현대자동차 변동성이 삼성전자와 SK텔레콤보다 뚜렷이 높음을 알 수 있다. 현대자동차를 매수한 주주는 삼성전자와 SK텔레콤보다 더 높은 투자수익률을 기대한다고 볼 수 있으며, 이런 욕망이 현실적으로 충족되지 않는다면 보유에 신중한 입장을 취하길 바란다. 한편 삼성전자 변동성은 SK텔레콤보다 대체로 높게 형성되었다. 특히 2008년 5월 이후 그 격차가 뚜렷이 확대되고 있으며 개괄적으로 2009년 5월까지 유지된 것 같다.

2008년 11월 근 80% 수준까지 치솟은 삼성전자 주가변동성은 투자의 안전지대는 희귀하며 절대란 말은 증시에 대입시킬 용어가 아니라는 점을 다시 한 번 인식시킨다. 비록 140%에 육박한 현대자동차보다는 낮지만. SK텔레콤의 경우 통신주에서 언급한 내용과 거의 비슷한 모습을 띠고 있어 추가설명은 생략하기로 한다. 2009년 9월까지 변동성 추이를 지켜볼 때 3종목 모두 과매수 구간으로 점차 진입하는 것 같다. 기존 추세가 유효하다면 가까운 장래에 비중을 축소하는 것이 좋을 것 같다. 한편 주가에 미치는 단기 정보영향력은 현대자동차가 가장 높고 그 다음이 SK텔레콤, 삼성전자 순이다. 변동성만 놓고 볼 때 현대자동차는 안정적 매매전략보다 기회주의적 접근이 필요한 것 같다.

6장

낙관과 비관, 그래도 증시는 돈다

1. 상승과 하락은 한 몸에서

세상은 돌고 돌며, 증시는 상승과 하락을 반복한다.

한 번 양陽하고 한 번 음陰하는 것을 도道라고 한다. 역학에 관심이 없는
이라도 풍문으로나마 한 번쯤 들어 보았을 것이다. 종교와 철학을 떠나 대체
로 그 이치는 동의하고 있는데, 이는 우리가 살아가는 삶의 한 단면이기 때문
이다. 나쁜 날이 있으면 언젠가 좋은 날도 있다는 지극히 단순한 생활원리 말
이다. 음양이란 우주만물을 만들어 내는 상반된 기운을 의미하는데, 여기에
서 오행이 태동된다. 오행은 우주만물의 변화양상을 뜻하고 목, 화, 토, 금,
수 다섯 요소와 상생과 상극 관계로 설정된다. 세상은 우주만물의 일부분이
며 인간군상은 세상 속에서 살아가고 있다. 증시도 그 궤도를 크게 벗어날 것
같지는 않은데, 우주만물이란 세상의 시작과 끝을 의미하며 그 속에 인간과
증시가 놓여 있기 때문이다.

증시는 인간이 살아가는 다양한 모습 가운데 하나이며, 상생과 상극관
계도 꾸밈없이 드러난다. 음양을 경제와 금융시장에서는 다양한 말로 해석

하고 있는데, 경제에서는 불황과 호황, 증시에서는 상승과 하락, 외환시장에서는 평가절상과 절하, 채권시장에 이자율 인상과 인하로 표현한다. 하지만 음양이 항상 대립적인 것은 아니다. 음과 양이 전혀 별개의 것이라면 유클리드 기하학적 오류에 빠질 수 있다. 19세기 유클리드 기하학이 리만기하학에 의해 부정된 것처럼 대립(평행)적 개념은 그 상태에 머무는 것이 아니라 상호의존관계를 맺으면서 상대방을 약화시키기도 또는 강화시키기도 한다.

식물은 동물에게 필요한 산소를 배출하고 그 반대로 동물은 식물이 요구되는 이산화탄소를 생성한다. 달의 은은함은 해의 찬란함으로 나타나며 밤이 주는 달콤함은 아침의 생동감으로 표출된다. 우리가 잠든 사이에 대부분의 성장과 면역력이 강화된다는 점은 부모로서 그리고 증시에 발을 담그고 있는 투자자로서 분명 음미해 볼 필요가 있다. 상승의 과실도 결국 하락의 고난으로부터 태동되는 것이다. 강세장은 비관론 속에서 싹트고 회의론 속에서 자라나 낙관론과 함께 성장하여 행복감이 최고조에 이를 때 사라진다는 존 템플턴 경의 투자명언이 이런 원리를 분명히 밝히고 있다.

그럼 증시에서 음양, 즉 상승과 하락을 관찰하는 방법은 무엇일까? 손쉬운 방법은 〈그림 6-1〉과 같이 주가지수 그래프를 한번 그려 보는 것이다. 마냥 오를 것 같던 증시도 결국 한계가 있으며 이제는 끝이라고 절망할 때 증시는 반등의 기지개를 켠다. 결국 시간척도를 길게 잡든지 또는 좁게 잡든지 그 범위 안에서는 상승과 하락을 반복하면서 증시 국면은 변화하는 것이다. 다만 구체적 수준과 강도에 대한 답은 좀 모호할 수 있는데, 이런 난제를 해결한 것이 바로 마코프 국면전환모형이다. 마코프 국면전환모형에 대한 이론적 접근은 본서의 작성의도와 거리감이 있으며 현실적으로도 일반 독자들이 수용하기에는 한계가 있다. 학술적 설명은 제외하고 사례를 통하여 그 사상적 맥脈과 실무 해석만 잡아 보도록 한다.

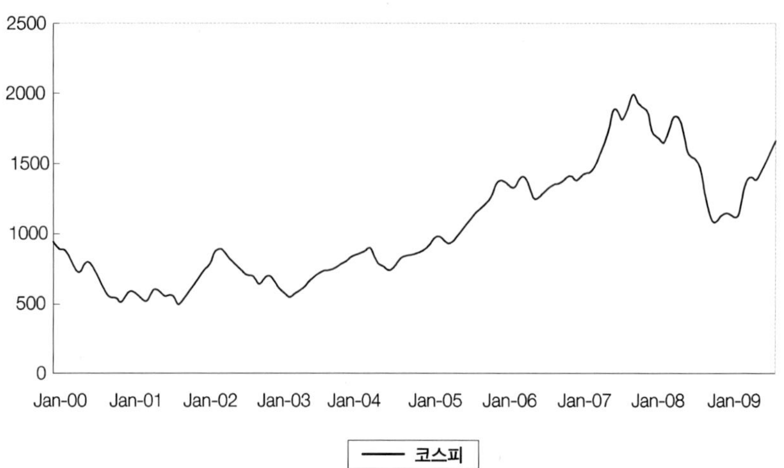

〈그림 6-1〉 월 평균 코스피 주가지수 흐름

2. 마코프 국면전환 모형으로 본 증시

미래는 이전의 상태, 즉 과거가 아닌 지금 현재에 의존한다.
찬란한 과거를 회고해 보아도 현실은 한없이 우울하며
고난이 현실적 밑바탕이 되어 밝은 미래를 열어 준다.

증시가 끊임없이 상하로 움직이는 동물이라는 것을 매 순간 변화하는 시세판을 통해 우리는 알 수 있다. 상승과 하락이 조금 긴 시간단위로 연결된다면 우리는 그것을 추세라고 부르며 일 단위를 넘어 구간단위로 확장되면 비로소 국면이라는 말을 사용하게 된다. 증시가 일주일 정도 상승하는 것을 상승세를 타고 있다고 하지 상승국면이라고는 부르지는 않는다. 일단 상승국면이라는 용어를 사용하려면 일 단위 데이터보다는 주간 혹은 월간 단위로 증시흐름을 체크해 보고 점과 선이 아닌 영역의 개념으로 들어와야 한다. 개별 점이 연결된 것이 추세라면 추세가 뭉텅이로 모인 것이 영역이라고 볼 수 있다. 그 형태는 차후 단락에서 직접 살펴보기로 하며 우선은 좀 더 논의를 진행하기로 한다.

실무적으로 현 증시가 상승국면인지 또는 하락국면인지가 왜 중요할까? 보는 관점에 따라 해석이 분분할 수 있는데, 비교적 장기간 상승국면이 유지되었다면 혹자는 하락국면을 예상하고 주식보유 비중을 낮출 것이다. 종목으로 접근할 때도 그 맥락은 동일하다. 어떤 종목이 장기간 상승국면을 유지했다면 상승 피로감도 그만큼 누적되었을 것이며 가까운 장래에 우리는 하락을 점칠 것이다. 반대로 하락국면이 오랫동안 지속되었다면 밑바닥에서 점차 상승 모멘텀이 불어올 수도 있다. 모든 이런 사고의 밑바탕에는 균형과 회귀가 존재한다. 달이 영원히 지구 주위를 공전하면서 궤도를 유지할 것이라는 믿음은 초기 균형상태가 장기간 지속된 결과이다. 우리는 달이 궤도를 이탈하여 우주공간으로 튀어나갈 것이라 전혀 생각하지 않는다. 셀 수 없는 긴 시간 동안 그렇게 흘러왔기에 앞으로 남은 시간들도 그렇게 유지될 것이라 깊게 확신한다. 증시도 이와 별반 다를 것이 없다. 상승국면이 일정기간 유지되다 하락국면이 찾아오고 또다시 상승국면으로 넘어가는 사이클이 주기적으로 반복됨에 따라 우리는 상승 이후에 찾아올 하락을 항상 염두에 두고 매매전략을 짜게 된다. 증시가 완전히 사라질 것이라는 것을 누구도 의심하지는 않는 것이다.

여담이지만 시스템 부하를 염두에 두면서 매매판단 타이밍을 아주 미세하게 압축하면 어떤 일이 벌어질까? 금융위기로 굵직굵직한 대형 투자은행들이 무너지는 가운데 2009년 2분기 34억 달러나 벌어들인 골드만삭스와 같은 상황이 발생할 수 있다. 골드만삭스가 거액의 수익을 실현한 배경에는 소위 '플래시 트레이닝Flash Trading'으로 불리는 고빈도거래가 자리 잡고 있는데, 이는 1초를 백분, 천분 단위로 나눈 극히 짧은 시기에 타인의 주문상황을 미리 예측해 주식을 사고파는 기법이다. 증시상승과 하락에 관계없이 주문처리 시각이 곧 돈이 되는 셈이다. 가끔 터지는 HTS 전산오류에 투자자들이 의심의 눈초리를 보내는 것도 매매타이밍에 따른 손실과 더불어 주문처리 속도와 관련해 그들이 모르는 블랙박스가 존재하는 것이 아닌가라는 물음표를 던지기 때문이다.

그물망 같은 헤지능력과 플래시 트레이닝이 가능한 전산장비와 시스템을 구비하지 않았다면 증시 방향성과 국면에 대한 관심은 필수적이며 우리는 상황에 따라 적절한 투자판단을 내려야 한다. 추세에 관한 각종 기술적 분석 지표는 증권사에서 제공한 홈 트레이닝시스템HTS에 이미 인스톨되어 있다. 관건은 지표를 이끌어 내는 것이 아닌 그것을 어떻게 해석할 것인가일 것이다. 해석에 관한 내용은 8장에서 간략히 살펴보기로 하며 본 장에서는 증시국면이 어떤 모습을 띠고 있는지 살펴보도록 한다. 참고로 다음 단락에서 우리는 한국증시가 어떤 국면을 형성하면서 현 상태까지 이르렀는지 살펴볼 예정이다. 그 전에 마코프국면전환 모형에 흐르는 기본개념을 들여다보면서 사상의 한 자락을 들고 가기로 한다.

마코프 체인은 흔히 이산국면 마코프 과정이라도 불린다. 마코프 체인은 상태(국면으로 해석할 수도 있음) 의존적 행위를 모델링하는 탁월한 방법 가운데 하나로 1989년 해밀턴 교수가 단순 마코프 국면 AR 과정으로 미국 GNP를 모형화한 이후 학계와 실무영역에서 폭발적인 사랑을 받았다. 특히 시계열적 분석이 요구되는 경제와 금융분야에 많이 응용되어 사업주기, 이자율 기간구조, 역동적인 환율과 이자율 흐름, 변동성 등의 모형화와 예측에 약방의 감초처럼 등장하고 있다.

마코프 체인을 가로지르는 핵심개념은 미래상태는 이전의 상태, 즉 과거가 아닌 지금 현재에 의존한다는 것이다. 일례로 증시가 마코프 체인과정을 따를 경우 주가예측은 과거가 아닌 현 상태에 기반하여야 된다고 생각한다. 말하자면 현 상태는 과거가 누적, 투사된 것이므로 미래를 설명하기 위해 굳이 역시간 여행을 할 필요는 없다는 관념이 밑바탕에 깔려 있다. 국면전환이란 글자 그대로 강세장에서 약세장 혹은 약세장에서 강세장으로 추세가 이동한다는 것을 의미하는데, 그 구체적 이미지는 다음 단락에서 자세히 살펴보기로 하자.

3. 지금 우리는 어디에 있는가

건강은 현재 자신의 몸 상태가 좋은지 또는 나쁜지를 정확히 인식하는 데부터 시작된다. 규칙적인 생활습관으로 자신만의 리듬을 지키고 항상 몸 관리에 만전을 기하는 것이 이상적이겠지만 그것이 현실적 대안일 수는 없다. 외딴 섬이나 깊숙한 산골짜기에 홀로 살아가지 않는다면 세상사의 부침에 자유로울 사람은 그리 많지 않다. 그런 면에서 주식투자 역시 생활의 한 부문으로 볼 수 있다. 우리는 본인만의 매매 사이클과 원칙을 지키려고 무던히 노력하지만 증시 움직임에 따라 리듬은 어긋나고 원칙은 쉽게 무너진다.

세상이 나를 중심으로 움직이지 않고 증시가 나의 의지대로 좌우되지 않는다면 우리 앞에 놓인 대안은 현 상태에 대한 명확한 인식뿐이다. 건강에 적신호가 떨어지고 있는데, 그걸 계속 외면한다면 곧 한층 악화된 자기 자신을 발견할 것이다. 선제대응도 좋지만 몸이 이상하다고 아우성칠 그 당시라도 리듬을 찾아가는 작업이 필요하다. 최소한 더 깊은 수렁에 빠져드는 것은 막

을 수 있기 때문이다. 극단적 상태로 떨어지지 않았다면 규칙적 생활로 우리
는 예전의 모습을 일부나마 회복할 수 있을 것이다.

　주식투자도 이와 다름없다. 증시, 즉 몸 상태에 대한 인식도 없이 생활패
턴을 이리저리 바꾼다면 평소 괜찮았던 건강도 점차 나빠질 것이다. 약세국
면임에도 맹목적으로 증시에 자금을 쏟아붓거나 공격적 투자포지션을 취한
다면 가까운 장래에 손실은 눈덩이처럼 불어날 것이다. 반대로 강세국면인
데, 돈 보따리를 꽁꽁 동여매고 한 발짝도 움직이지 않는다면 기회는 기회대
로 날리고 뒤늦게 끝자락을 잡을 수도 있다. 투자는 현실을 바탕으로 이루어
져야 하며 그 첫걸음이 현 장세에 대한 판단이라는 점 명심하길 바란다.

　그럼 지금 우리는 어디에 놓여 있는지 한 번 들여다보자. 〈그림 6-2〉는
1993년 01월부터 2009년 09월까지 주가흐름을 그려 본 것이다. 시간대가
늘어남에 따라 앞서 살펴본 그림보다 좀 더 넓은 시각에서 흐름을 조망할 수
있을 것이다. IMF시기, IT버블 붕괴, 최근의 위기상황에서 상승국면이 뚜렷
이 하락국면으로 이동하는 모습을 관찰할 수 있다. 하지만 이 그래프만으로
는 국면의 강도와 흐름을 잡아내기 힘들다. 마치 리듬을 그리며 움직이는 선

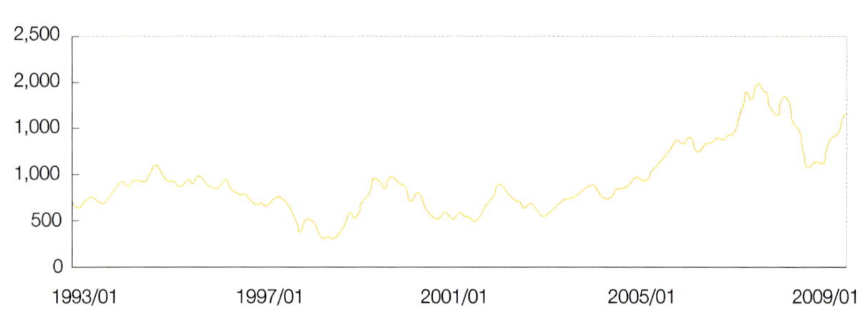

〈그림 6-2〉 현대자동차, 삼성전자, SK텔레콤 변동성 추이

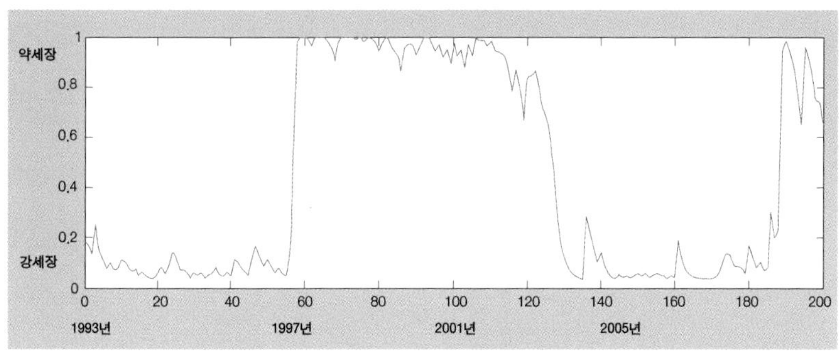

〈그림 6-3〉 월 데이터로 살펴본 코스피 국면전환 형태

을 본 느낌이지 이것으로 현 국면에 대한 이미지를 그려 내기에는 어딘지 모호한 느낌이 든다. 따라서 우리는 마크프국면전환 모형을 통하여 좀 더 명확한 형태의 그림을 추정해 보았다.

〈그림 6-3〉을 살펴보면 선으로만 느껴지는 주가흐름이 이제는 하나의 덩어리로 다가오는 것을 느낄 것이다. 참고로 그림 좌측에 놓인 숫자는 확률을 의미하며 1은 현 증시가 약세장일 가능성이 100%라는 뜻이다. 코스피지수가 상승하는 모습을 그릴 때도 분석결과로는 약세장으로 편입된 구간도 보이는데 〈그림 6-2〉와 〈그림 6-3〉을 좌우로 비교하면서 의미를 잡아낸다면 일순간 고개가 끄떡여질 것이다. 당장은 상승하는 것처럼 보여도 약세장으로 예측된 구간에서는 곧 주가가 떨어지는 모습을 보이고 있기 때문이다. 약세국면에서도 일시적 상승을 보이지만 대세로 자리 잡지는 못한 것 같다.

또한 〈그림 6-3〉에서 보듯이 강세국면과 약세국면은 몇 달 정도 지속하다가 전환되는 것이 아닌 3~4년 유지되는 특징이 있다. 이런 논리를

2010년을 바라보는 현 상황에 대입한다면 부분적으로 강세국면이 도출될 수 있지만 대체로 2년 전후의 약세국면이 펼쳐질 가능성이 높음을 의미한다. 이런 논리가 현실화된다면 우리는 어떤 투자전략을 수립하는 것이 좋을까? 가장 극단적인 답이 바로 한동안 증시를 떠나 있는 것이다. 하지만 각종 원인들로 그럴 수 있는 이들이 많지는 않을 것이다. 그럼 약세국면에서 간간히 찾아오는 강세시그널을 발굴하는 수밖에 없다. 1999년에도 일부 그런 모습이 재현되었는데, 신중한 투자자라면 1999년보다는 2002년처럼 약세국면이 점차 그 힘을 소진하는 타이밍을 잡는 것이 좋다. 최상의 선택은 뭐래도 약세장의 끝을 물고 강세장을 맞이하는 경우이다.

그럼 위 그림들을 가슴에 품고 일 단위 데이터를 통하여 국면흐름을 살펴보기로 하자. 월 단위에서 일단위로 간격을 짧게 잡는다면 빈번하게 변화하는 증시모습을 한층 뚜렷이 관찰할 수 있다. 다만 개괄적 흐름은 월 데이터를 따라가고 있는데, 2004년 이전에는 대체로 약세국면이 관찰되고 그 이후 2007년 하반기까지는 강세국면이 지속되고 있다. 약세와 강세국면이 혼재한 흐름 속에서 국면과 반대되는 상황도 일시 연출되었다. 2008년부터 2009년 상반기까지는 뚜렷한 약세국면이 연출되었으며 하반기로 접어들면서 강세시그널이 발산되고 있다. 2009년 하반기 짧게 그려지고 있는 강세시그널이 과거에 관찰된 약세국면 속의 일시적 현상인지 아님 강세국면의 전조인지 아직은 단정하기 힘들다.

다만 앞서 월 데이터로 추론한 대세국면은 3~4년 정도 길게 유지된다는 전제를 감안한다면 2010년 하반기를 지나 2011년이 다가올 때쯤 강세국면의 첫 자락을 잡을지도 모르겠다. 전문가라면 수면 아래에서 사전 정지작

업을 벌일 수도 있겠지만 독자 여러분에게 이런 모습을 권하지는 않는다. 자
칫 약세국면하의 일시적 반등에 발을 담글 수도 있기 때문이다. 국면전환 시
그널 초기만 잡아도 충분한 수익을 올릴 수 있으니 조급함을 누르고 국면전
환을 분명히 관찰하는 것이 좋을 것이다. 현 국면에서 일시적으로 이탈하는
구간을 발굴하여 치고 빠지면서 수익을 눈덩이처럼 굴리는 방법도 있지만
그 타이밍을 잡는 것은 시장을 통찰하는 눈과 경험 그리고 적당한 운이 따라
주어야 한다.

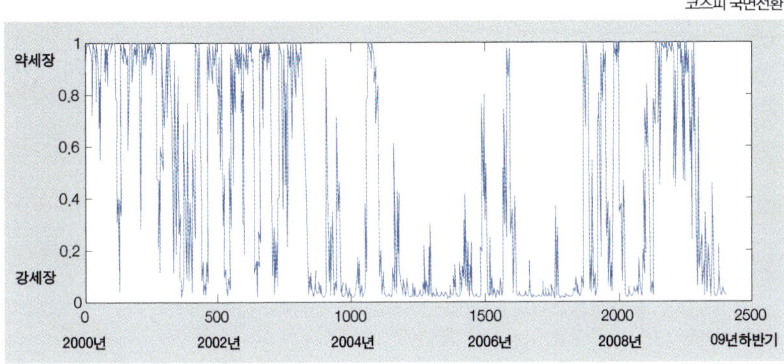

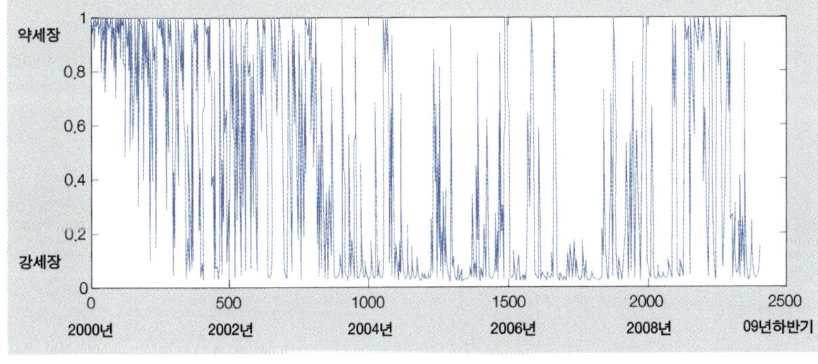

〈그림 6-3〉 월 데이터로 살펴본 코스피 국면전환 형태

코스닥지수도 개괄적 형태는 코스피와 비슷하다. 다만 코스피와 달리 국면전환의 지속성이 떨어지고 전환도 빨리 진행된다는 차이점이 존재한다. 또한 강세국면보다 약세국면이 더 넓게 관찰되고 있으며 강세국면의 유지기간도 좁다. 중장기 투자가 바람직하다는 견해가 주류이지만 국면흐름하에서는 매매주기를 짧게 들고 가는 것이 더 현실적일 때가 있다. 코스닥 시장이 바로 그 좋은 예인데, 이론과 상식이 손안의 이익을 항상 보장하는 것은 아니다. 국면전환이 빠르고 그 지속성이 약하다면 투자타이밍 결정은 힘들어지고 투자위험은 그만큼 상승하게 된다. 더 높이 떠오를 줄 알고 미적거리다 순식간에 절벽 밑으로 떨어질 수도 있다. 노련한 투자자가 아니라면 이런 시장은 피하는 것이 좋으며 가급적 투자비중을 낮게 끌고 가는 것이 현명한 선택일 것이다.

7장

주가를 움직이는 힘

1. 경제지표 그 바닥까지 훑어보기

증시 방향성을 가늠하는 바로미터로 경제지표의 위치는
모호하다. 그렇다고 무시할 수는 없다. 모르는 것과
알면서 그 비중을 낮게 두는 것은 차이가 있기 때문이다.
설혹 경제지표가 투자판단을 교란하는 노이즈로 작용하더라도.

경제지표는 한 줌의 공기와 같아서 존재할 때는 그 중요성을 못 느끼지만 막상 사라지면 불안감에 휩싸일 것이다. 그렇다고 경제지표를 유심히 살펴보는 투자자는 그리 많지 않다. 아예 관심을 표하지 않는 이들도 있고 관심을 보여도 대부분 습관화된 행동일 뿐이다. 무의미한 습관 속에서 번뜩이는 직관을 얻을 때도 있지만 확률적으로 그 가능성은 낮고 찾아온 행운에 얼마나 깊은 신뢰를 줄지도 모호하다. 결국 투자지표는 계륵鷄肋과 같은 존재로 어딘지 모를 문서폴더에 깊이 잠든 채 컴퓨터 용량만 잡아먹고 있는 셈이다.

그럼 경제지표는 왜 주식 투자자에게 찬밥대우를 받는 것일까? 투자가치가 증시를 움직이는 주동력이라면 경제지표는 분명 충분한 관심을 받아야 한다. 하지만 현실은 종종 예상과 다른 방향으로 펼쳐지는데, 우리는 그 이유를 보편성과 적시성에서 찾아보았다. 사실 정보의 중요성을 부인하는 주식

투자자는 없을 것이다. 다만 정보는 독점이라는 전제조건이 충족될 때만 가치를 가진다. 정보는 권력인데, 그 권력이 대중들에게 골고루 퍼져 있다면 정보는 '권력'이 아닌 '권리'가 된다. 투자수익을 창출한 권력이 아닌 투자수익을 요구할 권리가 되는 셈이다. 주식 투자자가 원하는 것은 권력이므로 공통적 권리인 경제지표는 자연히 무시되고 결국 손실을 입을 의무만 남게 된다. 권리와 의무는 한 몸이니.

한편 경제지표는 투자판단에 도움이 안 될 때도 있으며 종종 매매타이밍을 교란하는 노이즈Noise로 작용할 수도 있다. 소위 시간차라는 것이 존재하는 셈이다. 경제지표는 악화되고 있는데 주가는 계속 상승하거나 그 역으로 경제지표는 개선되는데 주가는 깊숙이 떨어진다면 여러분은 무슨 생각이 들겠는가? 일시적 현상이라면 넘어가겠지만 그것이 주기적으로 일어난다면 경제지표의 유효성이 떨어질 것이다. 밤새 고민하고 분석했던 경제 데이터들이 투자판단과 종목선택에 도움이 되지 않았다면 허탈한 마음을 넘어 배신감마저 들 것이다. 이런 경험들은 주식 투자자로 하여금 경제지표는 제쳐두고 시장 그 자체에서 답을 찾도록 한다. 우리는 기술적 분석에 목매달게 되며 경제지표보다 실시간으로 유입되는 각종 정보와 시장 움직임에 따른 테크닉적 투자로 두터운 성을 쌓고 그 속에서 한없이 침체된다.

경제지표가 투자에 도움이 되는지에 관한 단정적 결론은 일단 보류해 두기로 한다. 투자시점과 그 기간의 장단長短에 따라 판단은 유동적이다. 다만 보편화로 문제를 끌고 간다면 권리는 스스로 챙기는 것이 좋다고 생각된다. 경제라는 수레바퀴가 증시보다 빨리 돌지는 않지만 그렇다고 세상의 흐름을 비껴가지도 않는다. 한 조각씩 분리해 본다면 경제와 증시가 따로 노는 것 같지만 그 조각의 크기를 넓힌다면 중첩된 부문이 그렇지 않은 구간보다 더 크게 보일 것이다. 그 실마리를 차후 찾아보기로 하며 지금은 경제지표 몇 가지를 뽑아 한국경제 흐름을 점검해 보기로 한다.

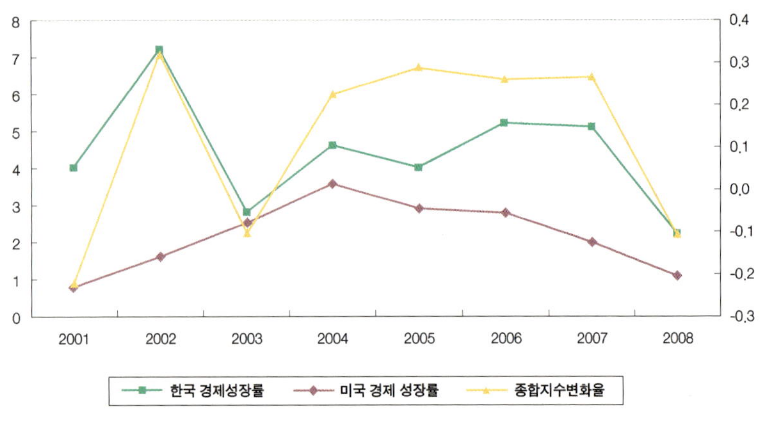

〈그림 7-1〉 경제성장률과 종합주가지수 변화율

〈그림 7-1〉은 한·미 경제성장률과 종합주가지수(달리 코스피로도 불림) 변화율을 살펴본 것이다. 종합주가지수가 미국경제에 더 동조화된 흐름을 보이지 않을까 하는 우려가 제기될 수 있는데, 이런 우려는 〈그림 7-1〉을 통해 상당부문 불식시킬 수 있었다. 미 증시가 한국증시에 영향을 줄 수 있어도 미 경제가 직접 한국증시를 움직이는 요인은 아닌 것 같다. 따라서 미 경제를 살펴보기보다 한국경제를 좀 더 깊게 들여다보는 것이 유용할 것 같다. 실제로 2005년부터 2007년까지 미 경제성장률이 떨어짐에도 한국경제는 괜찮은 모습을 보였다. 이 기간 코스피도 30%에 달하는 상승세를 3년 연속

지속하였는데, 풍부한 글로벌 유동성에도 일부 원인이 있겠지만 부쩍 팽창된 중국의 영향력도 염두에 두어야 한다. 당시 한국경제와 증시는 미국의 품을 벗어나 중국에 추파를 던졌으며 광풍처럼 휘몰아친 차이나펀드 열기는 그 좋은 단면을 보여준다.

〈그림 7-2〉는 분기 단위로 살펴본 소비와 투자증감률 추이이다. 간혹 민간소비 증감률이 설비, 건설투자 증감률을 상회할 때도 있지만 낮게 유지되는 모습이 더 친근하다. 이는 한국경제가 소비보다는 생산경제라는 점을 알려준다. 미국처럼 내수가 중심을 잡고 경제를 선도하는 구조는 아닌 셈이다. 상황이 어찌 되었든 2007년까지는 대체로 과거와 비슷한 추이를 보이며 위기 시그널을 발산하지는 않았다. 예민한 투자자라면 2007년 2분기부터 좀 이상하게 돌아간다는 느낌을 받았을 것이지만 그것으로 아마 끝이었을 것이다. 민간소비, 설비투자, 건설투자 증감률 수치가 동시에 뚜렷한 하락세

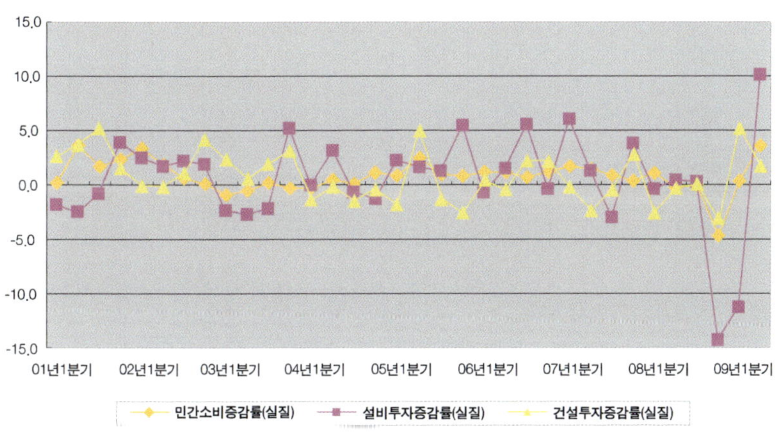

〈그림 7-2〉 소비와 투자증감률 추이

를 보인 것은 2003년 카드사태뿐으로 이때까지만 해도 2008년 한국경제가 전면적 위기로 떨어질지 확신하지 않았을 것이다. 2008년 4분기를 바닥을 찍고 세 수치들이 일제히 상승하는 모습을 보이고 있지만 건설부문은 여전히 불안한 모습을 그리고 있다. 현실은 모르지만 데이터 안에서는 민간소비와 설비투자가 살아나고 있는 듯하다.

소비, 투자와 함께 한국경제를 지탱하는 삼두마차로 불리는 수출을 들여다보자. 1990년부터 2009년까지 수출현황을 살펴본 결과 2008년 4분기와 2009년 1분기 예상보다 사태가 상당히 심각했음을 발견할 수 있었다. 최대의 경제위기라는 말이 실감날 만큼 수출에 먹구름이 잔뜩 깔렸는데, 당시 수출액은 2분기 연속 20% 정도 떨어졌다. 이는 IMF 외환위기가 도래하던 1997년 1분기보다 4포인트 높으며 그 여진이 기승을 부리던 1998~1999년 최대 하락폭보다 8포인트 앞선 수치이다. 참고로 위 그래프는 전년 동기가 아닌 분기별로 추산한 것이다. 특히 4분기 수출증가율이 마이너스로 돌아선 것은 관세청 통계집계 이후 첫 사례이며 무엇보다도 그 감소폭이 19%를 초과했다는 점은 목에 칼이 떨어지기 직전이었다는 점을 반증한다.

2008년 4분기 공식적인 실업률은 3.1%로 2000년 1분기 5.5% 수준보다는 낮다. 실업률은 전 기간에 걸쳐 대체로 3%대를 유지하고 있다. 경제활동참가율과 고용률도 각각 60% 수준에서 상하로 1% 전후 변동되고 있다. 안정된 움직임을 볼 때 고용지표가 한국증시를 설명하지는 않을 것 같다. 한편 2008년 1인당 국민총소득은 2000년 대비 1.7배 확대된 것으로 나타났다. 상식적으로 소득이 확대되면 저축률은 그 이상 확대되어야 정상이지만 동기간 저축률은 오히려 3.4배 감소한 것으로 나타났다. 좀 과장된 표현을 빌리자면

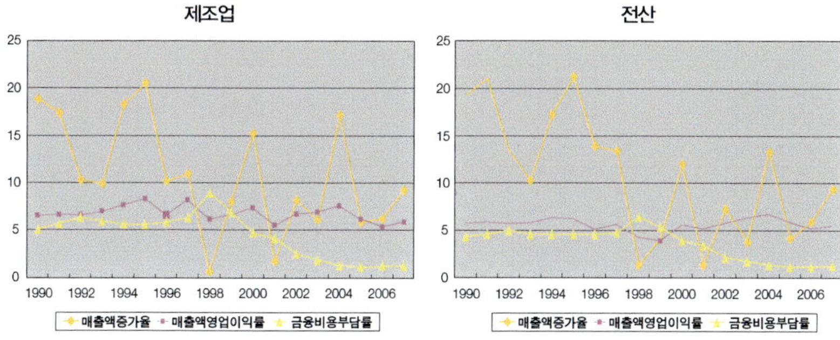

〈그림 7-3〉 일 코스피(우)와 코스닥(좌) 수익률 비정규성 검증

2008년 현재 한국인은 2000년 당시 살았던 한국인보다 2배 정도 가난해졌다고 볼 수 있다. 소비자물가지수로도 이런 점을 일부 유추할 수 있는데, 2008년 소비자물가지수는 109.7포인트로 2000년 당시보다 25포인트 정도 높아졌다. 부동산 가격을 고려한다면 삶은 한층 각박해졌을 것이고 실질 투자여력은 위축되고 있을 것이다.

그럼 기업수준으로 논의를 옮겨 보도록 하자. 한국은행은 기업경영분석 자료를 크게 제조업과 전산으로 나누어 집계한다. 소위 굴뚝과 IT라는 관점에서 향후 경제성장 동력을 살펴보려는 의도인 것 같다. 〈그림 7-3〉은 제조업과 전산으로 나누어 1990년부터 2007년까지 매출액증가율, 매출액영업이익률, 금융비용부담률을 샘플링해 본 것이다. 그 패턴만 놓고 본다면 제조업과 전산의 차이는 없는 것 같다. 매출액 증가율은 90년대에는 대체로 전산부문이 높았지만 그 이후로는 역전현상이 일어났다. 구체적으로는 1990년부터 1995년은 상승세 지속 그 이후로는 극단적 출렁임으로 요약된다. 해외경기가 그만큼 불안정하게 형성되고 있으며 기업매출 예측이 쉽지 않다는 점을 보여준다. 매출전망과 기업 IR 자료를 토대로 한 투자판단이 그리 유효하지 않음을 반증한다. 예상과 달리 매출액 대비 영업이익률은 전 기간에 걸쳐 제조업이 전산을 능가하는 것으로 조사되었다. 전산부문이 황금알을 낳는 거위가 아님을 우리는 IT버블 이전에도 또한 그 이후에도 관찰하고 있는 셈이다.

제조업 부문 매출액 대비 영업이익률은 1990~1995년, 2001~2004년에는 꾸준한 상승을, 그 외는 상승과 하락을 반복하고 있다. 현재는 전산과 제조업 둘 다 6% 이하에서 맴돌고 있다. 금융비용 부담률은 2003년까지 제조업이 높게 형성되었지만 그 이후로는 전산부문이 약간 높게 나타나고 있다. 금융비용부담률은 1998년 IMF 한파 당시 최고점을 기록했으며 그 이후 점차 떨어져 2007년 현재는 1.3% 전후를 기록하고 있다. 저금리 효과도 있지만 대체로 기업들의 재무구조가 개선되었음을 말해 준다. 일례로 1990년대 300% 내외를 기록하던 제조업의 부채비율은 2000년 210% 수준까지 떨어졌으며, 2007년에는 100% 밑에서 형성되고 있다. 2008년 글로벌 경기침체가 본격화되고 국제금융시장이 냉각된 상황에서도 기업들이 크게 흔들리지 않은 것도 재정상태가 상당히 견실해졌기 때문이다. 이후 증시가 크게 출렁일 수 있지만 과거처럼 우량주를 헐값에 쓸어 담기는 힘들 것 같다.

2. 돈의 흐름을 잡아라

증시에서 돈은 혈액과 같다. 돈의 흐름이 막힌다면 증시는
점차 활기를 잃게 될 것이다. 하지만 유입되는 혈액 속에
탁한 피들이 누적된다면 중장기적으로 신진대사를 저해할 수 있다.
콜레스테롤 수치로 건강을 체크하듯이 신용융자 잔고로
우리는 향후 증시향방을 가늠해 볼 수 있다.

돈이 기하급수적으로 풀린다면 분명 사회 전체로는 해악이다. 하지만 그 자체가 증시를 끌어내리는 요인은 아니며 때로는 충격을 완화시켜 주는 역할을 한다. 1929년 대공황과 그에 버금갈 파괴력을 발휘하는 2008년 경기 침체는 증시에 돈이 몰렸기 때문이 아니라 충분히 유입되지 않았기 때문이다. 첫 장에서 언급했듯이 위기는 증시가 아닌 부동산, 원자재와 같은 실물분야의 가치평가 불균등으로부터 초래된다. 역사상 최초의 버블인 튤립버블도 가격이 존속가치를 훨씬 초과했기 때문이다. IT버블 붕괴도 기업수익성이 주가를 지탱할 만큼 좋았다면 그렇게 비참히 무너지지는 않았을 것이다. 유동성 장세라는 말이 괜히 존재하는 것은 아니다. 돈은 증시 움직임에 영향을 주는 핵심적 요인으로 반응속도와 직접성은 경제지표를 초과한다. 경제지표

가 물밑에서 그 영향력을 확대한다면 돈은 표면에서 증시를 좌우하고 있다.

통화지표를 통하여 증시향방을 가늠해 보고자 하는 시도는 그리 이상적이지 못한데, 이는 종합주가지수는 시계열적으로 상승과 하락을 반복하지만 통화지표는 기존 경제시스템 전체를 뒤흔드는, 즉 외부적 강제가 이루어지지 않는 상태라면 대체로 확장국면을 보이기 때문이다. 일례로 IMF 당시 예외적으로 본원통화와 협의통화(M1) 축소현상이 감지되었을 뿐 그 외 시기는 확대된 것으로 나타났다. 따라서 돈이라고 다 같은 돈이 아니며 증시에 유용한 돈을 찾아내는 기법을 익혀야 한다.

우선 고객 예탁금, 파생상품 거래예수금, 위탁매매 미수금, 신용융자와 대주잔고 등을 들 수 있다. 고객 예탁금은 증권회사가 유가증권의 매매와 관련해서 고객으로부터 일시 보관 중인 예수금을 일컫는데, 세부적으로는 위탁자 예수금, 저축자 예수금, 환매조건부 예수금, 신용거래 보증금으로 나눌 수 있다. 증권사는 이를 전액 현금 또는 예금으로 보관해 둔다. 증시유입 전 대기자금으로 해석하면 될 것이다. 파생상품 거래예수금은 앞서 고객 예탁금과 같은 의미로 파생상품 시장에 유입될 가능성이 있는 자금규모를 의미한다.

한편 위탁매매 미수금은 투자자들이 주식을 매입한 후 결제일까지 결제자금을 입금하지 않아 발생한 외상 매입대금을 말한다. 보통 주식매입자금의 40%에 해당하는 위탁증거금만 있으면 매매주문이 가능하며 나머지 60%는 매매체결 후 두 번째 영업일까지 입금시키면 된다. 나머지 대금을 지정된 기일까지 입금하지 않으면 증권사는 지정일 다음 날 동시호가에 고객주식을 반대 매매한다. 긍정적 측면도 있지만 소위 깡통계좌를 양산하는 주범이 될 수도 있다.

신용융자는 증권사가 투자고객으로부터 일정한 증거금을 받고 결제에 필요한 매매대금을 빌려 주는 것을 말한다. 일정범위 내에서 신용융자 규모가 오르락내리락하는 것은 자연스런 시장 움직임으로 해석될 수 있지만 2007년과 같이 전년보다 9배 정도 폭등한 것은 과열을 지나 증시버블의 전조로 볼 수 있다. 참고로 2006년 신용융자 잔고는 4,977억 원에 불과했지만 2007년에는 9배 정도 확대된 4조 4,646억 원까지 치솟았다. 2008년은 증시 하락과 더불어 1조 5,060억 원까지 떨어진 것으로 나타났다.

앞서 언급한 자금들은 증시에 직접 몸을 담고 있는 돈들로 본원통화와 협의통화 같은 넓은 의미의 자금원은 아니다. 은행권에 있는 자금, 즉 예금이

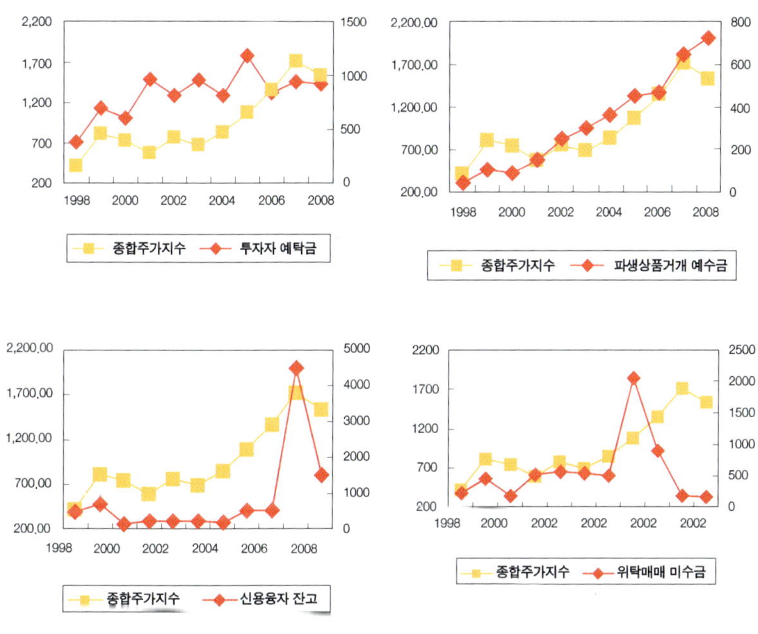

<그림 7-4> 증시주변 자금과 종합지수 흐름

주식시장으로 넘어온다는 보장도 없으며 부동산과 채권으로 방향을 선회할 수도 있다. 또한 초단기 금리를 좇아 MMF에 잠시 머물 수도 있다. 따라서 증시와 돈 사이의 관계는 앞서 언급한 5가지 수치와 환율 등을 종합적으로 판단하는 것이 더 현명할 것이다. 먼저 신용대주 잔고를 제외한 4가지 증시주변 자금과 종합주가지수와의 관계를 살펴보기로 하자.

〈그림 7-4〉는 1998년부터 2008년까지 증시주변자금과 종합지수 흐름을 그려 본 것이다. 고객 예탁금은 들쭉날쭉하며 종합지수흐름과 일치하기도 또한 차별화되기도 한다. 증시안정성 문제로 넘어가면 달리 해석되겠지만, 주가지수를 놓고 볼 때 고객 예탁금만으로 증시흐름을 예측하기는 힘들 것 같다. 고객 예탁금과는 다른 논리로 파생상품 거래예수금도 종합주가지수 전망에 별 도움이 안 되는데, 이는 종합주가지수 등락과 관계없이 파생상품거래예수금이 일직선으로 쭉 상승하는 모습을 보이기 때문이다. 위탁매매 미수금도 증시 방향성을 전망하는 지표로 이상적이지 않은 것 같다. 간혹 두 지표가 비슷한 움직임을 보일 때도 있지만 그렇지 않은 상황이 더 자주 관찰된다.

앞서 3가지 지표와 달리 신용융자 잔고는 눈여겨볼 필요가 있다. 신용융자 잔고가 떨어지면 대체로 종합지수도 하락하고, 그 반대면 올라가는 모습을 보인다. 특히 증시가 최고점을 그릴 때 신용융자 잔고가 급격히 확대되는 것을 〈그림 7-4〉를 통해 관찰할 수 있다. 아이러니하게도 증시는 신용을 먹고 신용불량자를 양산하는 것 같다. 그 외 다양한 지표들이 뜻깊은 조언을 해줄 수 있겠지만 본 단락에서는 이 정도로 그치고자 한다. 신용융자 잔고가 급격히 확대된다면 가까운 장래에 증시가 푹 꺼질 가능성이 있다는 점 기억해 두길 바란다.

3. 동일한 가치, 다른 계산

코스피는 원화가 강세를 보이면 살아나는 경향이 높으며
한계점을 넘어 상승할 경우 그 밑은 지뢰밭으로 변해 있을 것이다.

페쇄형 경제가 아닌 개방형 경제 속에서 외부 변수의 영향력을 제한하기는 쉽지 않다. 1997년 IMF를 거치면서 한국은 자본항목에 대한 전면적인 개방을 실시하였으며 외국자본의 한국증시 접근성은 넓은 범위에서 보장되었다. 해외투자자가 한국증시를 좌우하고 있다는 사실은 이제 공공연한 사실로 새삼스러운 주장은 아니다. 엄밀히 말해 '시장에 맞서지 말라' 라는 투자 격언은 세력에 순응하는 투자전략을 짜라는 의미로 해석될 수 있다. 한국에서 그 세력은 외국투자자이다. 2004년 42%를 최고치로 물량을 감소시키고 있지만 여전히 시가총액 대비 29% 비중을 점하고 있다. 개미군단은 보유 주식 수로는 45%를 점하고 있지만 돈으로 환산할 경우 27%에 불과하다. 게다가 이들은 부평초처럼 이리저리 흩어져 있다.

외국투자자의 투자전략은 증시지표보다 환율을 통해 살펴보는 것이 더 직관적일 수 있다. 증시는 비선형이지만 환율은 대체로 선형이며 그 추세도 비교적 뚜렷하다. 환율로 우리는 경제와 자금 두 곳을 모두 점검할 수 있는데, 한국과 같은 수출지향적 경제에서 환율은 경제안정성의 바로미터가 되기도 한다. 환율이 수출경쟁력을 갉아먹는다면 안정적 대세상승을 논하기 힘들다. 장기간 안정적으로 투자수익을 뽑아낼 수 없다면 빈번한 단기 포지션을 통해 먹고 튀는 수밖에 없다. 증시는 과열과 냉각을 반복하면서 움직임을 크게 들고 갈 것이다. 자연히 환율변동성도 높아질 것이다.

또한 원화로 표시되는 투자대상은 외국투자자에게 기회와 위험을 모두 안겨 준다. 환율은 하락세를 타는 반면 해당 증시는 상승세로 넘어간다면 일거양득을 실현할 수 있다. 투자이득은 미미하더라도 환차익이 충분하다면 투자유발 효과는 여전히 유효하다. 아마 최악의 상황은 2008년처럼 유동성 압박은 가중되는데, 원화환율은 상승하고 코스피(KOSPI)는 주저앉는 경우일 것이다. 다시 말해 외국투자자는 투자가치뿐만 아니라 그것이 표현되는 방식, 즉 환율에 대한 고려도 요구되며 동일 종목에 대한 가치판단은 같을 수 있어도 세부적 계산은 여러분과 달리 산출될 것이다.

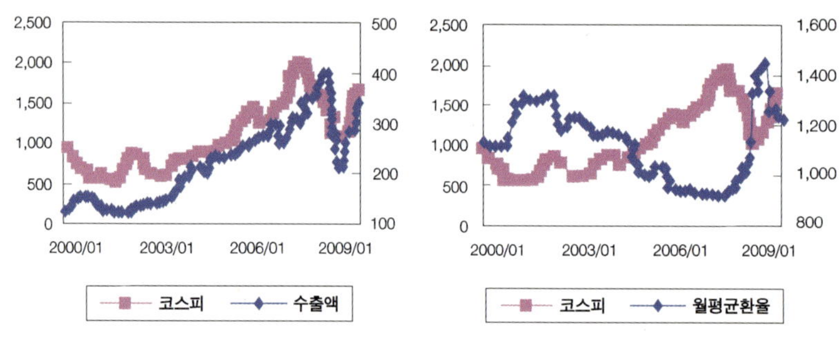

〈그림 7-5〉 코스피와 수출액, 환율 흐름

<그림 7-5>에서도 관찰되듯이 코스피는 수출액과는 높은 정(+)의 동조화를 보이는 데 반하여 월 평균환율과는 뚜렷한 부(-)의 상관관계를 그리고 있다. 대체로 원화 가치가 높아지면, 즉 환율이 인하되면 코스피는 상승하고 반대로 원화 가치가 하락하면(환율인상) 코스피는 떨어지는 것으로 조사되고 있다. 외국투자자 입장에서 주식은 외환으로 표시된 보유자산이다. 보유자산 가치 자체도 중요하지만 보유자산이 표시되는 통화의 가치 역시 무시하지 못한다. 짐바브웨같이 하이퍼인플레이션으로 고통받는 국가라면 해당 주가가 몇 배 또는 몇십 배 오를 것으로 확신해도 투자자는 몰리지 않을 것이다. 여러분이 외국인이라면 우유 한 잔에 1억 짐바브웨 달러가 필요한 곳에서 투자수익률을 논할 수 있겠는가! 연 물가상승률이 2억%가 넘는 곳에서 말이다. 돈 자체가 휴지보다 못한 상황에서 휴지 한 겹이나 두세 겹이나 또는 한 뭉치나 본질적으로 다르지 않다. 개방된 경제에서는 자국민의 시각뿐만 아니라 외국인, 즉 아웃사이더로서의 시각 역시 요구된다.

환율에 대한 정확한 인식은 좁게는 투자수익을 높일 수 있고 넓게는 한국사회가 직면한 경제위기 돌파의 단초를 제공할 것이다. 본 단락은 실질실효환율REER을 통하여 한국경제에 가장 이상적인 환율수준을 점검해 보고 또한 어느 수준에서 증시가 가장 탄력을 받는지 살펴보기로 한다. 참고로 실질실효환율은 교역국 간의 물가변동을 반영한 실효환율로서 교역 상대국과의 상대물가지수를 이용하여 산출한다. 실질구매력 변동을 실효환율에 반영하기 위해 명목환율을 교역상대국의 상대적인 물가지수로 나누면 실질실효환율이 얻어진다. 각국 상품의 국제경쟁력이 중장기적으로는 각국 내의 상대적인 물가상승률에 의해 좌우된다는 점에 착안, 현재의 명목환율 혹은 통화

가치가 국제경쟁력을 감안할 경우 어느 수준에 있는가를 평가하기 위해 개발됐다.

실질실효환율 수치가 100 미만이면 자국통화가 상대적으로 저평가되어 있음을 의미한다. 분석에 사용된 자료는 BIS 데이터를 기초로 산출한 것이며 2005년 수치를 100으로 산정하였다. BIS는 27개 지역을 대상으로 한 협의(Narrow) 수치와 52개 지역을 포함한 광의(Broad) 수치 두 개를 공표하고 있는데, 본 단락은 광의 데이터를 기초로 살펴본다. 과거에는 G7으로 대표되는 선진 경제대국과 서구 유럽이 글로벌 경제와 금융을 좌우했지만 브릭스(Brics)로 대표되는 신흥 경제대국, 아시아와 동유럽 부상 등이 복합적으로 맞물려 더 이상 이들을 제하고 글로벌 이슈를 논하기 힘들 것 같다. 달러화의 쇠퇴, G7에서 G20로 힘의 축 전환, 아시아 발언권 확대, 동유럽에 발목 잡힌 서유럽 상황 등에서도 이는 유추할 수 있다.

〈그림 7-6〉 상단 그래프는 한국경제, 금융과 경쟁관계에 놓인 아시아 지역 3개 통화 실질실효환율 흐름을 간단히 살펴본 것이다. 중국 위안화는 아시아 각국이 IMF 외환위기에 빠진 이후 실질실효환율이 한때 117까지 뛰었으나 그 이후 하락안정세를 보이며 110 전후를 반복하였다. 2007년 서브프라임 모기지와 2008년 리만브라더스 사태 이후 한 단계 도약하며 126까지 치솟았으나 2009년 2분기에 접어들면서 그 수준을 낮추고 있다. 그러나 4개 지역 가운데 실질실효환율은 여전히 가장 높게 조사되고 있다. 예상과 달리 중국 위안화는 고평가되고 있는 셈이다. 한편 홍콩달러는 1998년을 기점으로 대체로 하락세를 지속하고 있다. 위안화도 달러화에 거의 고정되어 있지만 홍콩과 달리 중국이라는 배경을 두고 있으며 독립적 통화정책이 가

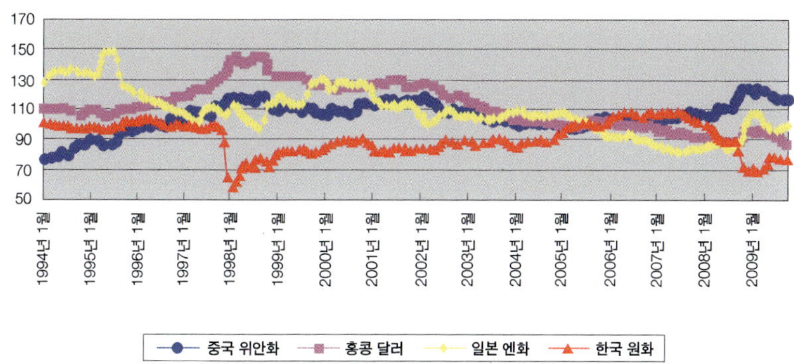

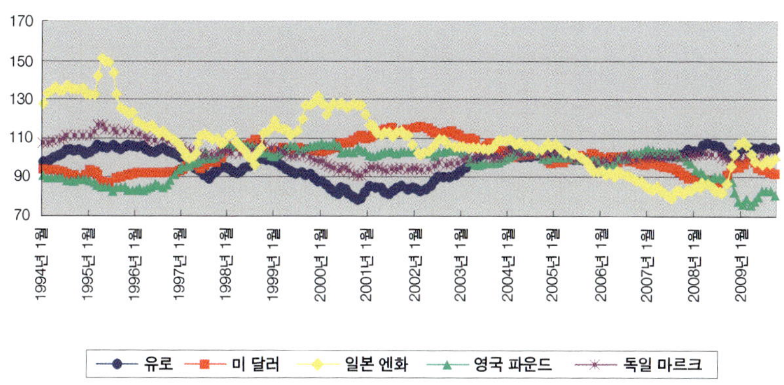

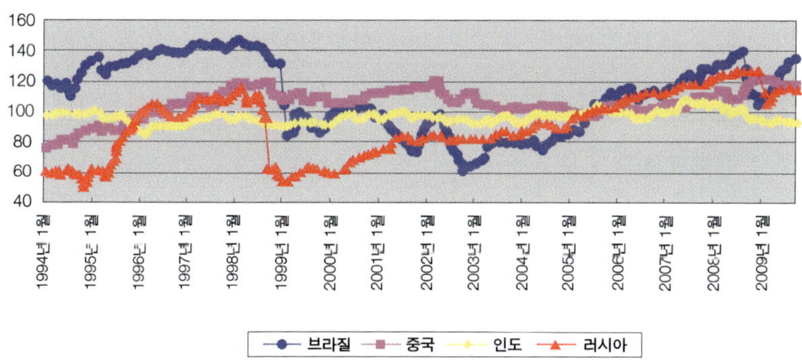

〈그림 7-6〉 지역별 실질실효환율 추이(상, 중, 하)

능하다.

엔화는 IMF 이후 150수준까지 치솟았으나 근 10년 동안 하락세를 지속한 끝에 리만브라더스 파산 전 86까지 떨어졌다. 엔화는 저평가 과정을 장기간 지속하였는데, 이는 한국기업의 가격경쟁력을 떨어뜨리는 요인으로 작용하였다. 위안화, 홍콩달러와 같이 2008년 10월 리만브라더스 파산으로 흉흉해진 국제금융시장을 등에 업고 일시적으로 실질실효환율이 치솟기도 하였다. IMF 당시 원화는 60이하로 폭락하면서 외환시장이 직격탄을 맞았다. 대체로 엔화와 원화는 반대 시그널을 그리고 있는데, 엔화의 실질실효환율이 상승할 때면 원화는 하락하는 구조를 띠고 그 반대로 엔화가 떨어지면 상승하는 모습을 보인다.

여기서 우리가 음미할 점은 위기가 찾아올 때 엔화, 위안화, 홍콩달러는 그 가치를 높이는 방향으로 나아가지만 원화는 반대로 떨어지는 형태를 보인다는 점이다. 2009년 1분기 이후 글로벌 경제가 점차 긴장감을 완화함에 따라 원화의 실질실효환율은 재상승하고 그 외 통화는 하락하는 그래프를 그리고 있다. 2009년 9월 현재 실질실효환율은 78 정도를 유지하고 있는데, 다시 위기국면으로 떨어지지 않는 한 원화는 1~2년의 간격을 두고 90 수준으로 회귀할 것이다. 미 달러화로 보면 1,050원 정도일 것 같다. 원화의 가치가 올라가고 경쟁국 통화가치가 하락한다면 상대적으로 외화자산을 보유한 국내투자자는 환차손을 입을 가능성이 높다.

또한 코스피는 원화가 강세를 보이면 살아나는 경향이 높은데, 위 추정이 맞다면 2~3년 정도 틈을 두면서, 즉 2011~2012년경에 뚜렷한 상승장으로 넘어설 가능성이 농후하다. 그 전제로는 현 글로벌 위기가 진정되어야 한다는 단서가 붙지만 만약 이 수치가 110대에 근접한다면, 표면적으로는 한국 경제가 최대 전성기를 구가하고 증시는 나날이 고점을 갱신하겠지만 그 밑은 이미 지뢰밭으로 변해 있을 것이다. 한순간 천당과 지옥문이 동시에 열릴 것이며 매매타이밍 그 자체가 돈이 된다. 한국 입장에서는 90~95 수준이 가장 이상적일 것으로 판단되며 100 이후로는 점차 경제와 금융시장 곳곳에서 과열징후가 나타날 것이다.

그럼 글로벌 주요 통화 흐름을 〈그림 7-6〉 중단 그래프를 통해 확인해 보자. 달러는 2002년부터 대체로 떨어지는 모습을 보이고 있다. 국제금융시장 경색으로 2008년 10월부터 2009년 3월까지 엔화와 더불어 바짝 상승했지만 그 이후 하락세를 보이고 있다. 과거 엔화는 달러와 비동조화 현상을 보였지만 2003년경부터는 거의 비슷한 움직임을 나타내고 있다. 2009년 9월 현재 달러는 약간 저평가된 91 수준을 유지하고 있다. 미 달러의 대항마로 언급되는 유로화는 21세기 초까지는 하락기조를 나타내었다. 2002년 달러 하락과 맞물려 2004년 초까지 수직 상승하며 103을 넘어서기도 하였다. 그 이후로도 상승조정을 받으며 2009년 9월 현재 105 수준을 유지하고 있다. 달러와 엔화가 일시적 상승을 보일 때 잠시 주춤거리기는 모습을 보이기도 했다. 파운드는 몰락한 대영제국을 그대로 투사하고 있으며 80 수준에 머물러 있다. 독일 마르크화는 유로화와 비슷한 흐름을 보이지만 그 추이가 훨씬 안정감 있다. 2009년 9월 현재 101정도로 경제력을 가장 정확히 반영한다고 볼 수 있다.

요약하자면 달러와 엔화는 사치이락 또는 저평가로 볼 수 있고 유로화는 약간 고평가된 상태이지만 위험수준은 아니다. 또한 마르크는 경제력에 걸

맞은 대우를 받고 있으며 파운드는 위기단계까지 떨어진 것 같다. 글로벌 투자자금은 통화가치가 떨어지는 증시보다는 상승하는 곳으로 움직일 가능성이 농후하다. 상승곡선을 타고 정점에 이를 때까지 밀려들다 일순간 썰물처럼 빠져나갈 것이다. 이 모든 전제에는 현 글로벌 위기가 진정되어야 한다는 조건이 따라붙는다. 세계가 심하게 요동치면 곳곳에 흩어진 자금들이 결국 달러와 미국으로 몰려들 것이다. 아직은 미 달러화가 기축통화이며 그 인쇄기는 미국의 손에 놓여 있다. 이론과 현실은 다르며 또한 현실은 상식이 잘 통하지 않는다. 한편 금번 글로벌위기로 주춤거리지만 인도를 제외한 브릭스 통화는 대체로 상승곡선을 유지하고 있다. 이는 〈그림 7-6〉 하단 그래프를 통해 확인할 수 있다

4. 주가를 움직이는 요인들

표면적 움직임 밑에는 다양한 관계와
요인들이 작동하고 있다.

증시가 정확히 어떤 내부적 동력으로 운행되고 있는지 규명하기는 쉽지 않다. 4장에서도 살펴보았듯이 한국증시는 독립된 시장 움직임을 보이는 곳이 아니다. 자체 요인보다는 외부 요인에 좌우되는 경향이 강하며 이는 공공연한 사실로 인정받고 있다. 주식투자자라면 애국심이라는 불필요한 감정으로 현실을 외면할 필요는 없을 것이다. 주식투자자는 한국인도 그렇다고 미국인, 중국인, 일본인도 아니다. 눈앞에 놓인 상대는 나의 먹이가 될 사람 아니면 나를 먹을 사람이다. 단언적으로 보면 한국증시는 미국과 중국을 위시한 글로벌 핵 주위를 배회하는 위성에 불과하며 먹이사실의 하단에 놓여 있다. 과거와 현재 그리고 눈앞에 펼쳐질 가까운 미래까지는 한국증시의 독립성을 외치면서 투자자의 눈을 현혹하는 쓸데없는 헛소리는 이제 거둘 때가 되었다. 주식투자자는 정의가 아닌 이익을 갈망하는 존재이다.

한국증시가 외부 변수에 종속된다는 것은 분명하지만 그 외부 변수를 딱

짚어서 말하기도 힘들다. 또한 그 파괴력을 정확한 데이터로 산출하는 것 역시 난해한 일이다. 그렇다고 외부 변수에 종속된 비참한 현실을 노래하는 데 그친다면 한 발자국의 진보도 기대할 수 없을 것이다. 현실을 인정하는 것이 진보의 첫걸음이지만 그 속에 침체된다면 퇴보만 있을 뿐이다.

따라서 우리는 개별 증시 간의 비교검토를 통하여 모호하나마 한국 주식시장 움직임을 유추해 보기로 하며 몇 개 대표종목을 샘플링해 국내증시라는 동일 조건하에서도 개별종목을 움직이는 요인들이 어떻게 다를 수 있는지 알아본다. 다만 유추라는 말 속에 잠재된 현실 왜곡 가능성은 독자들의 위험으로 남겨 둔다.

금번 단락에서는 크게 두 가지 계량분석 기법을 사용해 볼 것인데, 그 첫 번째가 요인분석Component Analysis이고 두 번째가 요소분석Factor Analysis이다. 요인분석은 일반적으로 주가에 영향을 미치는 수많은 요인들 가운데 가장 중심이 되는 요인의 개수를 선택하기 위한 것이다. 이를 통해 주가지수 혹은 주가를 움직이는 동력 범위를 일정부문 축소할 수 있으며 정보의 홍수 속에서 투자자가 진정 관심을 가질 것들은 그리 많지 않다는 사실을 인식할 수 있다. 요인분석을 통해 주가지수와 주가에 미치는 요인들을 추려 내었다면 그 다음은 요소분석을 통하여 그 영향관계가 주가지수, 주가별로 어떤 차이를 나타내는지 추정해 본다.

이런 계량분석 기법은 사실 일반투자자들이 쉽게 접근할 수 있는 영역은 아니다. 그럼 왜 검증하기도 그렇다고 독자가 임의적으로 응용하기 힘든 내용을 굳이 적어 놓은 것일까? 희미하게 무엇인가 잡힐 것도 같지만 그리 남는 것은 없는 한마디로 계륵과 같은 내용이 될 수도 있다. 오해와 비난을 받

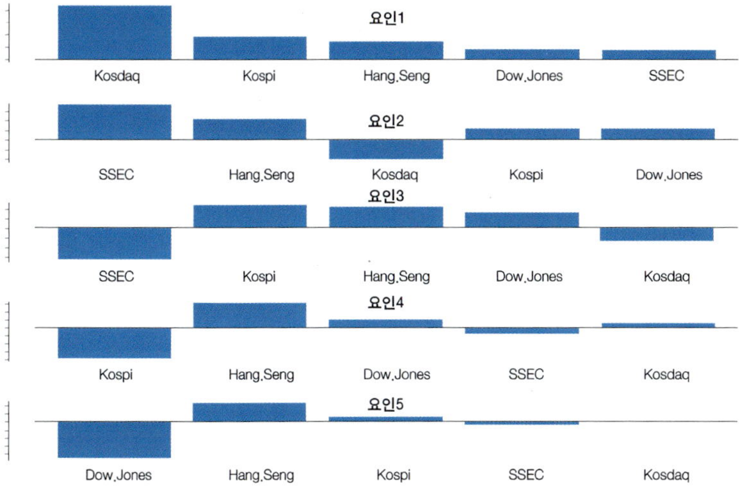

〈그림 7-7〉 주요 증시와 종목을 움직이는 요인들

참고: 삼성전자(005930.KS), LG전자(066570.KS), 하이닉스(000660.KS), 서울반도체
(046890.KQ), 대덕GDS(004130.KS)

을 소지가 다분함을 알지만 본서의 작성 의도가 '증시해체' 라는 점을 주지시키면서 사전에 독자로부터 약간의 양해를 구해 본다. 힘의 역학관계가 쉽게 뒤바뀌지 않듯이 몇 년이 흘러도 차후 도출된 결론이 크게 변하지는 않을 것이다. 또한 몇 년이 흐른 뒤라도 생각날 때 한 번 쓱 훑어보는 것으로 투자판단에 조그마한 영감은 던져 줄 수 있을 것이다.

증시를 움직이는 요인들을 살펴본 결과 총 5개 주가지수가 생성하는 변화의 60%는 첫 번째 요인으로 설명될 수 있으며 두 번째 요인을 첨가할 경우 80%까지 확대되는 것으로 집계되었다. 또한 한 개를 더 붙인다면 약 95% 정도가 설명되는 것으로 추산되었다. 즉 글로벌증시 움직임을 설명하는 데 이것저것 생각나는 대로 그리 많은 요인들을 갔다 붙일 필요는 없다는 의미이다. 모든 증시에 공통적으로 존재하면서 특히 코스닥과 더 밀접한 요인은 무엇이 있을까? 또한 코스피가 항생지수와 다우존스보다 좀 더 민감하게 나타난다는 단서가 붙은 요인 말이다. 언뜻 '작전' 이라는 말이 떠오르지만 그리 우아한 용어는 아니므로 시장동력 수준에서 마무리하고자 한다.

둘째 요인은 코스닥을 제외하고는 공통적으로 변화를 확대하는 방향으로 작용하는 것으로 이번에는 중화권 증시라는 공감대가 상대적으로 높게 작용한다. 그 공감대 그대로 중국적 요인이 아닐까 추정해 본다. 아마 셋째 요인은 코스피, 항생지수, 다우존스에 동일한 영향을 미칠 수 있는 요인일 것이다. 증시의 한 귀퉁이를 잡고 있는 가치투자 이념 또는 시장의 안정성 등을 생각해 볼 수 있다. 이런 질문과 해답은 마치 수수께끼를 풀고 있다는 느낌을 던져 줄 것이다. 여러분 스스로도 자신만의 해석을 달아 보길 바란다. 그 요인에 대한 일정한 감이 잡힌다면 우리는 한국증시 움직임을 설명할 때 그 요인을 중점적으로 파악하면 되고 향후 증시향방을 가늠할 때도 일정한 도움을 받을 수 있을 것이다.

주가지수가 아닌 주가, 즉 종목 자체를 살펴보면 어떤 결론을 얻을 수 있을까? 결과의 명확성을 위하여 전자업종 그 가운데 경쟁관계 또는 상호 영향관계에 놓인 종목들로 샘플링해 보았다. 참고로 샘플에 포함된 종목은 삼성전자(005930.KS), LG전자(066570.KS), 하이닉스(000660.KS), 서울반도체(046890.KQ), 대덕GDS(004130.KS)이다. 분석결과는 그림과 같은데, 첫 번째 요인에 의해 전체 종목 움직임의 90% 정도가 설명되는 것으로 나타났으며 삼성전자가 첫 번째 요인의 상당부분 의존한다. 그 다음 LG전자이며 그 외 종목은 무시해도 될 정도이다. 두 번째 요인을 포함할 경우 97%까지 치솟는 것으로 조사되었다. 이상의 결과는 앞의 종목 5개는 첫 번째 요인으로 거의 대부분이 설명되며 그 요인은 삼성전자와 긴밀한 관계를 맺고 있음을 의미한다. 전자업종, 나아가 한국증시 대표주로서의 삼성전자 영향력을 실감하는 대목이다. 사실 증권거래소에 상장된 시가총액 2~5위 총액과 맞먹는 삼성전자 영향력은 새삼스러울 것도 없다.

2개 요인만으로도 95% 이상의 주가지수와 종목변화를 설명할 수 있음을 살펴보았다. 그럼 요소를 2개만 가정하고 요인분석을 통해 논의를 좀 더 진행하도록 하자. 요소분석이 주가지수(또는 주가) 분산을 이용해 영향관계를 점검했다면 요인분석은 이들 간의 상관성을 기초로 둔다. 주가지수를 먼저 살펴본다면 요소 1의 경우 코스피 총 변동의 90% 이상을 설명하는 것으로 나타났다. 한편 코스닥, 다우존스, 항생지수는 각각 50% 전후로 추정되었다. 다만 상해종합지수는 10%에 못 미치는 결과를 내놓고 있다. 요소 2의 경우 앞 결과와 달리 항생지수와 다우존스가 앞서고 있으며 그 뒤를 상해종합지수, 코스피, 코스닥이 뒤따르고 있다.

위 결과를 통합적으로 파악하면, 2가지 요소만으로 99%의 코스피 움직임이 설명되는 것으로 나타났다. 이는 비체계적 위험이 1% 미만에 불과하다는 의미로 해석될 수 있다. 반면 코스닥은 30% 수준의 설명력밖에 도달하지 못하였다. 그만큼 코스닥은 글로벌 증시라는 시장적 요인보다는 자체동력, 여기서는 비체계적 위험이 큰 것으로 볼 수 있다. 항생지수도 99% 수준에서 글로벌 증시요인으로 설명이 가능하며 다우지수는 코스피와 항생지수와는 상당한 격차를 보이지만 코스닥보다는 높은 60% 수준을 기록하고 있다. 미국증시가 글로벌 증시에 미치는 영향력을 감안한다면 이 정도의 독자노선은 이해할 만하다. 비체계적인 위험이 똑같이 50%라도 그 해석에 있어 코스닥과 다우지수를 동일선상에 둘 수는 없다. 미 증시는 그 자체가 글로벌 증시의 핵이기 때문이다. 한편 상해종합지수는 비체계적 위험이 87% 수준에 근접하고 있는데, 아직은 무소의 뿔처럼 홀로 가고 있는 중국증시의 한 단면을 잘 표현한 결과로 해석된다.

그럼 종목분석으로 넘어가 보자. 요소 1의 경우 LG전자(066570.KS)를 제외하고는 모두 50% 수준을 넘어서고 있다. 특히 삼성전자(005930.KS)와 하이닉스(000660.KS)는 80%에 육박하는 것으로 나타났다. LG전자를 제하고는 이래저래 반도체와 밀접한 연관성을 보인다는 점에서 국제 반도체시장 흐름이 요인 1이 아닌가라는 막연한 생각을 해 본다. 한편 요인 2에서는 LG전자가 근 100%에 이르는 수치를 내놓고 있으며 삼성전자는 50% 정도를 기록하고 있다. 반면 그 외 종목은 미미하거나 오히려 반대 시그널을 보이기

도 한다. 반도체 종목은 배제한 채 LG전자와 삼성전자 주가 움직임에 공통

적인 영향을 미칠 요인으로는 휴대폰, 가전으로 대표되는 완제품 시장일 것

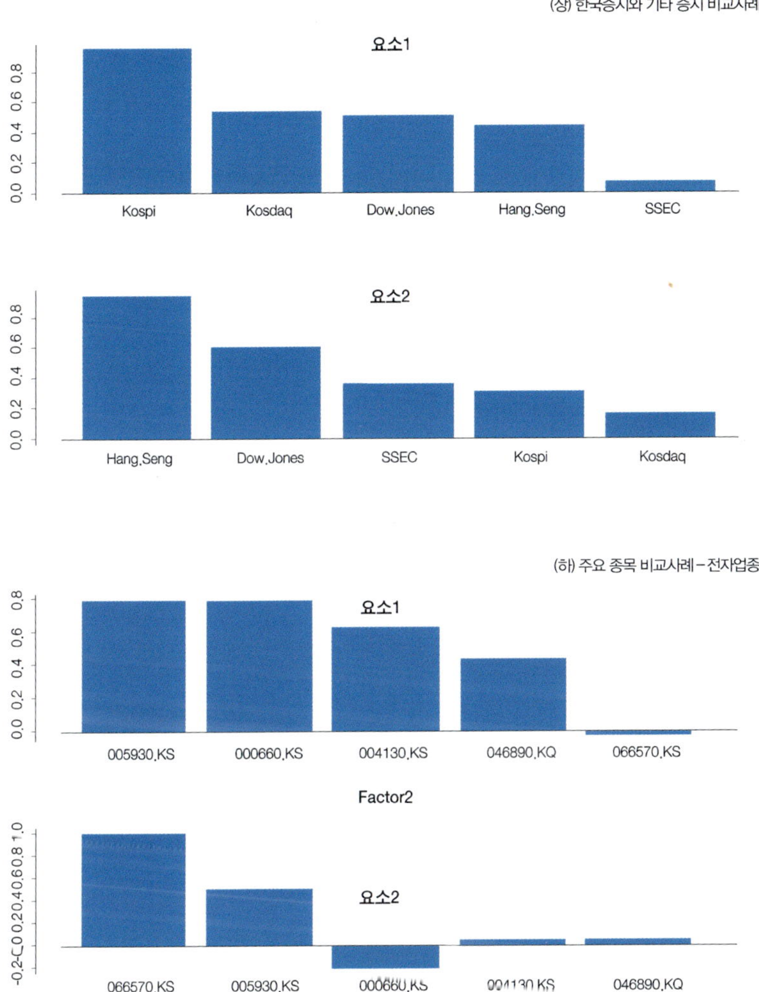

〈그림 7-8〉 주요 증시와 종목을 움직이는 요소들

이다.

　전체 변동에 대한 설명력은 요인 1이 37%, 요인 2가 26% 정도를 점하고 있다. 요소와 요인분석 간의 설명력 차이는 분석의 초점이 다르기 때문이다. 요인분석은 분산, 요소분석은 상관관계로 접근한다는 점 유의하길 바란다. 서울반도체(046890.KQ)를 제외하고는 대체로 비체계적 위험이 낮은 것으로 나타났는데, 이는 종목 자체의 영향도 작용했겠지만 나머지 4종목과 달리 홀로 코스닥 상장기업이라는 점도 영향을 미쳤을 것이다. 참고로 5종목으로 시장을 구성한다면 서울반도체 주가는 80% 수준(비체계적 위험)에서 자체동력으로 굴러가는 것 같다. 대덕GDS도 시장이 40% 수준의 설명력밖에 발휘하지 못했으며 하이닉스 주가도 34% 정도는 비체계적 움직임을 보였다. 한편 LG전자는 비체계적 위험이 거의 없었으며 삼성전자도 시장이 90% 정도는 주가 움직임을 설명하는 것 같다. 쉽게 말해 이 둘이 시장(포트폴리오) 움직임을 좌우한다고 볼 수 있으며 타 종목들은 때로는 추적하면서 자신만의 독자노선을 걷고 있는 셈이다. 사족이지만 서울반도체는 이들과 조금은 다른 시선으로 주가 움직임을 바라보는 것도 괜찮을 것 같다.

8장

기술적이지도
가치적이지도 않은

뉴턴의 자연철학의 수학적 원리는 아담 스미스의 『국부론』에 영향을 미쳤다. 또한 맥스웰과 볼츠만의 기체의 안정성 문제는 에지워드와 마셜의 균형이론에 영향을 끼쳤다. 이탈리아 인구 20%가 이탈리아 전체 부의 80%를 가진다는 경제학자 빌프레도 파레토의 주장은 전체 결과의 80%가 전체 원인의 20%로 설명된다는 파레토 법칙으로 확대되었으며 지질, 열역학 등에서도 이용되고 있다.

프랑스 수학자 베스루에의 랜덤워크 이론은 아인슈타인의 브라운 운동에 영감을 주었으며, 만델브로트의 프랙탈 개념은 수학뿐만 아니라 물리화학, 유체역학 등에 큰 영향을 끼쳤으며 금융분야에서도 활발히 이용되고 있다. 이제는 학문 간의 경계를 넘나드는 작업이 일상화되고 있으며 금융공학, 경제물리학이라는 용어가 더 이상 낯설지 않다. 하지만 투자자가 아닌 거래자로서 기술적 분석과 가치투자라는 협소한 관념 속에서 우리를 파묻고 있으며 설상가상으로 두 개념을 통합이 아닌 대립적 시각에서 바라보고 있다.

기술적 투자와 가치투자가 대립적으로 논의되고 있지만 현실적으로는 보완관계라 부르는 것이 적당하다. 기술적 분석은 회계기준의 다양성에 따른 상호 비교의 어려움, 현실적 상황반영에 취약한 재무데이터, 심리적 요인을 배제한 주가추정 등의 단점을 보완할 수 있다. 하지만 사전보다는 사후 추세확인에 무게중심을 두고 일정한 흐름을 그려 볼 수 있지만 그에 대한 논리적 타당성이 결여된다는 약점이 존재한다. 즉 매매시그널을 잡을 때는 유용하지만 종목 선택에 관한 원론적 문제는 비껴간다. 기술적 분석이 가진 이런 약점은 기본적 분석을 통하여 상당부분 커버될 수 있으며, 종목선택에 대한 투자자의 신념과 의지를 고양시킨다. 말하자면 기본적 분석은 수시로 매매시그널이 생성되는 증시에서 굳건한 신념은 현혹에 빠지기 쉬운 투자자를 붙들어 매는 버팀목과 같은 것이다.

1. 기본적 분석에 대한 해석

엄밀히 말해 가치투자란 내재가치와 시장가격 차이를 비교해 저평가된 종목은 매입하고 고평가된 종목은 매도하는 기법을 일컫는다. 본 단락에서 다룰 기본적 분석은 가치투자가 뻗어 나갈 토양을 마련해 주는 작업인데, 크게 질적 분석과 양적 분석으로 나누어진다. 질적 분석은 정치상황 · 경제정책 · 산업동향 · 기업비전, 경영능력 등 계량화가 불가능한 사항을 분석하는 방법이고, 양적 분석은 주식투자와 관련된 각종 경제지표 · 산업지표 · 재무정보 등 각종 수치를 증시와 연관시켜 살펴보는 것이다.

일반적으로 기본적 분석은 경제, 산업, 기업분석 순으로 이루어지며 이를 흔히 탑다운Top-down 방식이라 칭한다. 그 역순으로 올라갈 경우 바텀업Bottom-up이라 부르는데, 대개 밑그림을 그려 가면서 체계적으로 투자대상과 비중을 선택할 때는 바텀업보다 탑다운 방식이 유리하다. 염두에 둔 투자대상이 속한 업종에 종사하거나 또는 지속 관찰로 이미 일정 수준에 도달했다면 바텀업 방식을 통하여 한정된 시간과 재원을 집중할 수도 있을 것이다. 다만 정석은 탑다운 방식이라는 점을 염두에 두고 기본적 분석을 이끌어 가길 바란다.

투자에 앞서 여러분은 주식, 펀드, 부동산, 채권, 금 등 다양한 상품 가운데 무엇을 선택할 것인가라는 원천적 기로에 놓이게 된다. 전문용어로 포트폴리오 투자에 대한 고민에 빠지게 되는 것이다. 대다수 투자자를 탑다운 방식으로 몰고 가는 것도 이런 상황이 크게 작용하지 않았는가 생각해 본다. 다양한 선택 속에서 무엇인가를 꺼낼 때는 그 배경을 알고자 하는, 즉 미지의 불확실성을 제거하고자 하는 욕망이 불처럼 타오를 것이다. 완전한 제거는 힘들지만 그 밑바탕에 흐르는 기류는 경기동향, 수출입실적, 자금흐름, 부동산 거래상황, 이자율 등을 확인하는 것으로 일부 감지할 수 있다. 국내변수는 한국은행의 100대 경제지표를 수시로 참고하면 좋을 것이다.

이를 통해 주식투자 비중이 확정되었다면 두 번째 단계에서는 산업과 업종 문제로 넘어간다. 경제가 활황 속에 있어도 일부 산업은 침체의 늪에서 헤어나지 못할 수도 있고 그 반대로 경제는 깊은 불황의 터널을 향해 가지만 일부 업종은 즐거운 비명을 지를 수도 있다. 산업과 업종 분석을 통하여 특정 영역이 정해졌다면 그 다음은 투자종목을 선택해야 한다. 구슬이 서 말이라도 꿰어야 보배라는 격언처럼 투자목적은 분석이 아닌 이익 실현이기 때문이다. 종목선택은 업계 경쟁력과 시장지배력, 투자지표, 신용도(분식회계, 주가조작 유무, 불성실공시) 등을 종합적으로 판단하여 결정할 필요가 있다. 투자지표가 좋더라도 그것이 분식회계에 의한 것이라면 소위 한 방에 훅 갈 수 있다.

한편 거시경제분석과 달리 산업분석은 산업 경쟁구도, 제품수명주기, 수급상황 등을 살펴볼 필요가 있는데, 통신, 석유화학, 금융처럼 규모 경제가 힘을 발휘하는 곳은 신규기업이 진입하기 힘들며, 그만큼 과점화될 가능성이 높다. 역사 이래로 독점과 과점이 유지된 업종만큼 투자매력이 높은 곳도 드물다. 또한 제약, 화장품, 음식료, 주류 등과 같이 고객충성도가 높은 시장도 진입장벽이 높다. 투자산업이 수요자 시장인지 또는 공급자 시장인지 살펴보는 것도 중요한데, 수요자 시장이라면 구매자가 시장 주도권을 확보하고 있어 이익창출능력이 상대적으로 떨어진다. 유통과 가전이 대표적인 수요자 시장으로 일부 종목을 제하고는 투자매력이 낮다. 해당 산업이 가격과 제품 조정능력을 확보하고 있어 경기불황에도 비용인상 요인을 구매자에게 이전시킬 수 있는 시장이 공급자 시장인데, 석유화학이 그 대표적 사례이다. 유가급등을 타고 타 산업은 신음을 흘렸지만 정유업계는 웃음을 감출 수 없었다. 예외적으로 중국은 시장에 대한 정책적 개입으로 정유업체들이 울음을 삼켰지만.

제품수명주기 역시 참고할 필요가 있다. 도입기 산업은 막대한 개발비와 마케팅비가 소요되지만 매출과 이익은 뚜렷하지 않다. 성장기 산업은 매출과 이익이 점차 현실화되는 단계이며 제조원가도 하락곡선을 그린다. 마케팅 활동도 점차 활기를 띤다. 성숙기 산업은 시장수요가 포화상태인 단계로 시장점유율 확대를 위하여 가격인하와 마케팅에 총력을 기울인다. 통신시장에서 일부 이런 모습을 찾아볼 수 있다. 이 단계로 접어들면 원가절감, 연구비 확대, 생산관리 강화 등의 조치를 취하며 소수 경쟁우위를 확보한 기업만이 생존을 유지한다. 성숙기 산업은 그래도 시장규모는 계속 확장되고 있지만 쇠퇴기로 접어든 소위 사향산업은 시장규모 축소현상이 일어난다. 상당수 기업이 시장철수를 단행하며 기존 기업도 생산능력을 축소하고 광고비를 줄인다.

투자자가 산업분석을 통해 유망업종을 발굴했다면 그 다음은 종목선택 문제로 넘어가게 된다. 우량기업을 추출하는 작업은 크게 업종지위와 제품라인으로 구분된다. 높은 투자수익을 기대하지 않는다면 골치 아프게 이것저것 따질 필요는 없다. 삼성전자, 포항제철, SK텔레콤 등 업종 대표주로 포트폴리오를 구성하면 된다. 하지만 어딘지 좀 애석한 느낌이 든다면 선택한 업종을 좀 더 세부적으로 접근할 필요가 있다. 업종지위는 시장점유율, 지속성장 가능성, 안정적 수익구조, 비용우위 등을 들 수 있다. 시장점유율은 보통 기업수익과 높은 연관성을 보인다. 대부분의 펀드가 업종 대표주로 바구니를 가득 채우는 이유도 투자 안전성과 더불어 돈이 되기 때문이다.

지속성장 가능성은 R&D 능력과 이를 뒷받침할 자금력을 말한다. 반도체, 통신처럼 고수익 산업에 속하지만 제품수명주기가 짧다면 R&D 능력과 자금동원력은 기업생존의 핵심으로 작동된다. 수익구조는 투자 불확실성과 연결되는데, 만약 수익변동이 심하다면 적정한 투자계획을 수립할 수 없으며 자칫 과잉생산을 유발할 수 있다. 또한 수익원이 영업활동이 아닌 주식, 부동산 등 일시적 투자에 따른 것이라면 현 주가가 과대평가된 것일 수도 있다. 비용우위는 원재료 공급루트 확보와 비용통제 능력 등과 관련된 사항이다. 전력, 철강, 비철금속, 석유화학 등 생산원가 대비 원자재 가격 비중이 높은 업종에서는 반드시 확인해 둘 필요가 있다.

끝으로 제품라인은 외부환경 변화에 대한 대응능력을 측정하는 지표인데, 대부분 기업들이 경영계획서에 제품라인 또는 사업단위로 매출과 수익성을 따로 추정하고 있다. 이는 전체 경영실적을 놓고 본다면 우량하지만 세부 사업단위로는 적자부분이 존재할 수 있기 때문이다. 시장환경이 점차 부정적으로 변하거나 수익성이 절벽의 끝에 맴돌고 있는 사업부에 기업의 힘이 집중되고 있다면 곧 불협화음은 터져 나올 것이다. 현재가 밝다고 미래 역시 긍정적인 것은 아니기 때문이다.

2. 가치투자란 무엇인가?

주식투자에는 확률과 개연성, 행운과 불운이라는 도박성이 내포되어 있다. 절대적인 것은 무의미하며 주식투자는 객관적으로도 그리고 주관적으로도 확률적 투기이다. 이론과 기법을 절대적 진리로 끌고 가려는 각종 노력은 부질없는 인간의 몸부림에 불과하다. 진리는 폐쇄적 공간에 머물러 있지 않고 넓게 퍼져 있다. 가치투자도 진리에 다가서려는 탐구의 한 갈래이지 그 자체가 투자진리가 될 수는 없다. 탄생 후 석가모니가 최초로 던진 법문이 '천상천하유아독존' 이라는 것은 자만과 아집이 아닌 "신 앞에 만인이 평등하다."라는 기독교, 이슬람교의 가르침과 같은 맥락에서 해석될 수 있다.

다시 말해 인간은 평등하고 존엄하며 신 이외에 절대적 교리를 설파할 수는 존재는 없다는 의미이다. 하지만 증시에는 유독 수많은 절대적 교리와 교주가 존재한다. 가치투자란 진리를 감싸고 있는 불확실성이 투자자의 눈을 현혹시키지 않도록 옆을 지켜 주는 카두케에스^{Caduceus}이지 편협한 지혜의 소산이 아니다. 증시라는 큰 바다를 놓고 볼 때 가치투자는 고래를 잡기 위한 대나무 작살에 불과하며 작살의 종류는 다양하다. 그러나 우리는 은연 중에 고래잡이 작살은 대나무로만 만들어져야 한다는 편견에 빠져든다. 덩 샤오핑의 흑묘백묘론黑描白描論, 검은 고양이든 흰 고양이든 쥐만 잘 잡으면 된다을 굳이 언 급하지 않더라도 투자기법에 선악과 우열의 개념은 존재하지 않는다. 나에 게 최선인 것이 남에게 최선일 수 없으며 신의 가르침이 아니라면 보편에서 절대로 넘어서는 순간 파멸은 시간문제로 변할 것이다.

그럼 통속적 의미에서 가치투자를 풀어 보기로 하자. 가치투자란 글자 그대로 가치에 기반을 둔 투자이다. 가치란 가격과는 조금 상이한 개념이다. 경제학에서는 가치를 사용가치와 교환가치로 나누는데, 사용가치는 어떤 재 화를 소비함으로써 얻을 수 있는 주관적 만족 또는 효용을 뜻하고 교환가치 는 그 재화가 다른 재화와 교환될 수 있는 능력, 즉 상품으로서의 가격을 의 미한다. 주식시장에서 가치라고 할 경우 배당, 경영권 같은 효용가치보다 교 환, 즉 매매를 통한 시세차익에 더 중점을 둔다. 투자자마다 교환가치에 대한 판단은 다르며 그 결과 주식시장에서 협상이라는 절차가 생긴다. 매매쌍방 이 동의하는 선에서 주가는 일시적 균형상태를 이루지만 그것도 찰나에 불 과하다.

내재가치Intrinsic Value는 이론적 교환비율을 일컫는데 시장에서 관찰된 가치보다는 본질적 요인에 바탕을 둔 가치로 해석될 수 있다. 구체적으로는 미래이익을 기대수익률로 할인한 현재가치를 의미한다. 즉 과거와 현재가 아닌 미래에 대한 예상을 바탕으로 이루어진 추정기법인 셈이다. 여기서 기 대수익률은 무위험투자 이익률로 대체되는데, 그 지표로 흔히 국채수익률이 적용된다. 국가는 부도가 나지 않는다는 견해를 바탕에 두고 있다. 앞에 언급된 가치흐름을 따라가다 보면 어느덧 안전마진Margain of Safety이 튀어나온다.

안전마진은 '가치투자 대부'인 벤저민 그레이엄이 제시한 용어로 가치투자의 핵심적 위치를 점하고 있다. 쉽게 말해 기업의 내재가치와 주가와의 차이를 의미하며 내재가치가 주가보다 높을 경우 안전마진은 상승하게 된다. 높은 안전마진은 달리 주가의 불확실한 움직임으로부터 도망갈 공간이 크다는 뜻으로 여겨질 수 있다. 일례로 한국전력 주당 내재가치가 5만 원이고 주가가 3만 원이라면 여러분은 2만 원만큼 안전마진을 확보한 상태이다. 경기침체로 내재가치가 1만 원 다운되어도 아직은 숨 쉴 공간은 존재한다. 하지만 내재가치가 4만원이었다면 여러분은 심각한 고민에 휩싸일 것이다. 한 발만 삐끗하면 손실의 나락에 떨어질 수 있기 때문이다.

안전마진 범위는 어느 정도가 적당할까? 모닝스타의 경우 한국전력처럼 넓은 경제적 해자를 확보한 기업은 20%, 리스크가 매우 높고 경쟁력이 미약한 기업은 60% 안전마진을 권장하고 있다. 그 외 기업은 30%~40% 정도가 적정한 것으로 본다. 업종 블루칩을 대상으로 이론주가를 뽑는다면 평소 20~30% 정도 디스카운트하는 습관을 기르길 바란다.

3. 투자가치를 평가하는 다양한 방법

절대와 상대, 추론과 비교 속에서 투자가치는 해석된다.

투자가치를 평가하는 기법은 다양하다. 현금흐름할인법, EVA법, 고든모형Gordon Model 등은 회계적 접근을 통해 절대적 수치를 제시한다. 투자자들은 계산된 수치와 시장에서 거래되는 가격을 비교함으로써 투자판단을 내리게 된다. 다만 추정하기가 쉽지 않고 주관적이라는 함정이 존재한다. 일례로 현금흐름할인법은 자유현금흐름이 마이너스(−)인 경우 (적자기업에서 대부분 관찰됨) 적용하기 힘들며, 고든모형은 배당을 전제로 한다. 반면 주가배수모형이라고 불리는 기법들은 투자대상 그 자체보다 상대방과의 관계에 따라 투자판단이 이루어진다. 대표적 지표로는 주가수익률PER, 자기자본이익률ROE, 주가이익증가율PEG, 주가순자산비율PBR 등이 이용된다.

우선 산출과정에서 투자자에게 좋은 투자시각과 견해를 제공해 주는 잉여현금흐름할인법FCF을 살펴보기로 한다. 투자자에게 자본비용은 최저 수익률을 의미하지만 기업 입장에서는 시설투자와 자금조달 결정의 가이드라인을 제공한다. 증시 전반적으로 높은 수익률을 요구하는 분위기가 만연하면 자본비용은 자연히 상승하게 되고 이는 기업의 조달비용을 높이게 된다. 만약 설비투자에 따른 이익창출 기회가 많다면 기업도 높은 비용을 지불하더라도 자금을 조달하겠지만 그렇지 않다면 머뭇거릴 것이다. 자본비용을 가중 평균한 것이 가중평균자본이용인데, 이 수치가 높을수록 주가는 대체로 하락하는 경향을 띤다.

좀 더 이론적으로 가중평균자본비용을 논하면 기업 총자본에 대한 평균 조달비용으로 해석될 수 있으며 투자자마다 그 접근법은 다를 수 있다. 어떤 이는 장부상에 나타난 자본구조에 집중할 수도 있고 또 다른 이는 시장 평가금액에 무게를 둘 수 있다. 기업은 대개 총자본을 부채, 자기자본, 보통주, 유보율 정도로 한정하길 원하지만 주식투자자는 본인이 매입한 주가를 총자본으로 인식하는 경향이 있다. 따라서 장부상에 나타난 수치로 가중평균자본비용을 계산할 경우 기업은 좀 더 좋은 가격에 회사(주식)를 매도할 수 있지만 투자자는 그 반대로 높은 비용을 지불하고 매입해야 한다.

가중평균자본비용과 함께 기업주가에 영향을 미치는 요소는 잉여현금이다. 잉여현금흐름은 현금흐름에서 투자자금 흐름을 감안한 지표로 자유현금흐름, 혹은 잉여자금이라고도 불린다. 흔히 투자에 소요되는 자금을 초과하는 현금 흐름을 말한다. 잉여현금흐름 증가는 기업이 투자보다는 자금축적에 더 높은 비중을 둔다는 의미로 해석될 수 있다. 성장에 무게를 두는 분석가는 간혹 부정적으로 보지만 디폴트 방어막이라는 점에서 그 중요성을 마냥 저평가할 수는 없다.

기대수익률이 높을수록 주가는 하락하고 매출신장률이 높을수록 주가는 상승하는 경향을 보이는데, 기대수익률이 높다는 것은 위험 프리미엄을 그만큼 높게 책정한다는 의미이다. 투자종목은 안정적이지만 증시 자체가 불안정하다면 투자자는 추가 프리미엄을 요구하게 된다. 그 결과 기업가치와는 별도로 주가는 하락하게 된다. 매출은 현금 확보와 이익 실현의 주 통로이다. 보통 매출이 확대되고 있다는 것은 이익도 증대되고 있음을 의미한다. 간혹 매출 확대와 반대로 적자를 실현하는 기업들도 있는데, 이 경우 어떻게 받아들이는 것이 좋을까? 그리 골몰하지 않아도 괜찮다. 적자기업은 잉여현금흐름 자체가 마이너스(−) 상태로 떨어질 가능성이 높아 모형적으로 대부분 걸러진다. 다만 영업부문 적자가 영업 외 이익으로 묻히는 경우가 있는데, 이런 종목들은 가급적 피하는 것이 좋다. 가치투자의 본질을 흩트리며 주가 전망을 종종 힘들게 한다.

한편 주가수익률은 현 주가를 주당순이익으로 나눈 값으로 주가가 이익 창출 능력 대비 몇 배 수준에서 형성되는지를 살펴본 것이다. 흔히 이익승수라고도 부른다. 이 지표를 증시와 업종으로 확대하면 주가지수 평균 PER, 업종평균 PER라는 수치를 얻게 된다. 주가지수 PER, 업종 PER 같은 자료는 글로벌 증시, 산업이라는 큰 틀에서 포트폴리오를 재조정할 때 유용하게 이용될 수 있다. 자기자본이익률ROE은 자본을 이용하여 해당 기업이 얼마만큼 이익을 실현하였는지를 살펴본 지표인데, 펀드로 치자면 운용수익률 개념이다. 식으로 풀이하자면 당기 순이익을 자기자본으로 나눈 값이다. 이때 자기자본은 기초와 기말 순자산의 단순평균을 주로 사용한다. 참고로 자기자본이익률이 높을수록 주가도 높게 형성되는 경향이 있다.

〈그림 8-1〉은 한국증시를 대표하는 몇 가지 지수를 살펴본 것이다. 코

스닥 스타지수는 2004년 1월부터 적용하였다. 2002년 이전 차이를 보이던 코스피와 코스피200 주가수익률은 그 이후 거의 동일한 수치를 보이고 있다. 주가수익률로 살펴본 투자가치는 그리 큰 차이가 없는 셈이다. 반면 코스닥스타지수는 극히 일부 구간을 제하고는 뚜렷이 높게 조사되고 있다. 30배 이하에서 등락을 보이던 주가수익률이 2009년 60배 이상까지 치솟았다. 연초 대비 코스피가 50% 정도 상승한 것이 주요한 역할을 하였겠지만 그와 더불어 글로벌 경기침체와 내수부진 등으로 수익성이 악화되었기 때문이다. 2009년 1분기까지만 해도 10배 이하에 머물던 코스피도 2009년 9월 말 현재 23배로 2배 이상 뛴 것으로 나타났다. 역사적 수치를 놓고 볼 때 한국증시는 2009년 현재 가치를 이탈해 과열국면으로 진입했음을 알 수 있다. 〈그림 8-1〉 중단은 지수와 주가수익률 추이를 함께 살펴본 것인데, 주가수익률이 코스피 등락과 거의 비슷하게 감을 알 수 있다. 하단 그래프는 업종 5개를 간추려 주가수익률 추이를 살펴본 것이다. 의약품(제약) 부문은 대체로 20배 이상에서 형성되고 있다. 2006~2007년으로 이어진 상승장보다 오히려 2005년이 더 높게 나타난다. 운수장비는 2007년을 10월을 기점으로 떨어져 10배 근처에서 횡보하고 있다. 통신업은 국면에 크게 좌우됨이 없이 8~13 배를 횡보하고 있다. 철강금속 역시 주가수익률이 대개 10배 밑에서 형성되고 있으며 2007년 활황장에도 15배 수준이 정점이었다. 통신과 철강금속에 한해 장기투자도 유효한 것 같다. 화학부문은 2007년 활황장보다 2009년 반등장에서 오히려 더 활개를 치고 있다. 24배에 근접한 주가수익률은 분명 역사적 고점을 넘어서고 있다.

주가수익률(PER)이 가진 한계를 보안하기 위해 성장가치를 고려한 주

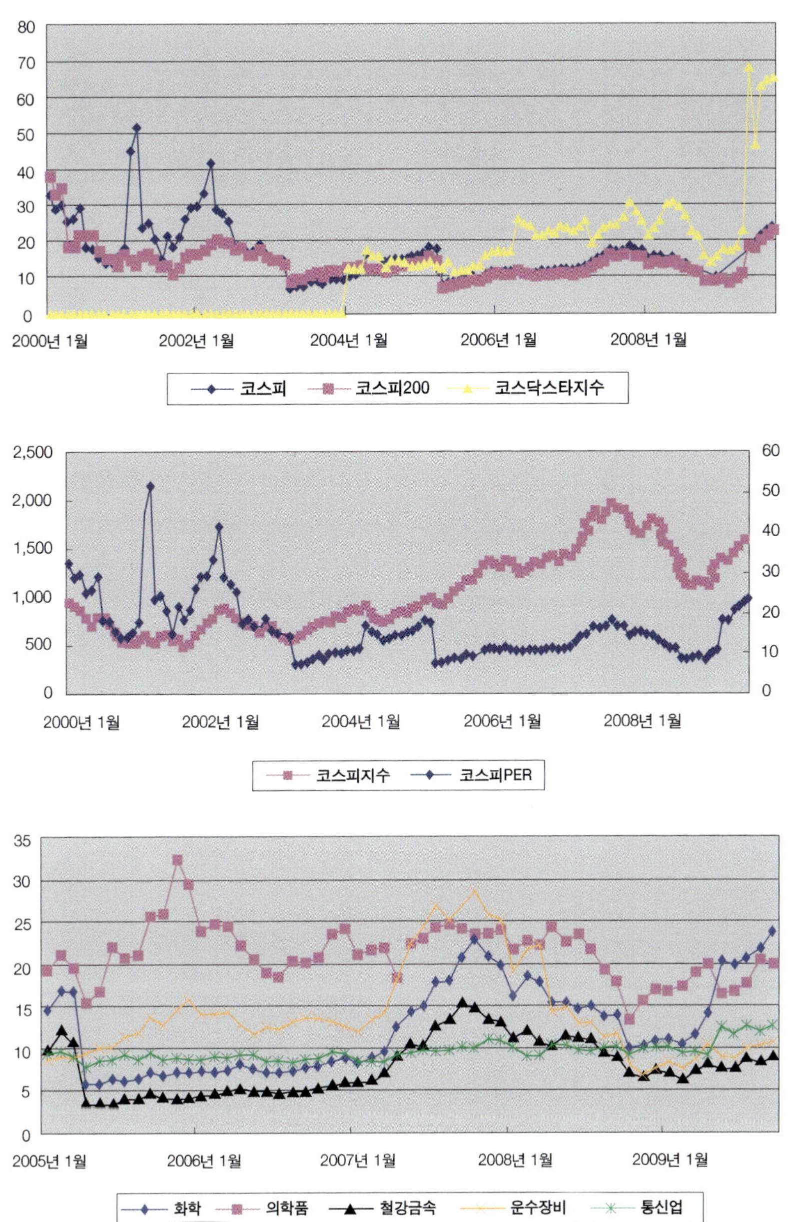

〈그림 8-1〉 한국증시 주요 지수, 업종 PER 추이

가이익증가율PEG도 흔히 언급되고 있다. 흔히 전통 제조업에 속한 종목들 PER가 첨단산업에 비해 낮게 유지되는데 혹자는 발전단계와 산업특성을 외면한 이런 구조적 결함이 정확한 가치판단을 저해한다고 본다. 따라서 주가수익률PER을 연 주당순이익EPS 증가율로 나눈 PEG 개념을 도출하였다. 일반적으로 PEG가 1일 때를 적정수준으로 보며 0.5 이하일 때는 주가가 매력적인 것으로 간주한다. 기업가치는 과거와 현재보다는 미래를 반영해야 된다는 견해가 일부 녹아 들어간 것 같다.

주가순자산비율PBR은 주가를 주당순자산으로 나눈 것이다. 여기서 주당순자산은 총자산에서 총 부채를 뺀 순자산에 발생주식 총수를 나눈 값으로 표현된다. 주가수익률이 이익창출능력을 통해 현 주가를 판단한다면 주가순자산비율은 청산가치로 측량한 것이다. 주당순자산비율은 회계관행에 따라 그 값이 변동될 수 있으며, 수익능력을 측정할 수 없다는 한계로 대중화에는 실패하였다. 따라서 토빈 교수는 이를 보완한 '토빈의 Q'를 제시하였다. 우선 한국증시의 주가순자산비율을 살펴보기로 하자. 대개 1 미만이면 투자매력이 높은 것으로 2 이상이면 위험으로 분류된다. 현실적으로는 1.2배 밑에서 매입해서 1.5배 이상이면 매도하는 것이 현명한 선택일 것이다.

〈그림 8-2〉는 대표지수를 통해 한국증시 주가순자산비율을 살펴본 것이다. 코스닥 시장보다 거래소시장이 높게 형성되고 있지만 주가수익률만큼 그 격차가 크지는 않다. 2009년에는 오히려 낮게 형성될 때도 있다. 코스피의 경우 대체로 1~1.5배에서 형성되고 있으며 2006년 1분기와 2007년 활황국면에서 1.5배를 상향 돌파한 적이 있다. 코스닥은 1.5~2배에서 주로 움직

〈그림 8-2〉 한국증시 주가순자산 비율추이

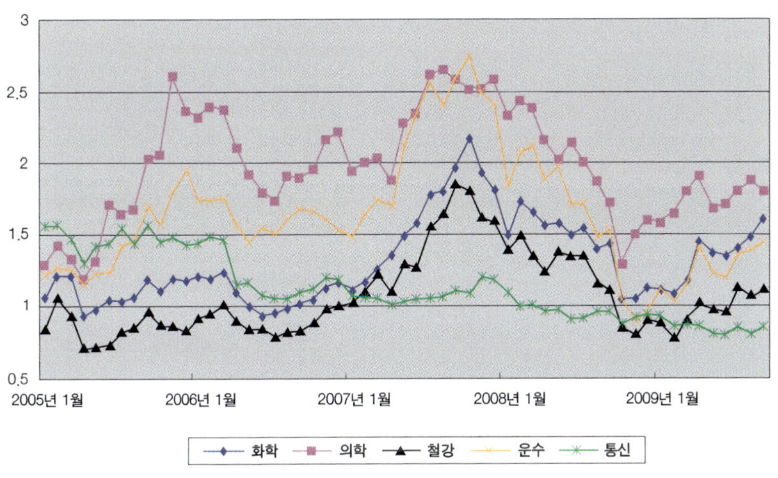

〈그림 8-3〉 코스피 업종별 주가순자산 비율추이

이고 있으며 2007년 10월 이후 코스피와 함께 주가순자산비율이 떨어지는 모습을 보였다. 2009년 두 시장 모두 반등곡선을 그리고 있지만 그 지속력은 좀 더 지켜보아야 할 것이다.

지수가 아닌 업종별로 보면 그 차이가 더욱 선명해지는데, 통신과 철강, 화학은 대체로 1.5배 밑에서 형성되지만 의학, 운수는 1.5~2.5배 구간을 넘나들고 있다. 주가순자산 비율만 보면 통신과 철강은 대체로 매입시그널을 화학은 중립, 의학과 운수는 매도 시그널을 자주 발생시킨다고 볼 수 있다. 지수와 업종 간의 차이에서 보듯이 구체적인 종목으로 들어갈 때는 역사적 수준에 비추어 주가순자산비율을 매매에 탄력적으로 운용하는 것이 바람직할 것 같다.

한편 토빈의 Q는 개발자인 미국 예일대 토빈 교수의 이름을 따 부른 명칭으로 기업 설비투자가 얼마나 이윤을 창출하는지에 관한 개념이다. 기대이윤을 설비자금 조달비용으로 나눈 값을 의미하며 실무적으로는 시가총액과 부채총계의 합을 기대이윤으로 삼고 자산의 시가평가액을 설비갱신 비용이라고 생각해서 양자의 비율을 구하여 산출한다. 이 비율이 1보다 작으면 기업은 투자할 매력을 잃게 되고 1보다 크면 투자매력이 생긴다고 보았

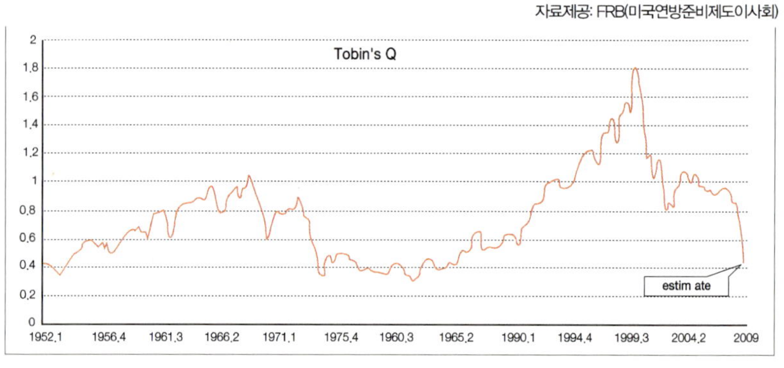

〈그림 8-4〉 토빈Q추이 (1952.01~2009.01)

다. 토빈Q 이론은 대공황기 신규투자가 낮게 형성된 원인을 증시의 관점에서 뒤돌아보게 했는데, 당시 증시 붕괴로 시장가치는 큰 폭으로 떨어진 상태였다. 결국 'Q' 수치가 큰 폭으로 하락하였으며 기업은 투자의지를 상실하게 된 것이다.

4. 기술적 분석이 우리에게 말하는 것

우리는 과거에서 현재와 미래를 유추해 낼 수 있으며
주가와 거래량은 그 좋은 수단이다.

기술적 분석Technical Analysis은 기본적 분석과 쌍벽을 이루는 기법으로 일본에서는 18세기 쌀 선물 시장에 이를 적용하였다. 당시 혼마 무네히사는 오사카 시장에서 쌀 가격을 예측하는 데 적삼병 같은 패턴분석을 이용했으며 봉 차트도 고안하였다. 현대적 의미의 기술적 분석은 19세기 말 찰스 다우Charles H. Dow가 시작하였는데, 그가 〈월스트리트저널〉에 연재한 기법을 묶어 다우이론이라 칭하며 오늘날에도 널리 적용되고 있다.

그 뒤 기술적 분석은 엘리어트Elliott 파동이론, 갠W. D. Gann의 각도법칙, 그랜빌J. E. Granville의 이동평균선 매매법칙과 거래량지표 등으로 진화하였다. 일본에서는 일목균형표 같은 것이 독자적으로 개발되었으며 웰스 와일더J. Welles Wilder는 ATR, 파라볼릭, RSI, ADX 같은 지표를 고안하며 기술적 분석 역사에 큰 획을 그었다. 그의 저서인 『New Concepts in Technical Trading Systems』은 기술적 분석의 고전으로 불리며 지금도 투자자들의 사랑을 한 몸에 받고 있다.

컴퓨터 기술 발달로 대규모 전산처리가 가능해지고 수학과 통계학 범위를 넘어서 물리학, 자연과학, 심리학 등에서 개념을 차용함에 따라 기술적 분석은 그 영역을 한층 팽창시키고 있다. 하지만 핵심은 어디까지나 주가와 거래량이다. 기업실적 또는 경제가치가 증시에 정확히 투사되고 있는지보다 현시점이 매매하기에 적당한지에 더 골몰하며 향후 추세를 유추하는 데 총력을 기울이고 있다. 대체로 기술적 분석은 아래의 몇 가지 가정을 전제로 두고 있는데, 이런 가정이 만족되지 않는다면 해석상의 통일성을 확보하기 힘들다.

첫째, 주가에는 시장이나 기업에 관한 모든 것이 반영되어 있다. 또한 시장가치는 수요와 공급에 의하여 결정된다.

둘째, 수급상황에 따라 주가는 점차 반응하며 추세에 따라 주가가 상당기간 움직인다.

셋째, 추세의 변화는 수요와 공급의 변화에 의하여 발생한다.

넷째, 수급 변동은 그래프에 의하여 추적이 가능하며 주가모형은 스스로 반복하는 경향이 있다.

그럼 상기 전제를 두고 엘리어트 파동이론을 시작으로 몇 가지 기술적 분석기법을 살펴보기로 하자. 엘리어트 파동이론의 핵심은 가격변동은 자연법칙에 따라 질서 정연하게 움직이며 이러한 리듬은 5번의 상승파동과 3번의 하락파동으로 구성된다는 것이다. 파동은 일정기간 주요 고점과 저점 사이의 가격변화를 말한다. 파동이론은 8가지 요소로 구성된다. 첫째는 패턴이다. 패턴은 엘리어트 파동이론을 구성하는 가장 중요한 요소로 파동의 형태를 말한다. 둘째는 비율이다. 비율은 파동 간의 변화폭 비율을 말하며 이것을 측정하여 주가 조정폭, 목표치 등을 계산할 수 있다. 셋째는 시간이다. 파동 간의 시간적인 관계를 말하며 패턴과 비율을 확인하는 데 사용된다.

상승국면의 5개 파동은 각각 1번에서 5번까지의 파동으로 분류할 수 있는데, 1번, 3번, 5번은 상승파동이며, 2번과 4번 파동은 하락파동이다. 상승파동을 추진파동Impulse Wave, 하락파동을 조정파동Corrective Wave이라 부르기도 한다. 1번에서 5번까지의 상승국면이 끝나면, 하락국면으로 접어들게 되며 그때 a, b, c라는 하락파동이 발생한다. 흔히 하락 a보다 하락 c가 뚜렷이 길게 나타날 경우 하락 b와 같은 반등이 있은 후 추가 하락하는 것으로 알려진다.

개별파동을 살펴보면 1번 파동은 추세가 전환되는 시점으로서 5개의 파동 가운데 가장 짧으며 단순한 반등 정도로 생각하는 경우가 많아 상승국면 신호로 사전 인식하기 힘들다. 1번 파동은 추진파동이므로 5개의 소파동으로 구성되며 파동의 연장이 일어날 가능성이 추진파동 가운데 가장 적다. 한

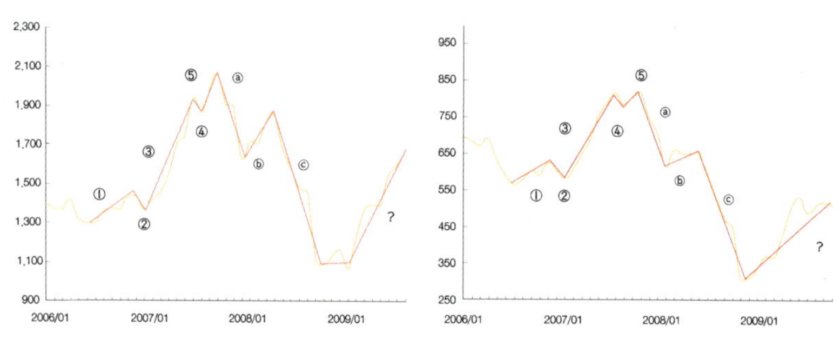

〈그림 8-5〉 코스피와 코스닥 파동 사이클(2006. 01~2009. 09)

편 2번 파동은 1번 파동과 반대방향으로 형성되는데, 1번 파동을 38.2% 또는 61.8%만큼 되돌리는 경향이 높지만 2번 파동 최저점이 1번 파동의 최저점 이하로 떨어지지는 않는다. 지그재그형과 변형인 플랫형태가 주로 나타나며 삼각형은 잘 나타나지 않는다.

3번 파동은 5개 파동 가운데 가장 강력하고, 가격변동도 활발하다. 5개 상승파동 중에서 가장 길며 파동 연장이 가장 잘 일어나는 파동이다. 시장 거래량도 최고에 이르게 되며, 가격 움직임 가운데 갭Gap이 출현하는 예도 많다. 일반적으로 돌파갭이나 급진갭이 잘 나타난다. 1번 파동의 1.618배에서 최대 2.618배까지 그 길이가 늘어나기도 한다. 4번 파동은 하락파로 3번 파동을 38.2% 되돌리며 1번 파동과는 중복되지는 않는다. 3번 파동이 5개 파동으로 완성된다고 할 때 4번 파동은 하위파동인 ④ 파동과 일치하는 경우가 많다.

5번 파동은 상승국면의 마지막 단계로 가격 움직임과 거래량 모두 3번 파동에 비하여 적게 형성된다. 3번 파동이 연장될 경우 5번 파동의 길이는 1번 파동의 길이와 거의 같다. 5번 파동의 길이는 3번 파동의 고점에서 1번 파동의 저점을 뺀 값에 61.8%를 곱한 것과 같다. 또한 1번 파동에서 5번 파동까지의 총 길이는 1번 파동에 3.235를 곱한 것과 같다. 쇄기형이 잘 출현하고 거래량은 점진적으로 줄어든다.

한편 하락파동은 보통 A, B, C 파동으로 구분되며 1번 파동을 단순한 반등으로 오해할 수 있듯이 상승추세에 부가되는 조정으로 A파동을 잘못 이해할 수 있다. 하지만 A 파동은 이전과 반대방향의 추세전환 신호이며 긴 하락의 첫 단추이다. B파동은 하락추세에 반발해 일시 형성되는 반탄 국면으로 매매포지션을 정리할 마지막 기회로 간주된다. 이 순간을 놓치면 사이클상 매도기회를 찾기 힘들다. 대개 거래는 그리 활발하지 않는데, 공격적 투자자라면 C파동을 염두에 두고 공매도를 고려해 볼 수도 있다. 마지막으로 C파동은 가장 강력한 하락파동으로 갭이 자주 발생한다. 거래가 활발하게 이루어지며 가격 변동폭도 크다. 투매 영향으로 가격 하락속도로 빨라진다.

이상의 파동법칙을 통해 우리는 파동변화와 균형 법칙을 유추할 수 있는데, 여기서 파동변화란 동일한 파동이 연속되기보다는 서로 다른 형태의 파동들이 뒤섞이어 나타날 가능성이 높다는 의미이다. 즉 조정파동인 2번 파동이 복잡해지면 4번 파동은 단순한 형태일 가능성이 높고, 2번 파동이 단순해지면 4번 파동은 복잡해질 가능성이 높다는 말이다. 파동균형의 법칙은 3번 파동이 연장될 경우 5번 파동은 1번 파동과 같거나 1번 파동의 61.8%를 형성한다는 것이다. 파동의 연장은 3번 파동이나 5번 파동에서 주로 발생하며 일반적으로는 3번 파동에서 일어난다. 때때로 소파동인 ⑤파가 가장 길게 나타나며 이때는 ⑤파에서 연장이 일어난다.

모든 이론과 기법이 그렇듯이 엘리어트 파동이론도 한계가 분명히 존재한다. 엘리어트 이론의 가장 큰 단점은 융통성이 너무 많다는 점이다. 거의 모든 법칙이 예외를 가지고 있다. 전형적인 파동이 있는 반면 변형파동도 자주 감지된다. 따라서 분석가가 어떻게 해석하는가에 따라 다른 결론이 도출될 수도 있다. 이는 엘리어트 파동이론이 경험적 관찰을 통해 일정한 법칙을 발견하는 과정을 택하였기 때문이다. 귀납법적 모형이 자주 부딪히는 문제로 과거가 현재를 얼마나 정확히 풀어낼 수 있는가에 관한 근본적인 고민이 존재한다.

　〈그림 8-6〉은 1929년 대공황, 오일쇼크, IT버블 붕괴와 최근 진행되고 있는 글로벌 금융위기까지 미 증시가 어떠한 회복과정을 거쳤는지 비교한 것이다. 만약 현 금융위기가 오일쇼크 과정을 밟는다면 그래프에서 보듯이 하락조정을 거쳐 늦어도 2010년 중반까지는 안정감을 찾을 것이다. 한편 IT버블 당시를 답습한다면 저점 대비 50% 이상 회복한 현 수준에서 상하로 횡보하는 모습을 그릴 것이다. 끝으로 지금의 모습이 긴 터널로 떨어지기 전 반짝 상승에 불과하다면 진정한 공포가 무엇인지 우리는 몸소 체험할 것이다. 미 증시의 미래는 곧 한국증시의 자화상이 될 것이다.

　다우이론, 경기변동 사이클, 엘리어트 파동이론 등이 긴 호흡으로 추세 흐름을 바라본다면 MACD는 이보다 좀 짧게 추세변화를 나누고 있다.

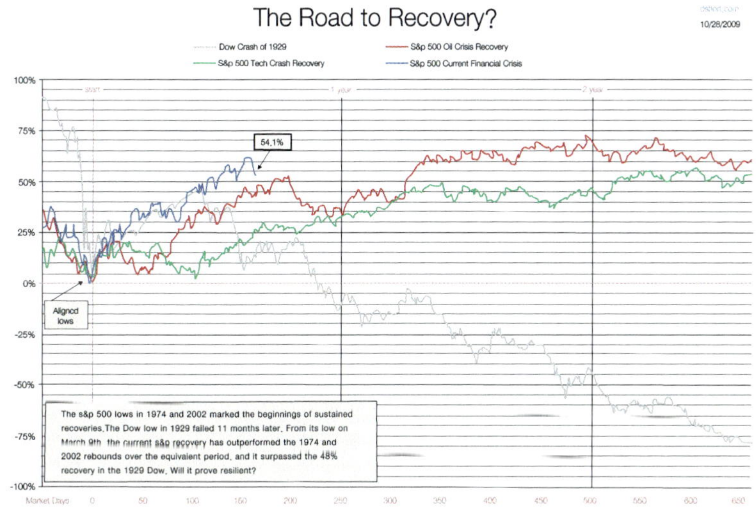

〈그림 8-6〉 위기 이후 주가회복 과정

MACD는 단기지수 이동평균값에서 장기지수 이동평균값을 뺀 것으로 두 이동평균 간의 관계를 의미하는데, 일반적으로 12/26/9로 설정한다. 이 말은 단기와 장기이동평균선을 12일과 26일로 두고 시그널은 9일로 삼는다는 뜻이다. 대개 2개월 전후의 초 단기흐름은 일간데이터, 그 이상은 주간 데이터로 살펴보는 것이 합당할 것이다.

매매타이밍 포착을 위하여서는 MACD 오실레이터Oscillator라는 수치를 사용하는데, MACD 오실레이터는 MACD에서 MACD 시그널을 뺀 값이다. 참고로 MACD시그널은 MACD 9일 지수 이동평균값을 의미한다. 즉 매도시점은 MACD 오실레이터 값이 (+)에서 (−)로 바뀌는 타이밍을 의미하며 매수시점은 그 반대로 (−)에서 (+)로 전환되는 순간을 말한다. 좀 더 공격적으로 MACD 오실레이터를 해석할 경우 MACD 오실레이터 값이 고점에서 추세가 꺾이는 순간을 매도 타이밍으로 삼고, 그 반대로 저점에서 상승추세로 전환하는 순간을 매입 타이밍으로 잡으면 된다. 매매타이밍 포착에는 유리하지만 빈번한 매매신호 발생으로 투자판단을 흐리게 할 소지도 존재한다.

만약 여러분이 데이트레이더가 아니라면 MACD와 시그널 지표로 추세흐름을 가늠해 보는 것도 괜찮을 것이다. 엘리어트 파동이론과 MACD가 추세전환을 포착하는 것이라면 볼린저밴드는Bollinger Bands 추세보다는 헤지개념에 더 가깝다. 볼린저밴드는 이동평균과 표준편차를 이용하여 도출하는데, 이 기법은 주가가 상한선과 하한선을 경계로 등락을 반복한다는 사실을 밑바탕에 두고 있다. 일반적으로 좁아졌던 볼린저밴드가 확대되는 순간을 매매타이밍으로 삼는데, 밴드가 확대될 그 순간 만약 주가가 추세기준선 위에 있으면 매수신호, 추세기준선 아래에 있으면 매도신호로 본다.

한편 이동평균선은 단기 추세흐름을 파악하는 지표인데, 일반적으로 단기 이동평균선이 아래에서 위로 중, 장기 이동평균선을 급속히 뚫고 상향 돌파한다면 강력한 강세전환 신호로 받아들인다. 여러분들도 한 번쯤 들어 보았을 골든크로스가 바로 이때이다. 또한 단기, 중기, 장기 이동평균선 순으로 세 가지 선이 나란히 상승한다면 안정적인 상승국면으로 여기지만 일단 중, 장기 이동평균선의 상승추세가 상당히 진행된 후 단기 이동평균선이 더 이상 상승곡선을 그리지 않을 때에는 천정권으로 생각하고 매도 타이밍으로 해석한다. 만약 세 가지 이동평균선이 서로 혼란스럽게 뒤엉켜 있을 때에는 시장 상황이 불투명하므로 매입을 일단 보류하는 것이 정석으로 여겨지고 있다.

앞서 살펴본 기법들과는 달리 매물대 분석은 투자 포지션에 관한 고민을 담고 있다. 특정구간에서 매물벽이 두텁게 쌓여 있다면 손절매성 물량과 이익 실현 물량이 혼재한다고 볼 수 있다. 즉 매물벽 아래에 있다면 그 구간이 저항선이 되며 매물벽 위에서 투자한 경우 그 구간은 지지선이 된다. 매물대는 사후보다는 사전에 살펴보는 것이 좋다. 만약 자신이 염두에 둔 가격대가 최상위 매물구간에 속한다면 신중한 투자판단이 요구된다. 정상에 도달했다면 산을 한층 높이지 않는 한 내려가는 길뿐이다.

5. 거래량을 둘러싼 불편한 진실

국면에 따라 거래량을 둘러싼 상식들은 깨어질 수도 있다.

시장에 만연한 불편한 상식 한 가지를 깨뜨려 보자. 거래량은 주가와 함께 기술적 분석에서 빠짐없이 등장하는 주재료이다. 거래량을 동반하지 않는 상승에 우리는 의심의 눈초리를 보이며 거래량 폭발을 주가상승의 전조로 여긴다. 하지만 거래량은 보통 주가와 중립 또는 음(−)의 상관관계를 보인다. 거래량이 확대되면서 주가를 힘껏 밀어 올리는 것이 아닌 내리 누르는 경향이 진한 것이다. '이익은 소수, 손실은 다수'라는 명제는 아마 증시가 존재하는 한 불변일 것이다. 주요 우량주들이 선점된 상태에서 증시가 호황을 보인다고 대량매수에 나설 세력은 없다. 증시가 시장이라면 매매쌍방이 필요하며 매집도 한계효율성 체감법칙이 작동한다. 남은 것은 우량주 중심으로 비중을 유지하면서 구간을 만드는 작업뿐이다. 일례로 저점−상승구간은 분할매수, 상승−활황구간은 대량매도, 활황−상승구간은 분할매도, 상승−저점구간은 분할매수라는 전략이 실현될 수만 있다면 세력입장에서는 상당히 즐거울 것이다.

〈그림 8-7〉은 2003년부터 2009년 9월까지 월 코스피지수와 거래량 간의 흐름을 살펴본 것이다. 앞서 추론과 거의 비슷한 모습을 보이고 있는데, 2007년 3월부터 2007년 10월경까지 증시가 뚜렷한 활황국면을 나타날 때를 제외하고는 거래량과 지수는 대체로 비동조화 경향을 나타내고 있다. 상승 초·중반에는 거래량이 일방향보다는 등락을 보이면서 흘러가고 있다. 절대치도 활황국면보다 뚜렷이 높게 형성되고 있다. 일단 상승-활황 구간으로 접어들면 거래량이 일방향으로 수직 상승하면서 치고 올라간다. 포지션을 대량매도로 잡아도 시장흐름에 묻히는 것이다. 물론 비싼 가격에 물량을 떠안을 사람도 긴 줄을 서 있다. 같은 수량이라도 등락 구간에 풀리는 것과 대세상승 구간에 풀리는 것은 이처럼 차이가 난다.

2007년 11월부터 2008년 6월까지 활황에서 상승으로 역주행할 때 우리는 거래량이 정체된 것을 발견할 수 있다. 시장충격을 최소화하면서 분할매도를 하는 것이다. 같은 1,500~2,000포인트 구간이라도 상승-활황 구간과 활황-상승 구간의 거래량 차이가 확연히 들어온다. 일부가 아닌 전체 시기(2003년 01월~2009년 09월)를 놓고 볼 때 거래량과 주가지수는 마이너스(-) 0.35 정도의 상관계수를 내놓고 있다. 즉 두 변수 간의 동조화는 드물게 감지되는 셈이다.

〈그림 8-8〉은 2000년부터 2009년 9월까지 코스피 주가지수와 거래량 상위종목군의 거래비중을 살펴본 것이다. 시가총액 비중이 아니라는 점을 유의하길 바란다. 일반적으로 거래량 상위 30에 포함된 종목은 주가수준이 낮고 대체로 중심부에서 약간은 비켜서 있다. 추세파악을 위해 일단 2000년

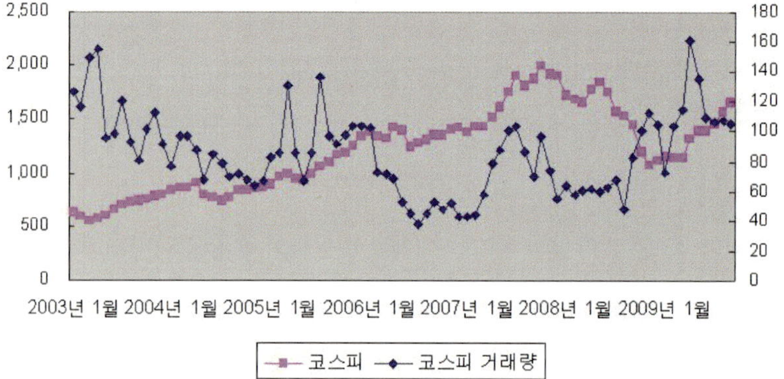

〈그림 8-7〉 코스피지수와 거래량 추이

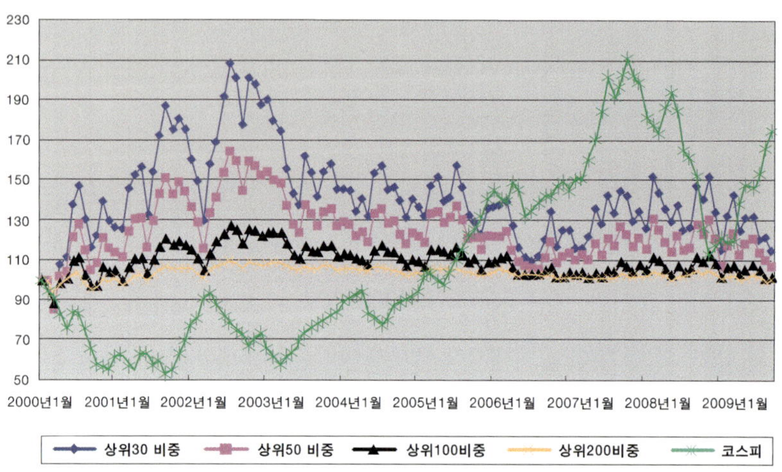

〈그림 8-8〉 코스피지수와 거래량 상위종목 거래비중(2000년 01월=100)

1월 수치를 100으로 설정하였다. 참고로 상위 50개 종목(거래량)의 거래비
중은 50~80%, 상위 100개 종목은 70~90%에 이르는 것으로 나타났다. 결
국 상위 50개 종목이 코스피로 대변되는 한국증시 거래량을 좌우하는 셈이

다. 좀 더 압축시키자면 상위 30개 종목으로 설명될 것이다. 주가지수를 거래량으로 설명하기 힘든 것도 이런 연유이다.

그래프상으로는 주가지수가 올라갈 때 대체로 거래량 비중은 떨어지고 주가지수가 내려갈 때 등락을 보이면서 올라가는 모습을 띤다. 변수들 간의 상관관계도 이런 추론을 지지하고 있다. 코스피와 상위 30개의 상관관계는 마이너스(−) 43으로 나타났으며 상위 50개와 상위 100개는 마이너스(−) 42 정도로 비슷한 수치를 제시하고 있다. 한편 상위 200개는 마이너스(−) 28로 조사되었다. 위 결과는 상위 30개에서 거래량을 확대하면서 주가지수를 누를 때 상위 50개와 상위 100개는 비슷한 강도로 코스피를 압박하며 그 외 상위 100개(101~200) 종목들이 물밑에서 해소작업을 벌인다고 볼 수 있다. 코스피로 보면 많은 거래량을 수반한 종목들은 실없이 변죽만 울리는 셈이다.

6. 가치적 한국, 기술적 한국인

한국사회를 보는 관점에 따라 투자기법의 선택이 뒤바뀔 수 있다.
다만 그 관점은 개인이 아닌 사회 전체가 전환될 때 유효할 것이다.

증시와 펀더멘탈Fundamental, 경제기초이 무관하다는 말은 조금 성급한 주장 같다. 정도의 차이는 있지만 미국, 독일, 영국, 홍콩 같은 선진국증시이든 이들을 바짝 뒤쫓고 있는 한국, 대만, 남아프리카 공화국 같은 곳이든 일정 수준에서 펀더멘탈을 반영하고 있다. 심지어 중국, 러시아, 인도 등과 같은 신흥증시도 대세는 펀더멘탈에 따라 좌우될 때가 흔하다. 주식시장이 머니게임 장소임을 부인할 만큼 순진한 독자는 없을 것이다. 하지만 적어도 돈은 배팅을 할 만한 곳에 흐르고 몰린다. 가치가 제로인 투자 대상은 없다. 관심을 보이면 그 순간 가치는 생성되는 것이다.

다만 시장이라는 공간을 통하여 가치가 평가되고 거래가 이루어짐에 따라 다양한 요인들이 개입되는 것이다. 일례로 투자자 성향, 유동성, 정책방향 등에 따라 주가는 자주 일탈하게 되고 그 틈을 '기술'이 파고든다. 가치가 진정한 방향성을 제시하지 못한다면 투자자는 방향성 자체를 놓고 투자하게 된다. 그 결과 선물, 옵션과 같은 파생상품이 각광을 받게 된다. 파생상품은 위험헤지로부터 나와 방향성 속에서 살아가고 있는 셈이다. 펀더멘탈이 증시의 중심을 굳건히 지킨다면 투자자는 확률을 좀 더 확실성으로 몰고 갈 수 있으며 기다림의 여유도 배울 것이다. 80~90% 확률로 5년 후 두 배의 수익을 실현할 수 있다면 20~30% 가능성을 가진 1년 후 30% 수익률보다 더 선호될 것이다. 문제는 투자가치가 표류함에 따라 확률과 수익성 모두 흔들린다는 데 있다. 주식시장에는 확실한 것과 신뢰할 만한 것은 더 이상 존재하지 않는다고 투자자들이 믿기 시작할 때 투자패턴은 짧아지고 한탕주의가 만연하게 된다.

골드만삭스는 2050년 통합한국의 국내총생산GDP이 일본, 독일, 영국을 넘어서 세계 7위로 도약할 것이라 전망하였다. 남북한 통일이라는 전제조건이 붙어 있지만 해외투자자 입장에서 배팅할 만한 재료는 마련된 셈이다. 또한 G2로 자리매김하고 있는 중국이 옆에 있으며 자원대국 러시아와 충분한 소비시장 일본도 곁에 있다. 현실적으로는 손에 잡히는 황금이고 차후는 블루오션이 될 가능성도 있다. 해외투자자들이 한국에 눈독을 들이는 것은 당연하다. 또한 중국과 달리 여차하면 썰물처럼 빠져나갈 통로도 다양하며 전쟁을 제외한 비체계적 위험도 상당히 낮은 편이다. 해외투자자에게 '한국'은 다방면으로 매력적인 시장이며 축적된 투자경험도 충분하다. 자칫 존재할지 모를 폭탄만 제거하면 된다. 우량 대형주에 몰리고 있는 힘의 역학관계를 통해 사전 정지작업이 이미 마무리된 것을 유추할 수 있다. 쉽게 말해 '주가' 가 아닌 '비중' 으로 이익 창출의 기반을 마련해 둔 것이다. 확실할 것 같은 수익과 신뢰할 만한 경제지표를 놓고 기존 지형을 뒤흔들 돌발사태만 주시하면 된다. 외국투자자에게 시간은 돈이며 든든한 아군인 셈이다.

그럼 그 반대편에 놓인 국내 투자자는 어떠할까? 살 만한 주식은 모두 선점된 상태이며 보유비중을 높이기에는 그 비용이 만만찮다. 장밋빛 미래를 노래하지만 그게 자신의 것 같지는 않다. 씁쓸한 과거 경험도 이를 뒷받침해 준다. 한때 중국과 같이 8% 이상의 고성장을 이룩한 시기도 있었지만 그게 손안의 이익으로 들어온 것 같지도 않다. 현재는 항상 불안하고 돈은 넘쳐 난다는데 손안에 가진 것은 별로 없다. 통일을 말하지만 아직은 전쟁의 공포가 더 큰 것이 사실이다. 도망갈 구멍도 마땅찮고 유일한 탈출구는 로또와 증시 그리고 체념뿐이다.

긴 호흡으로 증시를 바라볼 환경이 아니며 항상 쫓기는 뜻한 심리적 압박감에 직면해 있다. 이방인에게는 가치적인 한국이 그 속에서 숨 쉬는 한국인에게는 쓰레기로 보이는 것이다. 따라서 기회만 있으면 떠나려고 하고 능력만 되면 한 다리는 다른 영역에 걸치려고 한다. 국가와 국민이라는 것에 회의를 품은 사람들에게 한국증시의 미래는 밝고 아름답다고 떠들어 보아도 소용없다. 먹고 튀는 것이 유일한 대안이 된다. 슬픈 현실이지만 중장기 투자와 가치 투자에 대한 해답은 증시가 아닌 사회에 있는 것이다. 그 해답이 눈에 들어오지 않는 한 '가치적 한국과 기술적 한국인' 이라는 테제는 2050년이 되더라도 지워지지 않을 것이다.

9장

다수는 소수보다 아름답다

1. 마코위츠^{Markowitz}의 후예들

1952년 마코위츠^{H. Markowitz}가 16페이지에 불과한 「포트폴리오의 선택 Portfolio Selection」이라는 논문을 발표하기 전, 대부분의 투자이론은 묶음이 아닌 개별적 접근방법을 택하였다. 즉 투자대상의 가치발굴을 통한 수익 확대에 집중되었으며 위험은 한편에 처박혀 있었다. 지금은 당연시되고 있는 위험과 수익의 상호 관계는 아직 정립되지 않았으며 금융공학은 희귀한 미래의 창조물이었을 뿐이다.

이제는 고전이 되어 버린 그의 명저 「포트폴리오의 선택」은 다음과 같은 첫 문장으로 시작한다. '포트폴리오 선택과정은 두 단계로 나누어진다. 첫 단계는 관찰과 경험으로부터 시작하여 이용 가능한 증권들이 안겨 줄 향후 성과에 대한 믿음으로 끝난다. 두 번째 단계는 미래성과에 대한 믿음으로 시작해 포트폴리오 선택으로 마무리된다. 본 연구는 두 번째 단계와 관련된 것

이다.' 위 문장을 통하여 관찰과 경험에 머문 당시 투자환경을 선택의 문제
로 전환하고자 했음을 느낄 수 있다.

마코위츠는 투자자들이 최대 수익률이 기대되는 종목만을 선택할 것이
라는 세간의 생각은 올바르지 않다고 보았다. 투자자들은 최대수익률과 함
께 그것이 실현될 확률 역시 관심을 가질 것이며 따라서 최대수익률과 그것
이 실현될 가능성이 높은 어쩌면 상충될지도 모를 두 조건을 만족시키는 조
합을 찾기 위해 노력할 것이라고 생각했다. 이 개념을 토대로 최저의 위험으
로 최고의 이익을 실현할 적정 포트폴리오 선택문제가 도출된 것이다. 참고
로 실현될 가능성, 즉 확률은 100% 확실성이 아닌 미지의 불확실성을 의미
하며, 증시는 이를 위험으로 간주한다. 이런 논리로 포트폴리오 조합이 가진
투자 위험성은 분산 또는 표준편차로 측량된다. 일반적으로 불확실성이 확
대되었다는 말은 분산 또는 표준편차가 증가하였다는 말로 해석해도 될 것
이다. 불확실성 개념은 5장에서 이미 살펴본 주제로 더 이상의 언급은 생략
하기로 한다.

하지만 이론적 우수성에도 불구하고 마코위츠의 포트폴리오 선택모형
은 방대한 계산과정이라는 현실적 장애가 존재하였다. 일례로 마코위츠 모
형을 분산-공분산 모형이라고도 칭하는데, 만약 그의 모형에 따라 100개
종목으로 포트폴리오를 구성할 경우 100(100-1)/2, 즉 4,950개의 공분산
계산이 필요하다. 그 종목 수를 200개로 확대한다면 근 2만 개의 공분산이
도출되어야 하는 것이다. 여기서 끝나는 것이 아니라 최적 포트폴리오를 도
출하려면 수많은 조합을 생각해야 되고 그 계산량은 상상을 초월할 것이다.
물론 현대는 컴퓨터로 간단히 산출되지만 그 당시는 집채만 한 슈퍼컴퓨터

를 돌려야만 가능하였다. 이 문제에 대한 돌파구는 마코위츠가 논문을 발표한 날로부터 11년이 지난 1963년 샤프W. F. Sharp에 의해 마련되었다. 그는 자산수익률을 포트폴리오 전체가 아닌 시장수익률과의 관계로만 설명하는 단일지표 모형을 제시하여 포트폴리오 선택문제를 단순화시켰다. 이를 통해 증권시장선, 자본자산가격결정모형CAPM, 다인수모형APT, 베타계수, 체계적 위험, 비체계적 위험이라는 우리에게도 익숙한 개념들이 등장하였으며 증시는 한층 풍부해졌다.

단일지수모형은 인덱스 펀드를 탄생시켰는데, 인덱스 펀드는 시장평균수익률 정도를 목표로 하는 방어형 펀드로 가장 무식한 방법은 종합지수에 포함된 대부분의 종목들로 그 시장비중에 맞추어 포트폴리오를 구성하는 것이다. 하지만 거래와 관리비용을 감안할 때 현실성이 없다. 따라서 시장비중이 높은 대표종목들로 포트폴리오를 구성하여 그 베타가 1이 되도록 조정하면서 벤치마크 지수를 추적하도록 관리하는 기법을 택하고 있다. 대부분의 인덱스 펀드들이 상기 개념에 따라 운용되고 있지만 가끔 추적오차가 확대되어 시장수익률과 일정한 괴리를 보이는 경향이 있다. 베타는 1에 근접하게 설정되었지만 잔차분산(비체계적 위험)이 의외로 확대된 결과이다.

인덱스 펀드와 쌍벽을 이루는 액티브펀드Active Fund는 시장수익률을 추적하는 것이 아니라 이를 능가할 수 있다는 신념에서 출발하였다. 단일지수모형보다는 마코위츠 모형에 더 충실한 개념이라고 볼 수 있다. 하지만 의욕과 달리 현실적 결과는 그리 이상적이지 못한데, 시장보다 더 똑똑한 펀드매니저가 드물기 때문이다. 무한대로 숫자를 확대하면 짝수와 정수 집합이 같은 크기를 가질 수 있지만 펀드운용 기간은 무한대가 아니며 또한 환매압력도 존재한다. 액티브펀드는 그 말처럼 액티브하게 수수료만 잡아먹고 손실 확대로 끝날 가능성이 높다. IT버블이 포함된 1995~2004년까지 미국 펀드 수익률을 조사한 결과, 5년 수익률의 경우 46% 정도의 액티브펀드가 인덱스 펀드 수익률을 앞서갔지만 10년으로 그 평가기간을 확대할 경우 20% 전후로 떨어졌다. 액티브펀드에 긍정적인 버블이 존재했음에도 말이다.

2. 잘못된 출발,
자본자산가격결정CAPM 모형

간결하고 아름답지만 그것이 진실을 담보하는 것은 아니다.

자본자산가격결정모형Capital Asset Pricing Model: CAPM은 1952년 마코비치Markowitz가 제시한 포트폴리오 선택이론에 토빈의 분리정리가 결합된 형태로 세상에 그 모습을 드러내었다. 샤프를 주축으로 모이슨Mossin, 린트너Lintner에 의해 이론 체계가 잡혀 갔는데, 1980년대 이후에는 수많은 비판에 직면하고 있다. 다만 그 이론의 간결성과 적용상의 편의로 여전히 사랑을 받고 있으며, 이론과 실무를 떠나 투자세계의 핵심골격을 이루고 있다.

참고로 토빈의 분리정리는 위험선호도에 따라 시장포트폴리오(위험자산)와 무위험자산에 투자하는 비율이 다르다는 것을 일컫는데, 일례로 위험 선호자는 위험을 적극적으로 안는 대신에 높은 기대수익률을 바랄 것이다. 그 결과 그의 투자전략은 시장포트폴리오 비중은 높이고 무위험자산 비중은 낮추는 형태로 나타난다. 반대로 위험 회피자는 위험수준을 낮추기 위해 무위험자산 비중을 높이고 시장포트폴리오 비중은 낮추는 방향으로 결정할 것이다. 토빈의 분리정리는 포트폴리오 선택문제와 연결되어 자본시장선을 도출하게 된다.

그럼 다시 CAPM 모형으로 돌아가서 앞서 논리를 연결하도록 하자. CAPM 모형의 매력은 평균과 분산이라는 두 인수만으로 균형가격이 어떻게 결정될지를 설명하는 데 있다. 균형가격이란 완전경쟁시장에서 수요와 공급이 일치되는 가격을 말하는데, 자본자산가격결정모형에 의하면 어떤 자산의 기대수익률은 체계적 위험과 선형적 관계를 가지며 투자자가 체계적 위험에 비해 기대수익률을 높게 요구할 경우 주가는 상승하고 그 반대로 기대수익률을 낮게 가져가면 주가는 하락한다고 본다. 자칫 주식시장을 위한 모형이라는 오해를 불러일으킬 소지도 있지만 투자대안 선택문제에 더 적합한 면이 있다.

한편 기대수익률은 실현된 평균 수익률을 말하며 위험은 수익률의 변동성을 뜻한다. 흔히 위험의 크기는 분산, 표준편차로 재단하며 분산(또는 표준편차)이 크다는 것은 해당 자산의 투자위험이 높다는 뜻으로 해석될 수 있다. 변동성이 어떤 모습을 띠고 그 의미가 무엇인지는 제6장을 통해 이미 살펴보았다. 그러므로 더 이상 논의를 확대하지는 않는다. 대다수는 현실화된 포트폴리오 개념을 펀드를 통해 접하고 이때 기대수익률은 펀드 구성종목의 기대수익률을 투자비율로 가중한 값이 된다.

포트폴리오에 포함될 종목 수를 무한대로 확장할 경우 포트폴리오 분산은 공분산에 근접하게 되며, 비체계적 위험은 제거되고 체계적 위험만 남는다. 체계적 위험은 포트폴리오 구성종목 수를 아무리 증가해도 줄어들지 않는 위험을 말하는데, 인플레이션, 경기변동 등과 같이 증시 자체에 공통적으로 영향을 미치는 요인에 위한 위험으로 설명될 수 있다. 이에 반해 비체계적 위험은 특정종목, 업종에 국한된 위험으로 제품주기, 경영층의 도덕불감증, 신용등급 하락, 실적악화 등으로 표현될 수 있으며 분산투자로 그 위험을 제거할 수 있다.

흔히 투자펀드가 내놓은 운영실적이 시장수익률에도 못 미치는 경우가 있다. 본질적으로는 종목선택 실패가 가장 크겠지만 그 외 투자원칙을 위반한 포지션, 불충분한 분산 등도 영향을 미쳤을 것이다. 주식형, 혼합형, 채권형, 국제형 등으로 구별된 계열적 특성도 상품 간 그리고 시장 간 헤지를 상당히 제약하며 체계적 위험에 대한 대처능력을 떨어뜨린다. 그 결과 증시폭락에는 더 폭락하고 폭등에는 덜 폭등하는 만연적 병폐가 생겨난다.

자본자산가격결정모형을 언급할 때면 약방의 감초처럼 등장하는 것이 바로 자본시장선CML과 증권시장선SML이다. 자본시장선은 시장포트폴리오와 무위험자산의 결합으로 나타나는데, 자본시장선상의 모든 포트폴리오는 다른 어떤 포트폴리오보다 낮은 위험수준하에 높은 수익률을 보장한다. 다시 말해 투자자들이 자본시장선상의 어떤 포트폴리오를 택하든 위험을 부담하는 대가로 얻는 위험 프리미엄 크기는 비례하며, 자본시장선의 기울기는 곧 위험 프리미엄이 된다. 흔히 위험의 시장가격Market Price of Risk이라는 용어로 불린다.

〈그림 9-2〉는 정규분포에 가깝게 무작위로 10개 종목을 생성하여 효율적 투자기회선을 그려 본 것이다. 세 가지 제약조건에 따라 조금씩 차이를 보이지만 표준편차, 즉 투자위험이 증가할수록 수익률은 상승한다는 원칙은 일관성 있게 관찰되고 있다. 참고로 〈그림 9-2〉 하단은 설명상의 편의를 위해 도출해 본 것으로 제약조건에 따른 포트폴리오 성과우위는 불분명하다.

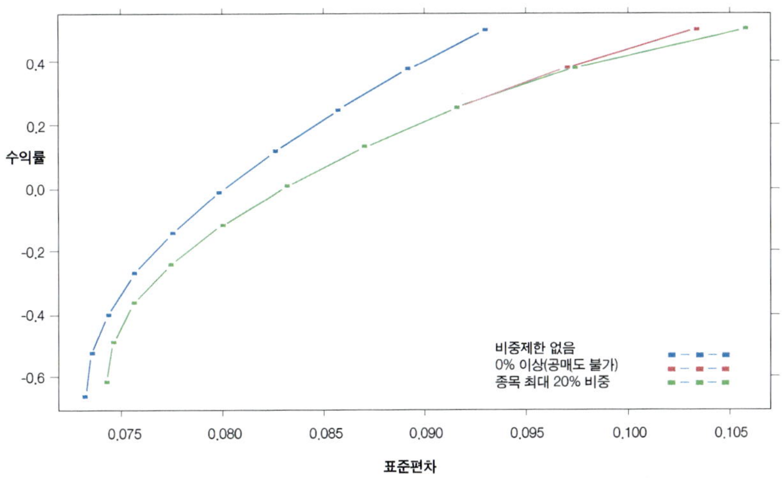

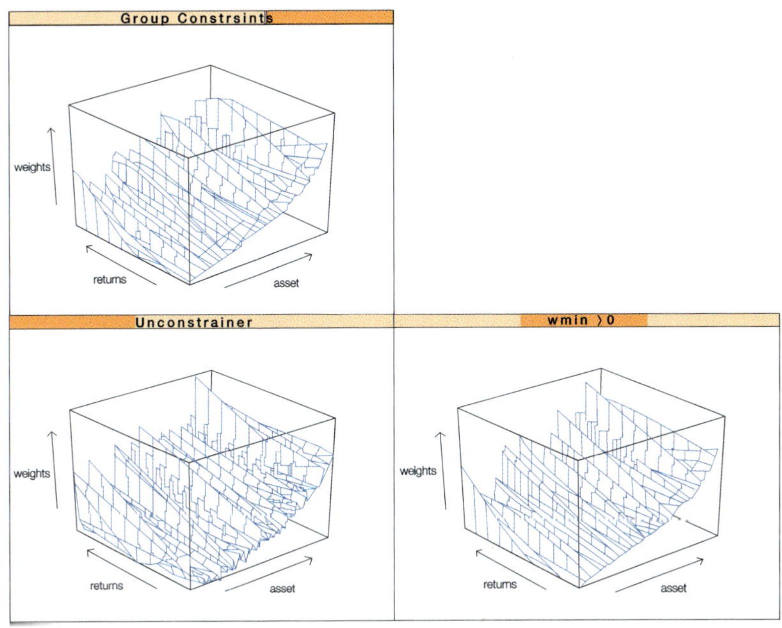

〈그림 9-2〉 제약조건에 따른 효율적 투자기회선 차이

다만 동일한 종목을 한 바구니에 담아 최적 포트폴리오 비중을 산출할 때 제약조건을 어떻게 두는지에 따라 그 추론 결과는 달라질 수 있다는 점은 기억하길 바란다. 또한 같은 조건하에서 포트폴리오를 구성해도 공매도가 가능한 기관투자자와 불가능한 개인투자자의 투자기회선이 다를 수 있다는 점 역시 염두에 두면 좋을 것이다.

증권시장선SML은 자본시장선을 좀 더 단순화시킨 것으로 포트폴리오가 아닌 시장 전체를 두고 위험과 수익 간의 관계를 살펴본 것이다. 즉 총위험은 시장 전체의 수익률 변동으로 표현되며 이때 비체계적 위험은 사라지고 체계적 위험만 남게 된다. 이 체계적 위험을 베타라고 부르며, 베타계수는 1이 된다. 베타계수로 투자종목의 시장민감도를 가늠해 보는 것도 이런 논리에 따른 것이다. 베타계수가 1보다 크면 시장보다 그 수익률 변화가 민감한 것이고 1보다 작다면 상대적으로 무딘 것으로 해석할 수 있다. 흔히 침체기에는 베타계수가 1보다 작은 방어형 종목, 상승기에는 1보다 큰 공격형 종목이 주목을 받는다. 참고로 베타계수도 시간이 흐름에 따라 변화하는 특성이 있으며, 메릴린치Merrill Lynch는 (표본베타*2/3)＋(시장베타 1*1/3)로 조정한 값을 사용하고 있다. 일례로 삼성전자의 베타 값이 1.2라면 메릴린치 조정베타는 (1.2*2/3)＋(1*1/3)로 추정된 1.13 정도가 된다. 끝으로 무위험자산이 존재하지 않을 경우 샤프의 CAPM 모형은 적용하기 힘든데, 1972년 블랙Black은 이에 대한 보완책으로 인플레이션이 조정된 시장 포트폴리오와 자산수익률을 이용하여 실질수익률 버전의 CAPM 모형을 도출하기도 했다.

3. 펀드시장 그 속 펼쳐 보이기

증시가 상승하면 주식형 펀드로 자금이 몰리고 적립식에서
거치식으로 흐름이 전환될 때 대개 그 마지막 불꽃을 피운다.

각개 격파로 움직이던 한국증시가 IMF와 세계화, 신자유주의, 글로벌
스탠더드라는 개념을 거치면서 밀집 대형으로 움직이고 있다. 아직은 직접
투자가 주도권을 잡고 있지만 뚜벅거리며 보조를 못 맞추던 간접투자가 어
느덧 안정감을 더하고 있다. 1997년 94조에 불과하던 펀드 설정잔액은 10년
후 296조 원으로 3배 이상 확대되었으며, 2008년에는 361조 원으로 훌쩍 도
약했다. 비록 2008년 글로벌 금융위기를 거치면서 감소세로 돌아섰지만
2009년 9월 말 현재 여전히 340조 원 정도가 설정되어 있다. 참고로 2001년
7조 원 정도에 불과했던 주식형이 증시활황을 바탕으로 2007년 116조 원까
지 확대되었으며 2008년에는 140조 원으로 치솟았다.

MMF는 2001년 35조 원에서 2007년 47조 원으로 소폭 성장에 그쳤다.
2006년과 비교할 경우 오히려 10조 원 정도 빠진 것 같다. 주식시장이 샴페
인을 터트린다면 MMF에서 증시로 자금들이 유입됨을 알 수 있다. 이런 추

론은 증시가 침체기로 떨어진 2008년, 전년보다 2배 이상 확대된 MMF 수치로 재확인될 수 있다. 증시가 활황을 보일 때는 주식시장으로 유입된 자금들이 일단 침체로 돌아서면 썰물처럼 빠지면서 MMF로 몰리는 것이다. 특히 상승장보다 하락장에서 그 추이가 뚜렷이 관찰된다. 펀드시장이 확대됨에도 혼합형과 채권형은 2001년보다 오히려 위축되고 있는데, 이는 장기 저금리 기조와 주식시장 활황으로 매력도가 떨어졌기 때문이다. 원자재, 부동산으로 대변되는 기타 펀드상품도 꾸준히 확대일로를 걷고 있으며 2009년 3분기 현재 60조 원을 넘어서고 있다.

2007년 펀드시장에 나타난 지각변동은 아무래도 차이나펀드를 중심으로 한 해외펀드 투자열기일 것이다. 2007년 1월 10조 원 미만에 머물던 해외펀드가 2007년 7월 30조 원을 돌파했으며 2007년 말에는 50조 원 가까이 확대되었다. 서브프라임 모기지 사태로 글로벌 증시가 위태위태한 가운데 2008년 6월 61조 원 정도를 기록하며 정점에 도달하였다. 리만브라더스 파산으로 투자환경이 급랭했지만 여전히 50조 원대를 유지하며 국내형과 더불어 주식형 펀드시장을 양분하고 있다.

한편 2007년부터 2009년 상반기까지 국내 주식형 펀드 자금 유·출입 현황을 살펴보면 국내·외 펀드를 불문하고 증시가 상승할 때 자금이 유입됨을 알 수 있다. 또한 버블 붕괴 직전 자금유입이 최고조에 달한다는 점 역시 관찰할 수 있다. 적립식에서 거치식으로 넘어가는 시기, 즉 뭉텅이 자금이 펀드로 유입되는 그 순간 증시는 화려한 불꽃을 피우며 내리막길로 향한다는 역시 〈그림 9-5〉를 통해 지켜볼 수 있었다. 정보비대칭 효과로 자금이 크게 왔다 갔다 하는 경향은 국내보다 해외가 더 강한 것 같으며 정작 움직여야

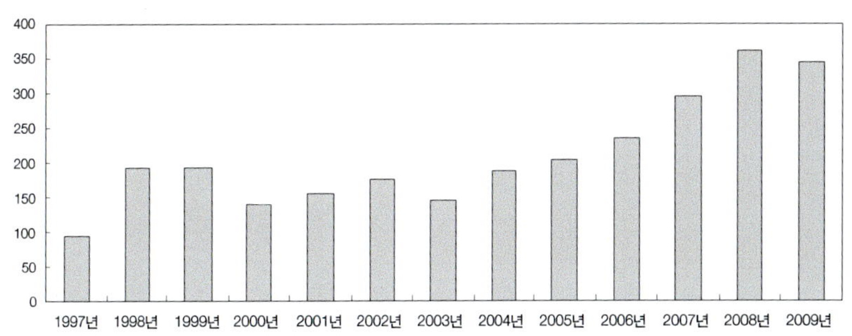

〈그림 9-3〉 연도별 설정펀드 잔액추이

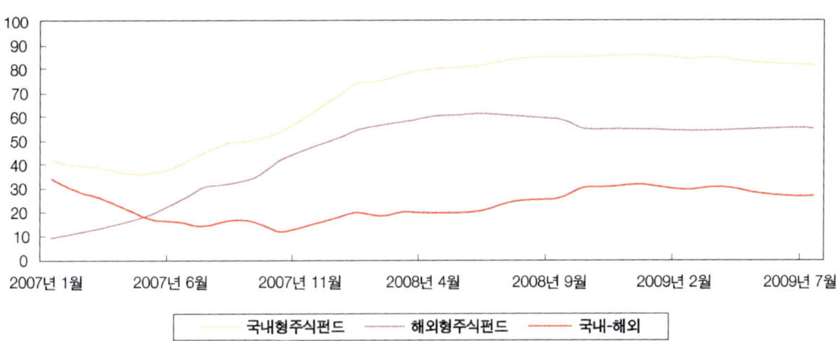

〈그림 9-4〉 국내외 주식형 펀드 설정액 추이와 그 차이

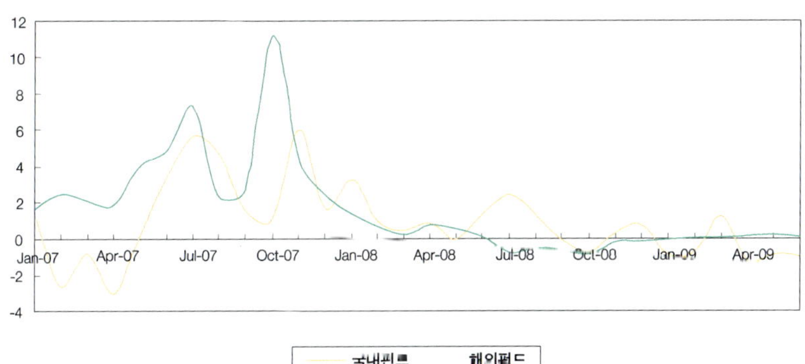

〈그림 9-5〉 국내외 주식형 펀드 자금 유출입 현황

할 때는 큰 파도 없이 잔잔한 해수면을 그렸다.

〈그림 9-6〉은 국내외 주식형 펀드를 대상으로 월별 설정원본 대비 자산총액 비율을 살펴본 것이다. 주식형 펀드시장 전체를 놓고 본 펀드 투자수익률 추이를 의미하는데, 2007년 10월 국내 주식형과 해외 주식형은 각각 39%와 50%의 수익률을 기록했던 것으로 나타났다. 물론 개별펀드로 들어가면 이보다 월등한 펀드도 있을 것이고 또한 열등한 운용수익률을 기록한 펀드도 존재할 것이다. 시장 전반을 놓고 볼 때는 대체로 〈그림 9-6〉과 같은 추이를 보이고 있다. 2007년 10월을 기점으로 수익률 상승세는 급격히 무너졌으며 2008년 10월부터 2009년 4월까지 그야말로 암흑의 통로를 헤매었다. 2009년 5월부터 약간 개선된 모습을 보였지만 2009년 7월 말 현재 여전히 마이너스(-) 13%와 마이너스(-) 26% 수준을 기록하고 있다. 암흑의 터널에서 섣부른 환매로 막대한 손실을 기록한 투자자도 있을 것이고 간간히

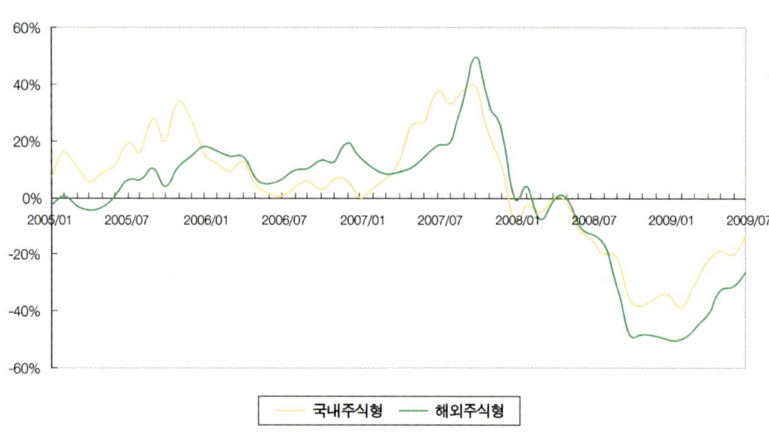

〈그림 9-6〉 국내외 주식형 펀드 투자수익률 추이

추가불입을 통해 손실 폭을 축소한 투자자도 더러 존재할 것이다. 국내외 증시가 회복세를 지속한다면 2010년경에는 플러스(+)로 전환될 가능성도 있지만 긴 인고의 세월에 대한 대가치고는 그 희망이 소박해 보인다.

〈그림 9-7〉은 2004년부터 2008년까지 분기별로 자산운용사의 재무 안정성을 살펴본 것이다. 펀드 투자자는 수수료를 지불하고 운용회사에 자금을 위탁한다. 자산운용사는 위탁받은 자금을 포트폴리오 투자를 통하여 운영하며 그에 대한 대가로 수수료를 수취한다. 즉 펀드 투자자는 이익에 대한 권한과 손실에 대한 의무를 지며 운용회사는 수수료를 획득할 권한과 자금을 운용할 의무가 발생하는 것이다. 쉽게 말해 펀드 투자자는 권한과 의무 양쪽에서 돈이 연관되지만 돈 문제에 관해서 운용회사는 100% 수익을 얻을 권한만 존재하는 셈이다. 여기서 펀드가 가진 원천적인 한계가 표출되지만 그것이 펀드 자체의 오류는 아니므로 이 정도에서 논의는 접도록 한다.

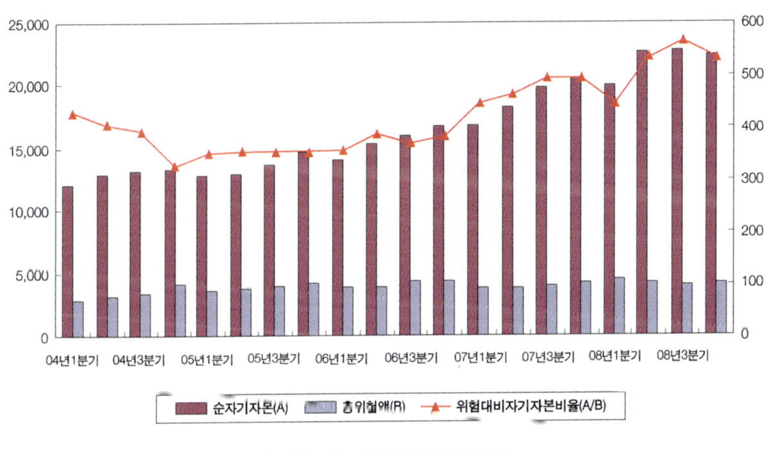

〈그림 9-7〉 자산운용업 재무신뢰도

대체로 폐쇄형 펀드는 매도를 통하여 개방형 펀드는 환매를 통하여 이익이 현실화하는데, '펀드운용사가 망하면 내 돈은 어떻게 되지?' 라는 의문도 제기될 수 있다. 펀드는 기본적으로 예금자 보호와 원금보장이 안 되지만 중간 단계에 놓인 기관들이 상호 보증을 통하여 펀드자산에 대한 안전성은 확보해 둔다. 다만 환매에 일정한 제약이 가해질 가능성을 배제할 수는 없다. 원하는 타이밍에 매수 또는 환매가 제대로 이루어지지 않는다면 그 자체가 바로 투자 리스크일 것이다. 동일 조건이라면 우수한 재무상태를 보이는 회사가 좋을 것이지만 시황에 따라 전체 자산운용사의 재무신뢰도가 크게 출렁이는 것 같지는 않다.

끝으로 한국 펀드시장에 관한 몇 가지 특징을 결론지으면 엿보기는 이쯤에서 마무리할 생각이다. 첫째, 펀드가 현실적 투자대안으로 이미 제 위치를 잡았으며 과거로 거슬러 가지는 않을 것이라는 점이다. 둘째, 주식형 펀드가 대세로 채권형과 혼합형은 퇴조를 보인다는 사실이다. 또한 주식형 펀드와 MMF를 놓고 시황에 따라 상호 위치를 바꾸는 경향이 있으며 하락장에서 MMF로의 자금이동이 뚜렷이 감지되었다. 셋째, 2007년부터 해외펀드가 주식형 펀드의 양대산맥으로 부각되었으며 정보비대칭 효과로 투자효율성이 국내펀드보다 떨어진다는 것도 관찰할 수 있다. 해외증시에 대한 체계적 정보루트 개발이 필요하다고 생각된다. 넷째, 국내외 펀드를 불문하고 상승기에 자금이 유입되고 있으며 적립식에서 거치식으로 투자자들이 말을 갈아타는 그 시기가 바로 비중 축소를 고려할 적정한 타이밍이라는 사실이다.

4. 다크호스, 상장지수펀드^{ETF}

국내에서는 ETF^{Exchange Trade Fund}를 상장지수펀드로 부르고 있는데, 그 기초개념은 인덱스펀드와 동일하다. 신비주의를 좀 풍겨서 그렇지 사실 그 구조는 상당히 단순하다. 국내에서 ETF 성장이 미진한 이유도 초기 단계에서의 이런 잘못된 마케팅 방향이 주효한 것 같다. 쉽게 말해 ETF는 특정 지수와 섹터 등의 움직임을 추적하도록 인덱스펀드를 구성하여, 이를 매매 가능하도록 상장시킨 것이다. 자유로운 매매를 보장한 측면에서 폐쇄형 펀드와 그 궤를 같이한다. 결국 ETF는 인덱스 펀드와 폐쇄형 펀드의 장점을 복합적으로 추출한 상품으로 국내와 달리 해외에서는 탄탄한 자기만의 영역을 구축하고 있다.

전 세계적으로는 7,000억 달러 이상의 자금이 운용되는 것으로 추산되고 있으며 미 증시 일 거래량의 1/3 정도를 ETF가 점하는 것으로 알려진다. 국내에서도 40개 정도의 ETF상품이 거래되고 있으며 그 대상도 국내지수와 섹터 이외에 홍콩H주, 일본, 브라질, 브릭스 등과 같은 해외지역도 커버하고 있다. 2009년 8월 말 현재 시가총액은 3.8조 원 정도이며 등락은 있지만 일 거래대금은 최소 500~최대 2,000억 원대로 형성된다. 2009년 코스피 일 평균거래대금이 4.5~7.7조 원 수준임을 고려할 때 아직은 걸음마 단계에 불과하다.

한편 인덱스펀드처럼 ETF도 투자자 입맛에 맞게 다양한 상품군을 구성할 수 있는데, 기초자산에 따라 주식과 채권을 토대로 한 일반적 형태 이외에 특정지역, 산업섹터, 그룹, 테마 등을 대상으로 한 스타일 ETF를 구성할 수도 있고 금, 석유, 구리 등과 같은 원자재 ETF도 존재한다. 한편 이들을 상호 결합한 혼합형도 있을 수 있다. 운영 면에서는 흔히 접하는 지수 추적형을 제하고 공격적 운영을 보이는 액티브 ETF, 파생상품을 가미한 레버리지 ETF, 추적지수가 하락하면 오히려 수익이 발생하는 지수역행 ETF 등이 있을 수 있다.

그럼 효용성과 장·단점을 중심으로 ETF가 투자자에게 어떤 의미를 던져 주는지 살펴보기로 하자. 우선 인덱스펀드와 ETF 차이를 명확히 할 필요가 있다. 이 둘에 대한 구분 그 자체가 인덱스펀드에 가입할 것인지 아님 ETF에 투자할 것인지를 판가름할 것이다. 실무적으로 변형이 일어날 수도 있지만 인덱스펀드 상품설계의 주목적은 지수추적이다. 이 점에서는 ETF와 별 차이점이 없다. 하지만 인덱스펀드는 지수추적을 넘어서 대개 플러스 알파전략을 구사한다. 그 결과 트레킹 에러^{Tracking Error}, 즉 지수추적 오차가 ETF보다 확대되는 것이 보통이다.

인덱스펀드는 종종 샌드위치 형태로 짓눌리는 시장압력을 받는다. 뒤에서는 ETF가 바짝 다가오고 앞에서는 공격적인 액티브펀드가 길을 가로막고 있다. 설상가상으로 벤치마크 지수도 쫓아가기 힘든 상태라면, 즉 시장수익률을 하회한다면 상품 그 자체의 존재의의가 없어진다. 따라서 펀드매니저는 시장수익률을 조금 상회하는 것을 목표로 플러스 알파전략을 짜게 되는 것이다. 여러분이 가입한 인덱스펀드가 시장수익률과 뚜렷한 격차를 보인다면 이는 플러스 알파전략의 실패로 이해하면 될 것이다. ETF는 기초자산의 순자산가치NAV가 실시간으로 확인이 가능하기 때문에 시중 펀드보다 투명성이 높으며 ETF에 포함된 종목들을 확인하면서 또 다른 투자전략을 구사할 수도 있다.

운용전략이 아닌 세부적인 구조로 인덱스펀드와 ETF를 비교해 보면, EFT는 주식과 같은 거래상품으로 환매제한이 없으며 원하는 가격에 장중에서 매매가 가능하다. 또한 펀드보다 빠른 셋째 영업일에 매도자금을 찾을 수 있어 자금회전율을 높일 수도 있다. 투자이익 면에서 ETF는 지수가 상승할 때 기대되는 자본이익뿐만 아니라 ETF에 편입된 개별종목에서 나오는 배당금과 대차거래에 따른 추가수익도 기대할 수 있으며 신용거래도 가능하다. 세제 측면에서 주식과 달리 증권거래세가 면제된다는 장점도 있다. 다만 ETF 역시 뮤추얼펀드보다는 낮지만 일정한 운용보수를 지불하여야 한다. 지불형태는 인덱스펀드와 달리 ETF가격 그 자체에 산정·포함되어 있다. 쉽게 말하자면 부가가치세 형태로 상품가격에 세금이 포함된 것과 같은 이치이다.

앞 단락에서 ETF는 폐쇄형 펀드 특성도 가지고 있다고 했는데, 그럼 폐쇄형 펀드와 ETF의 본질적 차이는 무엇일까? 시장에서 자유롭게 매매 가능하다는 점에서 ETF는 폐쇄형 펀드와 별 차이점이 없다. 하지만 폐쇄형 펀드는 운영 면에서 특정지수를 추적하는 인덱스펀드와 달리 공격적 운영전략을 보인다. 액티브펀드보다 훨씬 공격적일 수 있고 장기투자 성향을 보인다. 한편 ETF는 순자산가치와 거의 동일한 움직임을 보이는 데 반하여 폐쇄형 펀드는 순자산가치 대비 할인된 가격으로 거래가 이루어진다. 혹자는 저평가된 상태야말로 투자타이밍의 핵심요소라고 잘못 해석할 수도 있는데, 이것이 일시적 현상이라면 그런 관점도 일부 가능하다. 하지만 구조적 저평가는 냉정하게 보아 투자매력이 낮다는 것을 의미한다. 간단히 말해 ETF는 투자자가 적정가격으로 매매할 수 있는 데 반하여 폐쇄형 펀드는 그것이 쉽지 않다.

이상과 같이 ETF는 일반펀드보다 상당히 매력적인 구석이 많다. 다만 빛이 있으면 어둠이 있듯이 ETF도 치명적인 단점이 있다.

첫째, 자유로운 매매로 펀드가 가진 특성이 무너질 수 있다. 펀드는 분산을 염두에 둔 바스켓 매매를 밑에 깔고 기대수익률은 시장수익률 또는 이것을 약간 상회하는 수준을 목표로 한다. 따라서 스캘핑과 같은 초단타매매보다는 좀 긴 호흡으로 시장을 바라보게 한다. 하지만 주식처럼 실시간 매매가 가능한 시스템은 빈번한 거래를 조장하고 수수료 부담을 누적시킬 수 있다.

둘째, 홍콩H주, 브릭스 등과 같이 해외자산을 기초로 한 경우 환율변동 위험과 함께 시차에 따른 추적오차가 확대될 수 있다. 환율이 안정적 흐름을 보인다면 지수등락에 따른 손익에 환율변동이 묻힐 수 있지만, 2008년과 2009년처럼 환율급등락 양상이 보편화될 경우 투자손익 추적에 상당한 애로가 발생할 수 있다.

　셋째, 충분한 유동성이 공급되지 않아 투자자들이 원하는 가격과 시점에 거래를 할 수 없는 상황이 초래될 수 있다. 즉 적시에 유동성공급자^{LP}들이 호가격차를 축소시키는 방향으로 시장개입을 하지 않는다면 투자자의 거래위험이 확대될 수 있다. 좋은 상품이라도 원활한 거래가 담보되지 않는다면 그 가치는 하락할 수밖에 없으며 시장의 외면을 받을 것이다.

10장

섹시한 기법, 그 유혹의 함정

화려한 기법에 숨은 내면은 의외로 단순하며 또한 그 주체가 투자자가 아닌 기계인 경우가 대부분이다. 그 길을 따라가다 보면 우리는 거래자가 될 것인가 또는 투자자가 될 것인가라는 원천적 물음에 부딪치게 된다. 하지만 그 물음은 이 글을 읽고 있는 여러분의 것은 아닐 것이다.

1. 프로그램 매매에 관해 논하다

여전히 자영농은 인력에 기대지만 대단위
플랜트농업은 씨 뿌리기에서 추수, 이삭줍기까지
모두 기계화된 과학영농으로 이루어지고 있다.

이론적으로는 현물과 선물 가격이 동일한 움직임을 보이는 것이 정상이지만 증시에 큰 충격이 가해질 경우 일순간 추세를 이탈할 수도 있고 시장상황에 따라 두 가격이 일치하지 않을 때도 있다. 투자자들이 현물보다 선물을 더 선호하면 일시적으로 선물이 현물보다 고평가되고 그 반대는 저평가된다. 차익거래는 이런 시장 간 가격 불일치 속에서 무위험 거래이익을 추구하는 전략이다.

하지만 사람이 일일이 그 많은 현물과 선물거래를 동시에 처리할 수 없으며 우리는 이를 컴퓨터에 넘겨 버렸다. 일명 프로그램 매매로 통칭되는 것이 바로 이것이다. 쉽게 말해 컴퓨터에 사전 프로그래밍된 명령에 따라 사람이 아닌 컴퓨터가 일괄적으로 매매를 수행하는 것이다. 프로그램 매매는 일반투자자보다는 대량으로 상품을 사고파는 기관투자자들이 주로 이용하는데, 보통 지수에 영향을 미칠 수 있는 15개 종목 이상을 한꺼번에 사고파는 것을 프로그램 매매로 본다.

프로그램 매도물량이 증시에 쏟아질 경우 주가지수는 떨어지는 경향을 나타내는데, 2007년 1월부터 2009년 8월 말 자료를 토대로 코스피와 프로그램 매매 포지션(매수－매도) 간의 상관관계를 살펴볼 경우 플러스(+) 0.084 수준을 유지하는 것으로 나타났다. 즉 차익과 비차익을 불문하고 당일 전체 프로그램 매매가 순 매수포지션을 보일 때 주가지수는 상승하는 경향을 보이고 그 반대는 하락하는 것으로 해석할 수 있다. 물론 상관관계 0.084에서 알 수 있듯이 위 결론이 그리 자명한 것은 아니다. 간혹 두 변수 간의 관계에 대한 통속적 사고가 요구될 때가 있다. 그럴 경우 상기와 같은 해석을 참고하면 될 것으로 생각된다.

〈그림 10－1〉은 코스피 수익률과 프로그램 매매(매수－매도) 포지션 거래량 변화를 나타낸 것이다. 코스피 수익률이 전체 기간에 걸쳐 프로그램 매매 거래량 변화율에 파묻히는 것을 발견할 수 있는데, 이는 주가지수와 거래량 변화를 대비시켰다는 점에서 그리 놀랄 만한 결과는 아니다. 프로그램을 논외에 두더라도 거래량 등락률이 주가지수 등락률보다 큰 것은 시장을 떠나 동일하게 관찰되는 사실이다.

흔히 경제신문이나 증권방송을 시청하다 보면 프로그램 거래잔고가 몇 조 원 쌓여 있어 향후 상승의 걸림돌로 작용할 것이라는 말을 간혹 들어 보았을 것이다. 이 말이 무엇을 의미하는지 또한 이런 해석이 항상 맞는지 알아보기 위해서는 우선 차익거래와 비차익거래에 대한 개념과 더불어 현물과 선물시장의 관계를 좀 더 깊게 들여다볼 필요가 있다. 차익거래는 앞서도 설명했듯이 현물과 선물 간의 가격차를 이용한 기법인 데 반하여 비차익거래는 단순히 여러 종목을 동시에 매수할 목적으로 컴퓨터가 일괄 매매하는 것을 일컫는다.

현실적으로 비차익거래는 선물시장보다는 주식형 펀드의 팽창과 밀접한 연관이 있다. 수많은 펀드들과 이들 포트폴리오에 속한 종목들을 사람의 손에 의지해 일괄적으로 조정하는 것은 거의 불가능에 가깝다. 따라서 이의 해결책으로 프로그램 매매가 이용되었으며 장세등락과는 별개로 펀드 설정액이 확대됨에 따라 비차익거래도 꾸준히 증가하고 있다. 일례로 2007년 초부터 2009년 8월 말까지 전체 프로그램 매매를 차익과 비차익거래로 나누어 볼 때, 평균적으로 비차익거래가 78~79%, 차익거래가 21~22% 비율을 점하고 있는 것으로 나타났다. 간혹 차익거래 비중이 30%를 넘어 40%에 육

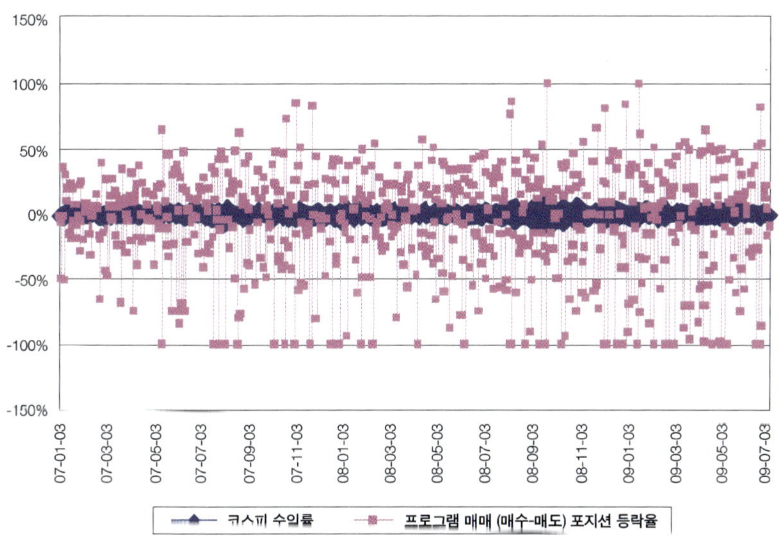

〈그림 10-1〉 코스피 수익률과 프로그램 순 매매포지션 등락률

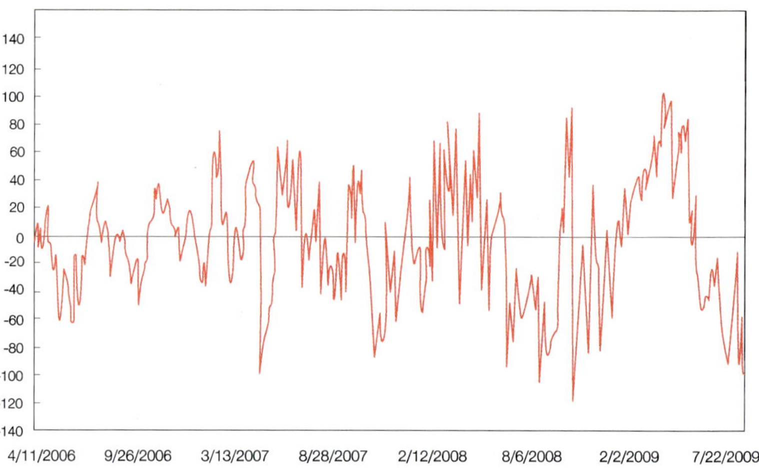

〈그림 10−2〉 프로그램을 통한 재정거래 사례와 추적오차

박할 때도 있는데, 그날에 증시가 폭등하거나 또는 폭락한다는 증거는 불분
명하다.

〈그림 10−2〉는 2006년부터 2009년 8월 말까지 대표종목 12개로 코
스피를 추적한 것이다. 때로는 포트폴리오가 코스피를 능가하기도 하고 어
떨 때는 그 반대 양상을 띠기도 한다. 위 결과는 두 그룹 간 차익거래를 통하
여 일정한 추가이익을 추구할 수 있음을 의미하는데, 만약 포트폴리오가 코
스피를 능가할 때는 투자자는 포트폴리오 종목들에 대한 매도포지션과 코
스피에 대한 매입포지션을 택하여 그 차이를 취하면 된다. 또한 코스피가
포트폴리오 상단에 놓여 있다면 고평가된 코스피를 매도하고 저평가된 포
트폴리오를 매입하면 그 차익만큼 이익을 실현할 수 있을 것이다. 이런 전
략은 〈그림 10−2〉 하단과 같이 일방향으로 추적오차가 생기지 않고 그 자
리를 상호 스위칭하는 경우에 유효하다. 코스피와 최대한 가깝게 추종하는
것이 목적이라면 추적오차를 축소시키는 방향으로 포트폴리오 종목을 선
택하면 될 것이다.

2. 시스템 트레이닝,
감정을 배제하라

감정을 제어하고 시스템적으로 움직여라. 그것이 살길이다.

프로그램 매매가 주문처리에 집중한다면 시스템 트레이닝은 과거와 현재 실시간으로 생성되고 있는 시장지표를 분석하여 거래에 이용하는 방법론적 접근을 택한다. 투자자의 감정을 최대한 배제한 채 사전에 입력된 조건에 따라 매매가 자동으로 이루어지며 투자자는 거래가 아닌 매매전략 발굴에 집중할 수 있게 된다. 전화벨은 울리고 옆에서 아기는 징징거리고 방문판매원은 수시로 찾아오는 열악한 환경 속에서 모니터 몇 대를 켜 놓고 허겁지겁 자판을 두드리는 시대는 과거로 보내 버리자는 의도가 강하게 묻어 있다.

매매조건을 컴퓨터에 입력한 채 커피 한 잔의 여유와 함께 투자전략을 어떻게 끌고 갈 것인가를 더 고심하면 되는 것이다. 부차적으로 타이핑 실수로 벌어질 수 있는 거래위험도 사전에 예방할 수도 있다. 번쩍이던 두뇌회전도 갈수록 무뎌지고 자판 두드리는 속도도 점차 시원찮게 변하는 브로커 혹은 투자자에게 시스템 트레이닝은 구원의 종소리처럼 들렸을 것이다.

또한 시스템 트레이닝은 사전 입력된 조건에 따라 매매가 체결되므로 본인의 투자원칙이 쉽게 허물어지지 않는다는 장점도 있다. 시시각각으로 변하는 주가는 충동매매를 촉발한다. 탐욕과 공포에서 자유로울 수 있는 투자자는 소수이고 증시는 항상 탐욕과 공포를 먹고 산다. 즉 투자가 주식을 매매하는 것이 아닌 증시가 투자자를 매매하는 것이다. 원칙은 쉽게 무너지고 남는 것은 환상과 좌절뿐이다. 소위 단기간에 대박을 꿈꾸는 이들에게 시스템 트레이닝은 좋은 대안이 아니다. 그것을 방지할 목적으로 등장한 것이 바로 시스템 트레이닝이기 때문이다.

그렇지만 시스템 트레이닝이 만능인 것만은 아니다. 우선 매매원칙의 기초로 과거의 패턴이 미래에도 반복된다는 사실을 전제로 두고 있다. 조건을 동일하게 두고 시간을 앞뒤로 바꾸면 과거와 현재는 같다는 개념이 근저에 자리 잡고 있다. 하지만 증시는 진보하며 과거의 재현이 아니다. 또한 투자자가 사전 설정된 매매조건을 변경할 수 있는 공간이 있지만 사람보다는 컴퓨터의 반응속도가 더 빨리 이루어진다. 소위 주먹이 생각보다 먼저 나가는 경향이 있는데, 일상적 증시환경에는 문제될 것 없지만 증시격변 상황에서 예기치 않은 매매를 유발할 수 있다. 9·11테러처럼 단기폭락을 유발하는 사태가 일어났을 때 혹자는 주가 되돌림 현상을 기대하고 관망적 입장을 택할 수 있다. 하지만 시스템은 사전 입력된 조건에 따라 손절매를 할 것이며 이는 자칫 투자손실을 유발할 수 있다. 끝으로 증시가 투자를 매매하는 것처럼 시스템이 투자자를 좌우할 수도 있으며, 그 속에서 체계적인 모럴헤저드가 존재할 수도 있다.

3. 알고리즘 거래, 그 허무한 내면

프로그램 매매와 알고리즘 매매는 모두 자동화된 매매라는 점에서 동일하다. 자동화된 매매란 예컨대 HTS^{Home Trading System}의 경우 지정가 주문을 매매 프로그램에 입력한 후 시장가격이 지정가에 도달하였을 때 매매계약이 자동으로 체결되는 것을 말한다. 일반적으로 프로그램 매매란 시장상황별로 실행할 투자전략을 사전에 수립해 두고 시세정보분석에서 다수 종목의 주식들을 주문하기까지의 일련의 과정을 컴퓨터로 처리하는 기법을 말한다. 다시 말해 프로그램 매매는 전산망을 통하여 미리 정해진 규칙에 따라 다수의 종목을 동시에 거래하는 매매를 일컫는다. 보통 프로그램 매매는 차익거래와 비차익거래로 구분하는데, 차익거래는 이론가격과 시장가격의 괴리를 이용하여 수익을 추구하는 거래를 의미하고, 비차익거래는 동일 투자자가 15종목 이상을 동시에 거래하지만 차익거래가 아닌 프로그램 매매를 말한다.

프로그램 매매와 알고리즘 매매의 차이는 프로그램 매매의 경우 대량거래가 특징이며 시세조정의 개연성이 있는 반면 알고리즘 매매는 대량으로 보유 중인 소량으로 분산시키는 것이 주된 특징이며 시세조정의 의도 및 개연성이 약하다는 점이다. 알고리즘 매매에 있어서 전략알고리즘Strategy Algorithm은 매매신호를 발생시키는 역할을 하고 주문집행알고리즘Execution Algorithm은 전략알고리즘에서 발생된 매매신호를 선택하여 주문을 체결 집행시키는 역할을 한다. 전략알고리즘의 구성요소로는 가격의 움직임, 거래량, 일중 시간대뿐만 아니라 기후 또는 트레이더의 느낌 등도 포함될 수 있다. 주문집행알고리즘의 예로는 통산 시간분할Time Slice, 거래량가중평균가격Volume Weighted Average Price: VWAP, 시간가중평균가격Time Weighted Average Price: TWAP 등의 방식이 사용된다. 시간분할알고리즘은 주문을 일정시간에 걸쳐 잘게 나누어 집행하는 방법이다. VWAP 알고리즘은 특정한 기간 내에 발생한 거래의 평균가격에 근접하도록 매매를 체결시키는 방법이다.

해외에서 알고리즘 매매가 보편화된 이유는 미국 SEC의 십진법Decimalization 호가제도에 있다. 당초 십진법 호가제도 채택은 개인투자자들의 거래비용을 줄이려는 좋은 의도로 시작되었지만 좋은 의도가 항상 모두를 만족시키지 못한다는 자연계의 법칙이 이번에도 들어맞았다. 물론 파편은 대형투자은행에 대부분 돌아갔지만 과거 호가단위는 0.06달러 정도였는데, 십진법 채택으로 0.01달러로 감소되었으며 자연히 매매마진 역시 1/6 수준으로 떨어졌다. 한국과 달리 수수료 수입이 투자은행의 본질적 수입원은 아니지만 그렇다고 무시하고 방관할 정도도 미미한 것도 아니다. 이들은 원가절감 압력에 직면하였으며 그렇게 탄생한 것이 알고리즘 매매이다. 알고리즘 매매는 대량주문에 따른 비용감소, 시장충격 배제, 정보유출 배제라는 세 가지 욕구에 따라 얼굴을 내민 기관투자자의 도구이며 그 이면에는 수수료 수입감소가 자리 잡고 있다.

알고리즘 매매시스템은 크게 블랙박스Black Box, 그레이박스Gray Box, 화이트박스White Box 3개로 분류된다. 블랙박스는 거래자의 주관이 완전히 배제된 채 스스로 거래를 하는 시스템이다. 한편 그레이박스는 상당부분의 알고리즘이 공개되지 않은 채 특정 파라미터를 조정할 수 있도록 허용된 시스템이다. 화이트박스는 거래자가 스스로 알고리즘을 적용하여 거래할 수 있도록 기본적인 프로그램만 장착된 시스템이다. 한편 알고리즘 문제에 대한 논의를 확대하면 DMADirect Market Access에 대한 논의를 생략할 수 없다. DMADirect Market Access라는 생소한 말로 독자들을 주눅 들게 할 수도 있지만 그 개념은 단순하다. 어떤 쪽이 신속하고 정확하게 원하는 가격에 주문을 집행할 수 있는가에 관한 문제에 불과하다. 일례로 친구들과 쇼핑을 하다가 길거리에 떨어진 동전들을 발견했다고 가정해 보자. 그럼 그 동전을 획득할 가능성은 동전과의 상대적 거리와 줍는 동작의 신속함에 거의 결정될 것이다.

이런 문제를 다룬 것이 DMADirect Market Access로 거래자 입장에서는 중개 터미널을 거치지 않고 거래소 시스템에 직접 연결하는 방식을 선호할 것이며 극히 미세한 차이도 염두에 둔다면 최대한 거래소시스템과의 물리적 거리도 염두에 둘 것이다. 거래소시스템은 한국에 있고 거래자는 각각 미국과 홍콩에 있다면 다른 조건이 동일할 때 미국보다는 홍콩 트레이더가 상대적으로 유리한 위치를 점할 것이다. 몇천 분의 1초에 불과할지라도 시스템은 도착한 순서에 따라 거래를 자동 체결하며 그 차이가 이삭줍기를 제약한다.

알고리즘 매매의 필요성은 크게 세 가지로 구분할 수 있는데, 첫째는 대량주문에 의한 시장충격의 배제이다. 둘째는 알고리즘 스니핑에 따른 피해방지이다. 알고리즘 스니핑이란, 시장에서 대량으로 흘러나오는 주문의 동향을 주시하면서 그 속에서 이익을 찾는 행위를 말한다. 셋째는 주문체결의 최적화 수단 확보이다. 하지만 위 말 속에서는 한 가지 함정이 존재하는데, 그것은 바로 대량으로 매매를 할 수 있는 역량이 전제되어야 한다는 말이다. 상품설계 단계에서 개인투자자는 사전에 배제된 개념이다. 기관투자자 또는 작전을 수행할 수 있는 세력이 아니라면 공염불에 불과하다. 각 증권사에서 알고리즘 매매에 대한 기법과 이를 탑재한 소프트웨어를 제공하고 있지만 그것이 개인투자자에게 큰 의미를 던져 줄지는 미지수이다. 일정한 장벽이 존재하는 이론적 영역과 경험에 소요되는 시간 등으로 추산되는 확실적 비용과 알고리즘 매매로 기대되는 불확실한 추가 이익수준에 대한 냉철한 계산이 요구될 것이다. 알고리즘 매매에 소요되는 물질적, 시간적 비용들을 투자분석과 종목연구에 투입할 때 창출될 기대이익을 고려한다면 결코 수지맞는 장사는 아닐 것이다.

끝으로 여러분이 거래자라면 알고리즘 매매에서 흥미로운 요소들을 발견할 수 있을 것이다. 하지만 거래자가 아닌 투자자, 즉 거래가 아닌 투자영역으로 들어선다면 허망한 소리로밖에 들리지 않을 것이다. 무엇보다도 주식투자를 재미없는 영역으로 몰고 간다. 도박을 하는 목적은 첫째 돈을 벌기 위해서이다. 하지만 그 밑바닥에는 도박 그 자체가 주는 매력이 존재한다. 주식투자도 이와 다르지 않다. 높은 수익률도 중요하지만 그에 부가적으로 따르는 성취감과 지적 만족감 역시 부시할 수 없다. 그럼 다음 단락에서는 앞서 설명한 기법들을 잠시 구현해 보기로 한다. 증시에는 다양한 움직임이 있고 시스템 트레이닝, 알고리즘 트레이닝도 그 속에서 숨을 쉬는 존재이다. 투자는 배제가 아닌 이해이며 그를 통하여 자신만의 길을 구축할 수 있을 것이다. 또한 현실적으로 프로그램 매매, 시스템 트레이닝, 알고리즘 트레이닝들이 주가 형성에 상당한 영향을 미치고 있다.

4. 알고리즘 전략 소개와 그 사례들

알고리즘 투자전략은 유효하다.
다만 그것이 여러분의 몫은 아닌 것 같다.

엄밀히 말해 알고리즘 매매는 투자이익 실현을 위한 수단이 아니다. 시장 동향, 투자가치, 목표수익률 등을 놓고 적극적으로 매매전략을 짜기보다 거래의 연속선상에서 어떻게 하면 남들보다 조금 더 좋은 조건에 매매를 체결할지를 고민하는 것이다. 매매유무는 사전에 결정된 것으로 선택사항이 아니다. 여러분이 고민할 것은 매매방향이 아닌 오늘 당장 매입 또는 매도에 나선다면 평균적으로 어느 수준에서 얼마만큼 매입할 것인가를 따지는 것이다. 따라서 알고리즘 전략은 공격보다는 방어에 치중하며 손실을 입든 또는 이익이 실현하든 평균 이상의 성과만 보이면 작전은 성공했다고 평가한다. 당일 2% 이익을 올려도 시장평균치가 2.5%라면 실패한 것이며 당일 3% 손실을 기록해도 시장평균치가 3.5%라면 알고리즘 매매전략은 성공한 것이다. 절대적 손익이 아닌 상대적 손익개념으로 타인보다 좋으면 그 자체로 좋은 것이다.

대표적 매매전략으로는 거래량가중평균가격Volume Weighted Average Price,

VWAP이 있는데, 이때 거래량가중평균가격이란 모든 주문체결을 거래량으로 가중 평균한 가격으로 시장평균 가격으로 볼 수 있다. VWAP보다 유리한 가격으로 주식을 체결하였다면 이는 시장평균을 앞섰다는 의미로 해석된다. 펀드에 대입해 설명하면 일단 지수를 추종하면서 기회가 된다면 플러스알파도 함께 모색하는 것으로 볼 수 있다. 보통 VWAP을 달성하기 위해 과거 시간대별 평균적인 거래량 추이에 맞춰 주문 수량을 분할하는데, 통계적으로 VWAP과 거래량 간에는 정(+)의 상관관계가 존재하는 것으로 알려진다. 거래량가중평균가격과 함께 가장 대중화된 알고리즘 매매로는 시간가중평균가격TWAP이 있다. VWAP이 과거 거래량 추세대로 주문수량을 다양하게 분할하는 방법이라면 TWAP는 동일 주문수량을 분할하여 매매시그널을 발생시킨다. 주문시간 간격이 체결상황에 따라 변하는 형태로 국내에서는 이와 비슷한 형태인 CD주문이 많이 이용되고 있다.

한편 투자자가 내는 주문이 시장에서 거래되는 거래량의 일정비율 이상을 점하지 않도록 주문수량을 조절하거나 가격제한 기능을 두고 일정가격 이상과 이하에서 매도와 매수가 이루어지도록 하는 방법도 있다. 하지만 시장이 급변할 경우 알고리즘 매매는 투자자의 대응력을 떨어트릴 소지가 있다. 9.11테러와 같은 돌발적 사태가 증시를 강타할 경우 최선의 선택은 분할매도가 아닌 즉시 처분일 것이다. 실무적으로 알고리즘 매매는 일 단위보다 초, 분 단위의 고빈도 데이터High Frequency Data에 주로 적용된다. 그렇다고 일 단위 데이터를 전혀 이용하지 못한다는 의미는 아니다. 일 단위 데이터만으로도 알고리즘 매매전략을 충분히 구현할 수 있는데, 본서는 투자자에게 친숙한 볼린저밴드와 지수이동평균 기법을 응용하여 그 효용성을 살펴보기로 한다.

먼저 〈그림 10-3〉은 볼린저밴드를 통해 알고리즘 매매시그널을 발산시
킴과 아울러 그에 따른 손익을 추산한 것이다. 사례에 사용된 종목은 삼성전
자이다. 〈그림 10-3〉 상단은 2달 정도 기간을 두고 주가 표준편차와 이동평
균을 산출하여 삼성전자의 볼린저밴드 범위를 그려 본 것이다. 대체로 상하

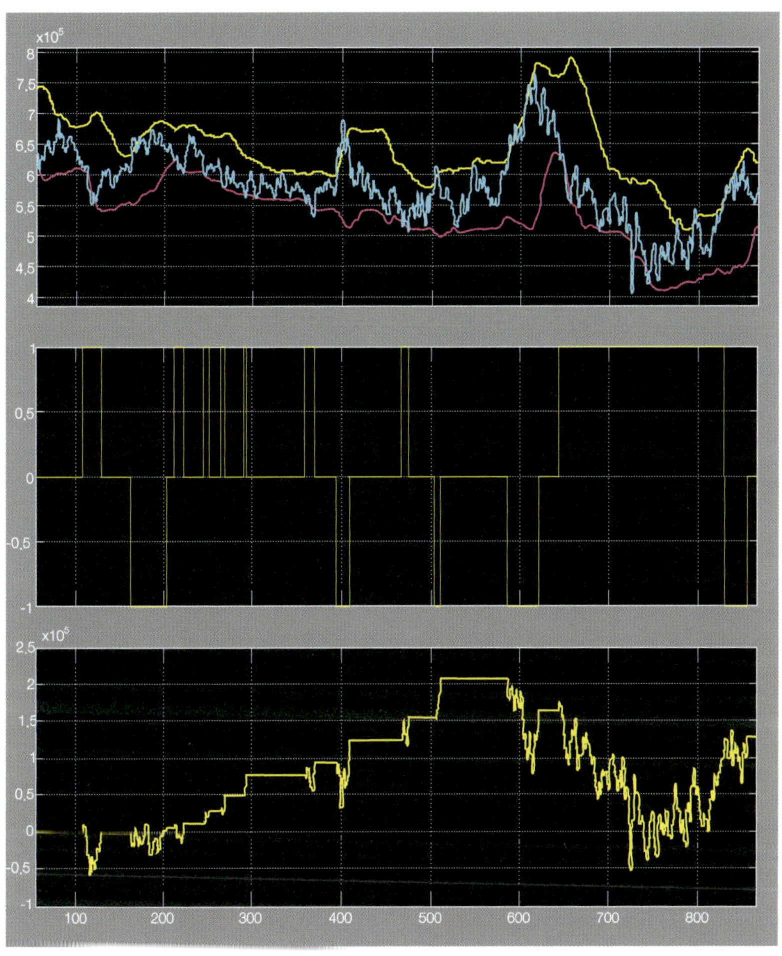

〈그림 10-3〉 볼린저밴드를 이용한 삼성전자 알고리즘 트레이닝 예제

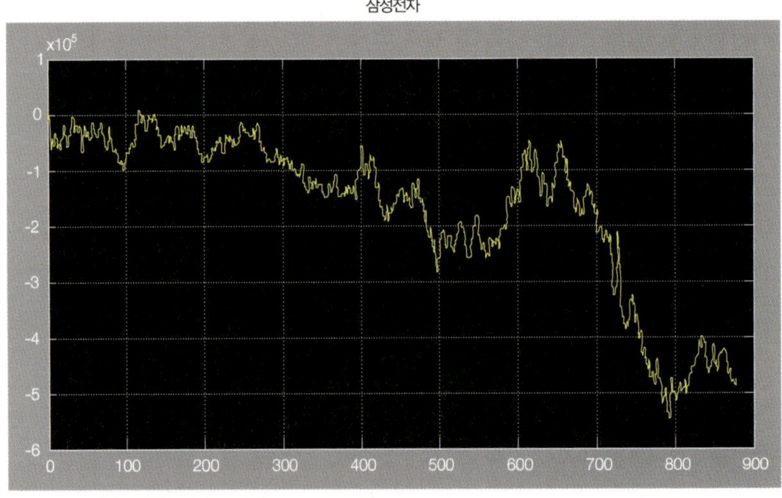

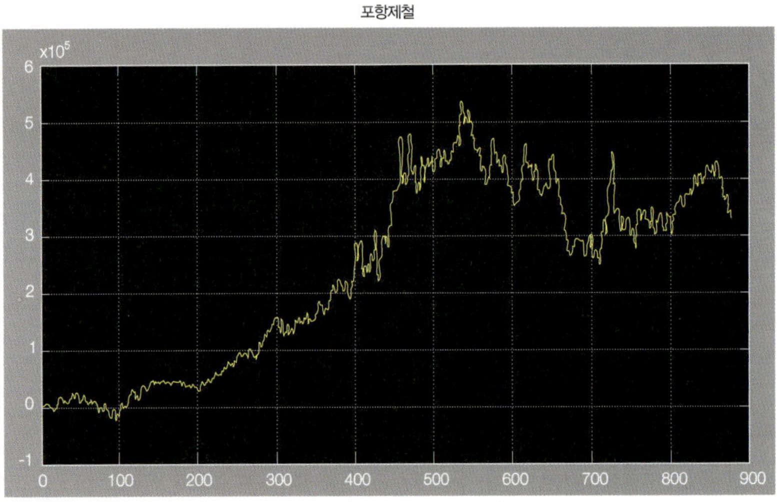

〈그림 10-4〉 지수이동평균을 통한 알고리즘 트레이닝 예제

밴드 사이에서 주가흐름이 형성됨을 관찰할 수 있다. 한편 중단은 알고리즘
을 통하여 생성된 매매시그널로 매수포지션은 +1, 매도 포지션은 −1, 중립

은 제로로 표시된다. 매수시그널은 주가가 볼린저밴드 내 최댓값보다 낮게 형성될 때, 매도시그널은 최솟값보다 높게 형성될 때 발산된다. 매수시그널은 일단 발산된 이후 그 값이 (평균값＋최솟값)/2보다 높거나 같을 때까지 유지된다. 참고로 평균값은 (최댓값＋최솟값)/2로 표시되며 같은 맥락에서 매도시그널은 주가가 (평균값＋최댓값)/2보다 작거나 같을 때까지 발산된다.

마지막으로 하단은 알고리즘 매매로 실현된 누적손익을 나타낸 것이다. 여러분의 기대보다 수익률이 낮게 형성되었을 수도 있다. 하지만 높은 수익보다는 시장수익률 상회를 목표로 한 알고리즘 매매이념을 생각하면 고개가 끄떡여질 것이다. 또한 특정시점에 단발적으로 매매가 이루어지는 것이 아니라 연속적인 매매구간을 놓고 산발적으로 매매시그널이 발산되었다는 점 역시 고려할 필요가 있다. 전체 기간을 놓고 대충 20% 내외의 수익률을 기록하였는데, 이는 2006년 1월 초 삼성전자(66만 원 정도)를 매입한 후 2009년 8월 말(77만 원 정도) 매도하였을 때의 실현수익률 17%보다 조금 높은 수준이다. 다만 이런 결과는 2009년 7월과 8월 삼성전자 주가의 급격한 상승에 기인한 바가 크고 2007년 7월 이전에는 대체로 손실 상태였음을 감안한다면 볼린저밴드를 통한 알고리즘 매매의 유용성을 폄하하기는 힘들 것 같다. 2008년 11월과 2009년 1월 한때 40만 원대도 위협받았지만 하단 그림에서 보듯이 대체로 플러스 수익을 기록하고 있으며, 최대손실을 실현한 순간도 50,000원 정도에 불과했다.

앞서 우리는 볼린저밴드를 이용한 알고리즘 매매전략을 구현해 보았다. 다음 사례는 삼성전자와 포항제철 두 종목을 대상으로 4일 지수이동평균EMA: Exponential Moving Average과 10일 지수이동평균을 도출하여 매매시그널에 따른 누적 손익을 그려 본 것이다. 2006년에서 2009년 8월 말까지 샘플기간을 한정한다면 삼성전자는 대체로 손실이 누적되는 모습을 띠었으며 포항제철은 그 반대로 이익이 쌓이는 쪽으로 매매시그널이 생성되었다. 통속적인 결론이지만 삼성전자는 단기 시그널들(4일과 10일 지수이동평균)을 통한 EMA 알고리즘 매매가 적합하지 않는 것으로 볼 수 있다. 삼성전자의 경우 데이트레이닝보다는 좀 긴 호흡으로 접근할 필요가 있으며 지수이동평균 방법보다는 볼린저밴드를 통한 알고리즘 매매가 더 유용하다고 판단된다. 한편 포항제철은 단기 시그널을 통한 투자타이밍 결정이 유효하며 좀 더 면밀한 분석을 통하여 최선의 간격을 도출해 볼 수도 있을 것이다.

11장

옵션, 선택은 있는 것인가

1. 불행을 갈구하는 사람들

혼란은 수익의 어버이이며 옵션투자자의 무덤은
주가지수 하락이 아니라 변동성이 사라져 버리는 것이다.

손안에 든 카드를 던지지 않는 한 주식투자자는 테이블에서 쫓겨나지는 않는다. 하지만 옵션은 그렇지 않다. 사전 약정된 기간이 지나면 그 승패에 상관없이 일단 테이블을 옮겨야 한다. 한 달간의 시한부 인생에 누군가는 대박이 나고 또 다른 누군가는 쪽박을 차게 된다. 시시각각 움직이는 숫자들은 무중력 상태의 수익률을 노래하고 그 속에서 옵션은 선택이 아닌 거부할 수 없는 필연이 된다. 로또를 산다는 기분으로 만기 전날 외가격 콜과 풋^{Put}에 돈을 슬며시 찔러 두고 세상이 뒤집어지기를 기원한다. 이들에게 9·11테러 사태는 불행이 아니라 천재일우의 기회이며 전쟁의 비참함은 승리의 노래가 된다. 옵션은 투자도 그리고 도박도 아니다. 불행의 신에 대한 소망이며 희망에 대한 비참한 갈구이다.

옵션이 투자와 도박이라는 일말의 기대를 가지고 있다면, 불행의 신은 타인이 아닌 본인을 찾아올 수도 있다. 현실적 비참함이 출생의 성스러움을 부정할 수 없듯이 옵션 그 자체가 무의미한 것은 아니다. 옵션이란 미리 정해진 가격으로 정해진 기간 동안에 특정증권을 살 수 있는 권리가 부여된 증권을 일컫는다. 이때 살 수 있는 권리가 부여된 옵션을 콜Call 옵션, 팔 수 있는 권리가 부여된 옵션이 풋Put 옵션이다. 특정증권이 종목일 경우 스톡옵션, 주가지수일 경우 주가지수 옵션으로 불린다. 이론적으로는 위험제한과 헤지, 유동성 촉진, 레버리지 기능, 금융창조라는 긍정적 시각도 존재하지만 현실 세계로 넘어올 때는 투기의 레버리지 효과로 축약된다. 약간의 긍정이 다수의 부정을 묻어 버린다면 그건 민주적이지 않을 것이다. 또한 그 긍정도 점차 퇴색되어 가고 있다.

옵션의 기원은 플라톤을 중심으로 한 관념주의 철학이 주류로 부상하기 이전 자연을 통하여 세상의 진리를 갈구한 그리스 철학자 탈레스Thales, B.C. 6세기까지 거슬러 올라갈 수 있다. 탈레스는 밀레토스 학파의 창시자로 아리스토텔레스는 그를 '철학의 아버지' 라고 칭송하였다. 특히 천문학과 기하학에 조예가 깊어서 그 당시 이미 일식을 예견하였고 이집트 피라미드 높이를 측정하기도 했다. 옵션의 개념을 두루 보여주는 그와 관련된 간단한 일화들을 구술해 보면 다음과 같다. 그는 밤에 별을 보면서 걷다가 우물에 떨어진 적이 있는데, 이 광경을 본 한 하녀가 "하늘의 이치를 아시는 분이 바로 앞의 우물은 보지 못하는 군요." 라고 크게 비웃었다. 세상을 관조하는 철학자도 미래에 닥칠 불확실성의 그물은 피해 갈 수 없는가 보다.

또 다른 이는 철학은 가난한 자의 쓸데없는 학문이라고 탈레스를 폄하하였는데, 그의 가난은 그 자신의 신덱이머 진리를 탐구하는 철학자도 마음만 먹으면 충분히 돈을 벌 수 있다는 점을 깨우쳐 주고자 했다. 그해 별자리를 보고 올리브가 대풍작임을 예측하고 압착기를 필요한 시기에 언제든지 사용할 수 있는 권리를 싼 가격에 모두 사들였다. 수확기가 다가오자 그는 사전에 확보한 압착기 임대권을 행사하였으며 대풍년으로 압착기 공급이 딸리던 농장주는 어쩔 수 없이 높은 가격에 탈레스로부터 임대권을 사들여야 했다. 상기 일화는 간단하지만 옵션의 핵심을 가로지르는 좋은 사례이다.

옵션의 기본 틀은 크게 기초자산, 만기, 행사가격 그에 따른 프리미엄, 즉 옵션가격으로 구성되어 있다. 기초자산에는 주식과 주가지수, 채권, 외환, 상품 등이 있을 수 있는데, 국내에서는 현재 KOSPI200, 미 달러 옵션 이외에 삼성전자, 포스코, SK텔레콤 등 대형주를 중심으로 스톡옵션이 상장되어 있다. 옵션가격결정에는 변동성과 무위험이자율이 첨부되고 그 가운데 변동성은 핵심적 역할을 한다. 현재가 아닌 미래의 불확실성에 대한 헤지 개념이므로 변동성이 옵션가격의 중심에 서는 것은 어쩌면 당연할 것이다. 옵션가격결정문제에 있어서는 주가방향성은 그리 중요하지 않다. 변동성으로 투사되는 주가변화의 폭만이 주목을 받을 뿐이다. 단순하게 보면 공매도를 제외하고는 주가하락은 곧 손실로 연결된다. 하지만 일단 옵션세계로 발을 들이면 투자포지션에 따라 주가상승이 손실을 의미하기도 한다. 만약 당신이 풋옵션에 배팅했다면 말이다.

옵션투자자의 무덤은 기초자산 하락이 아니라 변동성이 사라져 버리는 것이다. 즉 기초자산이 미미한 범위에서 횡보를 보이는 상황을 염두에 두면 될 것이다. 위험이 없다면 보험회사 입장에서는 보험계약이 줄어들 것이며 보험계약자 입장에서는 보험료를 그냥 날려 버리는, 즉 본전생각이 나는 상황이 발생한다. 순진하게 금융시장에서 윈－윈 논리를 주장할 이는 없겠지만 한쪽의 손실이 다른 쪽의 이익으로 연결되는 것은 관찰되는 현상이다. 손실을 입는 쪽과 이익을 얻는 쪽의 구조가 고착화되어서 문제이지만, 그건 본 단락에서 언급할 내용은 아니다. 어쨌든 옵션이 혼란을 조장한다고는 비약하지 않겠지만 혼란을 즐기기는 한다. 아마 모든 파생상품의 설계전제로 혼란과 멍청이들을 염두에 두고 있을 것이다. 그렇지 않다면 수익구조 확보가 힘들다.

2. 불공정 카지노, 옵션시장

자신 없다면 카피캣Copycat이 되라.

주가지수 움직임과 선물, 옵션 포지션 간에는 밀접한 관계가 형성되어 있다. 일반적으로 외국투자자는 현물과 선물을 통하여 투자전략을 구성하지만 국내 기관투자자와 개인은 선물보다는 옵션에 더 집중하는 경향이 있다. 외국투자자는 KOSPI200 주가지수가 상승할 때 콜 옵션과 선물을 매입하고 풋 옵션을 매도하는 철저한 양성적 피드백Positive Feedback 전략을 구사하고 있다.

이 문장을 역으로 바라보면 외국투자자가 선물과 콜 옵션을 매입함에 따라 KOSPI200 주가지수가 상승했다는 말로 해석될 수 있다. 2005년 23%를 기점으로 2008년 현재 16% 수준으로 외국투자자 보유지분이 하락하고 있지만 이들은 여전히 한국증시에서는 막강한 영향력을 행사하고 있다. 개인투자자가 45% 이상의 지분을 점하고 있지만 이들은 흩어진 세력이며 정부와 기관투자자는 4.6%와 7.1% 비중에 불과해 주도적 위치를 점하기는 힘들다. 개인투자자를 제외하고는 일반법인이 26.4%로 가장 높은 비중을 나타내지만 이 부분은 거래보다는 경영권 측면에서 바라보는 것이 적당할 것이다.

무엇보다도 위 결론은 주식 수를 기준으로 한 것으로 시가총액을 놓고 본다면 훨씬 심각한 추론에 도달할 수 있다. 외국투자자들이 2004년 42%를 고점으로 물량을 계속 감소시키고 있다지만 여전히 2008년 현재 시가총액 대비 약 29%를 점하고 있다. 주식 수 기준 16%, 시가총액 기준 29%라는 숫자는 보유종목이 KOSPI200, 그 가운데 지수 움직임을 좌우하는 대형주 중심으로 몰려 있음을 유추하게 한다. 이와 반대로 개인은 주식 수 비중은 45%이지만 그 가치, 즉 시가총액은 27%에 불과하다. 집중이 아닌 분산이며 그 분산된 모습도 KOSPI200에 영향을 줄 구조는 아닐 것이다. 참고로 시가총액 기준, 기관투자자는 12% 정도를 점하고 있다. 현재도 고민스럽지만, 2008년 이전에는 더욱 왜곡되었다는 점 염두에 두길 바란다.

옵션과 선물시장이 어떻게 현물과 어울려 움직이는지 살펴본다면 우리는 다음과 같은 사실을 유추할 수 있다.

첫째, KOSPI200 주가지수 수익률과 선물, 콜 옵션 거래량, 콜 옵션 프리미엄 변화율은 양(+) 상관관계, 풋 옵션과 풋 옵션 프리미엄 변화율은 음(−)의 상관관계를 보이며 KOSPI200 지수가 상승할 때 선물, 콜 옵션 거래량이 확대되면서 프리미엄을 밀어 올린다는 것이다. 단 풋 옵션은 예외이다.

둘째, 증권사와 개인은 콜 옵션이 선물을 선행하지만 해외투자자는 반대로 선물이 콜 옵션을 이끈다는 사실이다. 풋 옵션의 경우 이런 관계가 유의하지 않는 것으로 나타났다. 이 말을 좀 쉽게 풀이하자면 해외투자자는 선물로 증시를 움직이고 옵션으로 미세조정을, 증권사와 개인투자자는 콜 옵션을 주 포지션으로 잡고 선물로 조정에 들어간다고 볼 수 있다. 외국투자자는 선물과 현물로 교차이익을 추구하지만 증권사와 개인투자자는 헤지전략을 운용하기보다는 투기목적으로 파생상품 시장에 뛰어든다고 확대 해석할 수 있다.

끝으로 다양한 세력들이 KOSI200 옵션시장에 발을 들여놓고 있지만 세력 간 매매패턴의 다양성은 결여된 것 같다. 개인투자자와 기관투자자로 뚜렷이 양극화된 구조는 투자시장의 한 단면을 보는 것 같으며 옵션시장의 깊이를 낮추고 있다. 국내 옵션시장은 한마디로 헤지보다 방향성에 배팅하는 투기시장인 것 같다.

3. 블랙-숄즈모형에 대한 견해

불완전하지만 그래도 기준은 필요하다.

옵션가격을 산출하려는 노력은 1960년대부터 이루어졌지만 그 영광은 숄즈Scholes와 머튼Merton에게로 돌아갔다. 이른 사망으로 블랙은 1997년 노벨 경제학상 수상식에 참여하지 못했지만 롱텀 캐피탈 매니지먼트Long Term Capital Management: LTCM 파산이 던져 준 오욕에서 비켜났다는 점에서 불행 중 다행일 것이다. 적어도 그는 역사적 오점은 남기지 않았다. 여기서 블랙-숄즈Black-Scholes모형 가격결정식을 길게 나열하지는 않겠다. 자칫 미분방정식 해를 도출하는 과정이 불편한 감정을 안겨 줄 수 있기 때문이다.

현실적으로 옵션투자자 대부분이 블랙-숄즈모형 가격결정식에 관심이 없거나 있어도 호기심 정도에 불과할 것이다. 파생상품을 직접 설계하는 이가 아니라면 그 속에 녹아 든 사상만을 이해하는 것으로도 충분할 것이다. 적어도 시장을 보는 눈이 조금은 달라졌을 것이다. 헤스턴Heston모형처럼 블랙-숄즈모형에서 파생된 다양한 옵션가격결정식이 존재하지만 옵션북을 운영하는 메이저기관을 제외하고는 실무 적용에는 한계가 있다. 이론가를 이탈한 곳에서 이삭을 줍기보다 KOSPI200 자체의 방향성에 더 몰두하는 것이 정답일 수도 있다. 그럼에도 언제 찾아올지 모를 잭팟을 기다리기는 것보다는 그 자리에서 최선을 다하는 모습이 더 아름다운 것은 사실이다. 현실적 실용성은 전혀 없더라도. 이런 의지가 헤스턴에게서 기초자산 변화와 변동성 간의 상관관계를 모색하게 하고, 오일러Euler와 밀슈타인Milstein에게서 방정식을 빌려 와 몬테카를로 시뮬레이션을 돌리게 하는 것이다.

그럼 블랙-숄즈모형의 전제조건을 간략히 살펴보자. 블랙-숄즈모형은 기초자산의 가격이 연속적이며 점프나 불연속은 발생하지 않는다는 전제를 깔고 있다. 이 말은 KOSPI200 지수가 이산적이지도 않고 구조적 단절도 보이지 않는다는 것을 의미한다. 하지만 현실적으로는 기존 추세를 뒤집어버리는 점프(극단 값)도 발생하고 지수는 연속적이지도 않다. 24시간 주식거래가 이루어지지도 않는다. 블랙-숄즈모형만큼 아름답지는 않지만 이항식 트리Binomial Tree가 현실적이고 더 직관적일 수도 있다.

블랙-숄즈모형은 모든 투자자들이 리스크 중립적이며 기대수익률로 무위험이자율 이상을 요구하지 않는다고 가정을 둔다. 이는 블랙-숄즈모형뿐만 아니라 거의 대부분의 모형들이 채택하고 있는 가정으로 현실과 달리 이론세계에서는 투자자는 항상 이성적이고 리스크 중립적인 올바른 인간이 된다. 블랙-숄즈모형에서 금리가 그 존재성을 상실하게 된 이유도 기대수익률이 무위험이자율인 상태에서 결국은 더하기 빼기로 그 값이 상충되기 때문이다.

그 외 주식이나 옵션을 매매할 때 세금이나 거래비용, 증거금이 없다는 가정과 기초자산에 대한 공매도 제약을 두지 않는 점, 원하는 금액을 항상 무위험이자율로 차입할 수 있다는 전제 등도 좀 비현실적이다. 무엇보다도 기초자산 움직임을 표준 정규분포로 묶어 둔 것은 블랙-숄즈모형으로부터 투자자들을 멀어지게 한 원인이 되었다. 주가와 주가지수가 표준정규분포를 따르지 않음은 앞 장들에서 우리는 충분히 검증해 보았다. 다양한 한계에도 블랙-숄즈모형이 여전히 사랑을 받는 이유는 변수 몇 개로 쉽고 확실하게 가격을 얻을 수 있다는 장점과 불완전하지만 그래도 기준은 필요하다는 현실성 때문이다.

4. 이론이 현실적 모습을 띠게 될 때

시중에 옵션투자와 관련된 다양한 도서들이 진열되어 있고 그 속에 경험의 한 토막을 구술한 내용도 있을 것이다. 치열하게 부딪치고 있는 사실을 재서술함으로써 시간과 자원을 낭비할 생각은 없다. 저자는 단지 시장을 해체하고 그 내부를 독자들과 함께 직시해 보는 것에 만족하고자 한다. 현재 몸담고 있는 시공간이 주식시장이든 또는 선물, 옵션 시장이든 여러분에게 '부자가 되는 길'을 제시하고자 하는 의도는 없다. 그 길은 스스로 찾아보고 실현시켜야 할 여러분만의 길이다. 그 누가 제시한 길이라도 그건 여러분의 길이 될 수 없으며 또한 되어서도 안 된다. 그럼 몇 가지 개념들을 구술해 보고 그것이 무엇을 의미하는지 고민해 보기로 한다.

옵션가격에 영향을 미치는 핵심은 기초자산 가격의 변화이다. 일례로 KOSPI200 옵션은 기초자산인 KOSPI200의 움직임에 따라 옵션가격이 수시로 변경된다. 행사가격은 2.5포인트 단위로 고정된 상태이며, 변동성을 제외한 그 외 변수들은 시장을 통해 쉽게 획득할 수 있다. 쉽게 말해 기초자산 움직임과 이에 바탕을 둔 변동성만을 제하고는 옵션가격에 영향을 미칠 모든 변수들이 사전에 세팅된 상태로 볼 수 있다. 옵션에 관심이 없는 사람이라도 KOSPI200이 상승하면 콜 옵션가격은 높아지고 풋 옵션가격은 떨어진다는 것을 알고 있다. 쉽게 생각해 콜 옵션가격은 기초자산에서 행사가격을 제한 값에 근사하고 풋 옵션가격은 행사가격에서 기초자산 가격을 뺀 것에 가깝다. 풋-콜 패리티Put-call Parity라고 일컫는 공식을 보면 쉽게 이해될 것이다. 참고로 풋-콜 패리티 공식은 '콜 옵션가격 − 풋 옵션가격 = 기초자산 가격 − 행사가격' 으로 표시된다.

그 결과 KOSPI200 콜 옵션을 매입한 이는 KOSPI200 지수가 천정부지로 치솟길 기원하고 반대로 KOSPI 풋 옵션을 매입한 이는 만장나락에 떨어지기를 바란다. 같은 현상이라도 어떤 포지션을 취하는지에 따라 이렇게 극단적으로 바뀌는 곳이 파생상품 시장이다. 주식시장에도 공매도로 비슷한 효과를 기대할 수 있지만 그 주체는 개인투자자가 아니다. 어찌 되었든 기초자산의 방향성을 읽는 것이 옵션투자의 핵심임을 우리는 알게 되었다. 미지의 변수 가운데 기초자산, 즉 KOSPI200 부문은 일단 정리되었으니 다음은 변동성으로 넘어가 보자.

기초자산은 방향성에 따라 손익이 극명하게 갈리지만 변동성은 투자 포지션이 콜 옵션인지 또는 풋 옵션인지를 구별하지 않는다. 변동성이 상승하면 옵션가격은 뛰고 하락하면 떨어질 뿐이다. 이렇게 보면 KOSPI200 지수가 수직 상승하면서 변동성도 함께 치솟는 상황이 콜 옵션 매입자에게는 가장 흐뭇한 순간일 것이다. 비록 KOSPI200 지수가 상승해도 그 추세가 안정적이라면, 다시 말해 변동성이 낮다면 기대만큼 재미를 못 볼 수도 있다. 같은 맥락에서 풋 옵션 매입자는 큰 변동성을 보이며 KOSPI200이 폭락하는 순간을 그릴 것이다. 옵션투자자에게는 밝고 지루한 세상보다 어둡고 혼란스런 세상이 더 이상적인 셈이다. 이런 점에서 옵션시장은 한국사회를 가장 어두운 일면을 보여준다고 하겠다. 삶이 피곤하여 자포자기적 테제가 만연한 사회 속에서 한국 옵션시장은 세계 최대 거래량을 시시각각 갱신하면서 통계적 추이를 무의미하게 만들고 있다.

한편 옵션은 주식과 달리 한 달 이내에 포지션을 정리하든지 아니면 만기청산이 이루어진다. 천국행 티켓이든 아니면 지옥행 티켓이든 그 유효기간은 한 달인 셈이다. 옵션만기가 다가올수록 컨버전Conversion 또는 리버설Reversal을 언급하면서 시장은 우리를 혼란스럽게 한다. 다만 여러분이 데이트레이더가 아니라면 깊게 생각할 문제는 아니다. 기존 추세를 미묘하게 흔들어 놓는 때도 있지만 그것이 한계이다. 연속적으로 흐름을 만들 요소는 아니라는 의미이다. 이런 용어들이 등장한 배경에는 합성선물이 자리 잡고 있는데, 합성선물은 콜 옵션과 풋 옵션을 적절히 배합한다면 선물과 비슷한 효과를 낼 수 있다는 것에서 비롯된다. 만약 선물가격과 합성선물 가격이 차이를 보인다면 차익거래가 발생하게 되고 우리는 이 속에서 이득을 취할 수 있다. 참고로 컨버전은 합성선물 가격이 실제 선물가격보다 비싼 경우, 리버설은 그 반대로 합성선물 가격이 실제 선물가격보다 싼 경우를 일컫는다. 혹자는 옵션과 선물에서 놀고 있는데, 왜 현물시장(주식시장)을 걱정하는가라는 질문을 던질 수도 있을 것이다. 투자전략은 물고 물리는 관계이며 선물은 현물시장에 충격요인으로 작용할 수 있으며 앞서 차익거래가 꼭 옵션과 선물만으로 구성된다는 보장도 없다. 옵션과 현물관계로도 충분히 구축할 수 있기 때문이다.

끝으로 같은 재무데이터를 두고서도 개별 투자자마다 산출된 주식가치가 제각각인 것처럼 옵션가격도 모형과 기법에 따라 다양한 추정이 가능하다. 굳이 이론주가를 추적할 필요가 있는 것일까라는 질문에 대부분의 개인투자자는 '아니요' 라고 대답을 내놓을 것이다. 하지만 동일한 질문을 기관투자자에게 던진다면 '아니요' 라는 말보다 '글쎄요' 라는 답이 더 자주 나올 것이다. 배보다 배꼽이 큰 상황이라면 1,000원 그것 그냥 날려 버리자라는 생각을 가질 수 있다. 하지만 1계약당 그런 개인이 만 명만 모인다면 천만 원이 되고 연 250일 지속된다면 25억 원이라는 금액이 쌓이게 된다. 100계약이면 그곳에 0을 두 개 더 더하면 될 것이다. 이삭줍기도 충분히 돈벌이가 되는 셈이다.

5. 코스피200 옵션과 그리스 문자들

굳이 그리스 문자를 관리할 필요는 없다. 다만 그것을 통하여
세력들의 움직임을 일부 그려 볼 수는 있어야 한다.

현물과 옵션으로 헤지, 차익매매를 추구하는 이들을 제하고는 그리스 문자는 큰 의미를 던져 주지 않는다. 개인투자자라면 관심을 가지면 가질수록 오히려 혼란만 조장될 수 있다. 핵심은 KOSPI200이지 그리스 문자가 아니기 때문이다. 개인투자자와 달리 옵션상품을 파는 시장 조성자는 그리스 문자를 면밀히 관리할 필요가 있다. 거래보다는 헤지의 완결성으로 수익을 창출하기 때문이다. 개인투자자가 그리스 문자에 관심을 보여야 하는 이유를 굳이 찾자면 시장 조성자의 투자형태와 옵션이 현물시장에 미치는 영향력을 유추할 때뿐일 것이다. 현물과 파생상품 시장을 놓고 다각도로 그물망을 짜는 개인투자자는 예외이겠지만 그것을 굳이 권하고 싶지는 않다.

옵션 북을 관리하는 시장 조성자는 한 방향으로 매매 패턴을 몰고 갈 수 없다. 현물과 옵션 양쪽에 투자포지션을 두고 기초자산의 등락에 관계없이 위험을 상쇄하는 작업을 수행하여야 하며 그 벤치마크 지표는 델타^{Delta}이다.

델타는 기초자산 가격변화에 따른 옵션가격 변화로 표현되며 현물과 옵션 간 헤지 비율을 표시한다. 옵션딜러 입장에서 델타는 관리될 존재가 아닌 제로(0)로 만들어야 할 적인데, 적을 완전히 제거할 수 없다면 적어도 중립적 상태로는 둘 필요가 있으며 그런 사고가 델타중립헤지Delta Neutral Hedge 전략을 탄생시켰다. 델타는 현물과 옵션 간 헤지비율이라는 뜻 이외에 옵션의 행사 가능성을 의미하기도 한다. 옵션이 ITM 상태로 넘어갈 확률이 확대된다면 대책 없이 옵션을 팔아 버린 시장 조성자는 난처한 입장에 빠질 것이며 막대한 손실도 감수해야 한다. 따라서 일부는 반대 포지션을 취한 매도자에게 넘기고 또 일부는 현물시장을 통하여 헤지전략을 추구하게 된다. 손실도 없고 이익도 없는 중립 상태라면 프리미엄은 고스란히 시장 조성자의 이익으로 남는 셈이다.

델타관리만으로 델타중립 포지션을 유지할 수 있다면 좋겠지만 현실적으로는 끊임없이 동적 헤지거래를 수행해야 한다. 따라서 델타뿐만 아니라 델타 그 자체의 움직임도 인식할 필요가 있다. 여기서 감마가 도출되게 된다. 감마는 기초자산 가격변화에 따른 델타변화로 콜 옵션과 풋 옵션에 상관없이 동일한 값을 가지며 헤지오차를 측정하는 기호로 이용된다. 델타로 헤지비율을 대충 잡았다면 감마로 그 오차를 추적하여 최대한 중립에 가깝도록 조정하는 것이다. 감마는 ATM 상태일 때 가장 높고, ITM과 OTM 상태로 넘어갈수록 점차 떨어진다. ATM 상태일 때 옵션투자 위험이 가장 큰 이유도 여기에 있으며 또한 위험이 안겨 주는 수익을 좇아 많은 투자자들이 몰리기도 한다. 높은 위험은 대체로 높은 수익률을 의미하는 경향이 진하기 때문이다.

아시는 것처럼 옵션은 시간가치라는 것이 존재한다. 주식은 발행기업이 망하지 않는 한 그 권리가 영원히 존속된다. 하지만 옵션은 만기라는 생존기간이 존재하며 그 기간이 다가올수록 가치는 제로로 수렴한다. 보통 일 단위로 세타를 체크하고 주간 단위 값과 비교하면서 포지션 조정이 이루어진다. 참고로 세타는 시간 경과에 따른 옵션가치의 변동분을 의미하는데, 옵션 보유방향에 따라 반대로 움직이는 특징이 있다. 옵션매입자는 음(−)의 세타 값을 가지고 그 반대로 매도자는 양(+)의 세타 값을 보유한다. 시간이 지남에 따라 매입한 옵션 가치가 떨어지니 옵션 매입자로 보면 흐르는 시간이 아쉬울 뿐이다. 감마와 동일하게 ATM 상태일 때 세타 값의 절대치가 가장 높으며 OTM과 ITM으로 이동할수록 떨어진다. 다 잡아 놓은 토끼나 도망간 토끼에게는 시간도 별 영향을 주지 못하는 것 같다.

이들 지표들이 자산가격에 바탕을 두었다면 베가는 가격변동성을 주 지표로 삼는다. 베가는 변동성 움직임에 따른 옵션가격 변화를 의미하는데, 이미 언급했듯이 변동성 확대는 그 즉시 옵션가치 상승으로 연결된다. 변동성이 옵션가치에 양(+)의 영향을 미치므로 자연히 베가는 항상 양(+) 값을 가지며 ATM에서 가장 높고 OTM과 ITM이 될수록 점차 0에 근접하는 형태를 띤다. 달리 말하자면 ATM 상태일 때는 변동성이 옵션가격에 미치는 영향력이 상대적으로 제한된다는 의미로 해석될 수 있다. 산 정상에 이미 오른 사람보다 올라가고 있는 사람들이 더 위험한 것과 같은 이치이다.

끝으로 로(Rho)는 이자율 변화에 따른 옵션가치의 변화로 앞서 그리스 문자와 달리 일반투자자에게는 그리 큰 의미를 던져 주지는 못한다. 큰 옵션북을 운용하는 기관이라면 포지션 유지를 위해 자금조달 비용도 고려할 것

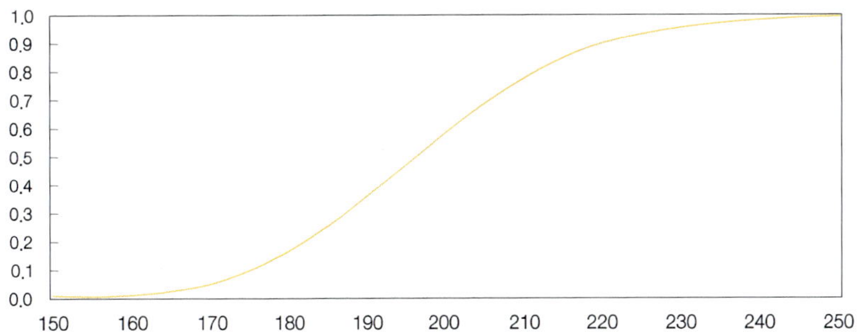

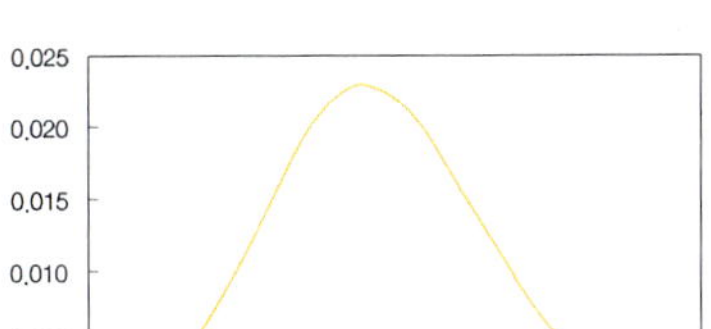

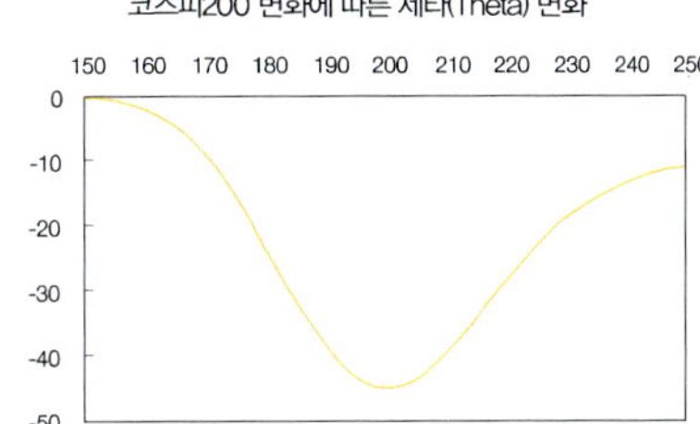

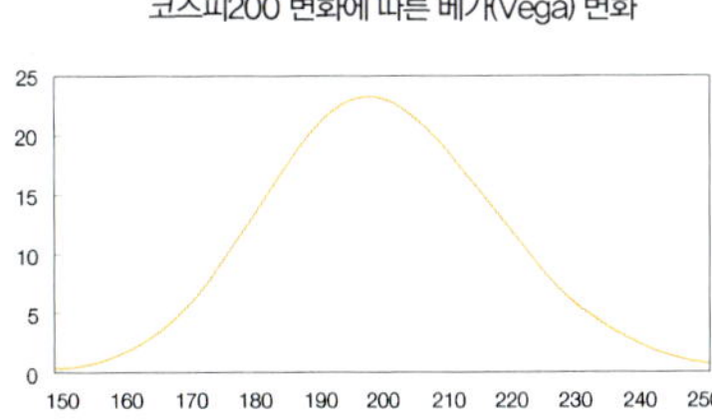

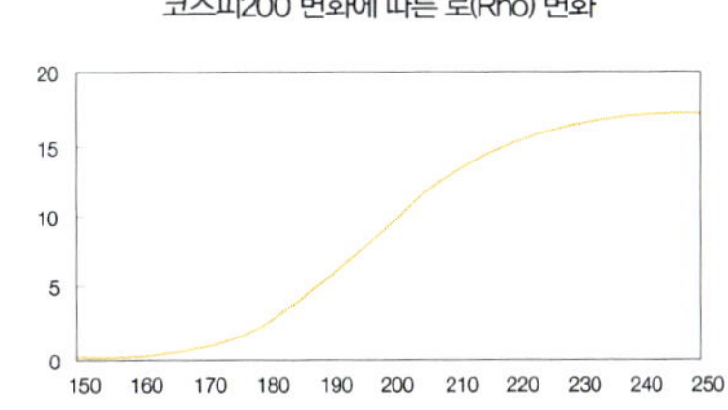

〈그림 11-1〉 코스피200 변화에 따른 그리스 문자 변화

델타: 기초자산 가격변화에 따른 옵션가격 변화로 현물과 옵션 간 헤지 비율을 나타낸다.
감마: 기초자산 가격변화에 따른 델타의 변화로 헤지오차를 측정하는 기호로 이용된다.
세타: 시간가치를 의미하며 대개 시간이 흐름에 따라 옵션 가치는 하락하는 경향이 있다.
베가: 기초자산 가격 변동성 변화에 따른 옵션가격의 변화를 의미한다.
로: 이자율 변화에 다른 옵션가격의 변화를 나타낸다.

이다. 즉 옵션매매로 획득한 프리미엄과 델타헤지를 위해 동원될 자금을 비교하여 추가 자금이 투입될 상황이라면 약간의 차이도 무시할 수 없다. 개인투자자와 달리 운용하는 자금의 절대치가 크기 때문이다. 이제까지 살펴본 그리스 문자들이 개개인의 투자 판단에는 큰 영향을 미치지는 못하겠지만 그 반대편에 놓인 상대방에는 중요한 수치일 수도 있다. 투자는 벽에 대고 홀로 탁구를 치는 게임이 아니다.

6. 옵션시장의 별종들

주가연계 상품은 일반투자자가 아닌 기관투자자를 대상으로
설계된 것이다. ELS는 외곽에서 맴돌던 상품을 장내로 불러들여
일반투자자들이 관심을 보이도록 포장을 바꾼 것에 불과하다.
원천적으로 여러분이 서 있을 시장은 아니며 또한 이해될 개념도 아니다.
뻔한 가격결정 논리 속에서 선수끼리 뒹굴다 보니 이익구간은
점차 협소해졌으며, 이를 넓힐 누군가가 요구되었을 것이다.
그 누군가가 아마 여러분이었던 것 같다. 어떠한 구조를
택하든 100% 원금보장과 더불어 예금금리에 2% 이상의
프리미엄을 줄 수 있는 상품은 극히 드물다.

장외거래에서 거래되던 이색옵션들이 대중화 기치를 들고 한국에 상륙한 것이 바로 주가연계증권ELS: Equity Linked Security, 주가연계펀드ELF: Equity Linked Fund, 주가연계예금ELD: Equity Linked Deposit 등이다. 이들 가운데 ELS가 가장 성공적인 행보를 보였으며 그 대중성에서도 높은 점수를 받고 있다. 따라서 본 단락은 ELS를 두고 논의를 이끌어 갈 생각이다. 주가연계증권을 살펴보기에 앞서 우선 이색옵션을 간략히 파악해 봄으로써 이해의 편의성을 도모하고자 한다.

주가연계증권과 가장 비슷한 형태의 이색옵션은 배리어Barrier옵션인데,

배리어옵션은 기초자산의 가격이 일정한 범위에 도달할 때 사전에 약정된 금액을 지불하는 옵션을 말한다. 장외시장에서는 다양한 형태의 배리어옵션이 거래되고 있는데, 이는 KOSPI200 옵션과 같은 유럽식 옵션보다 가격이 더 싸기 때문이다. 배리어옵션은 크게 녹아웃Knock-out과 녹인Knock-in으로 구분될 수 있다. 녹아웃 옵션은 기초자산이 약속된 배리어 수준에 도달하면 소멸되지만 녹인 옵션은 기초자산이 약정된 수준을 터치Touch하면 옵션이 효력을 발휘한다. 베리어옵션이 무효가 되거나 발효가 되지 않을 경우 매입자에게 미리 약정된 환불금을 지불하는 형태도 있다. 녹아웃 옵션 가운데 베리어 수준이 초기 자산가격보다 낮은 상태, 즉 ITM에서 출발한다면 달리 다운앤아웃콜Down and Out Call 옵션이라고 부른다. 이에 대응하여 기초자산이 배리어 수준에 도달할 때만이 옵션이 행사되는 구조는 다운앤인콜Down and In Call 옵션이라 칭한다. 쉽게 말해 유럽식 콜 옵션가격은 다운앤인콜 옵션과 다운앤아웃콜 옵션의 합으로 표시될 수 있다.

한편 배리어 수준이 현 기초자산 주가보다 높은 OTM에서 설계되었다면 업앤아웃콜Up and Out Call이라 부르는데, 이때 기초자산이 배리어 수준에 도달하면 소멸된다. 업앤인콜Up and In Call 옵션은 배리어 수준에 도달할 때만 옵션이 유지되는 경우이다. 풋 옵션도 앞서 콜 옵션과 같은 맥락에서 생각할 수 있다. 배리어옵션이라는 말이 친숙하지 않은 독자들도 주가연계증권과 많은 부문에서 겹쳐짐을 느낄 것이다. 옵션은 향후 주가의 확률분포가 로그노말Lognormal 형태를 보인다는 것을 전체로 하고 있다. 만약 이 전제가 어긋난다면 배리어옵션의 이론적 기틀도 흔들리게 된다. 설정된 배리어 수준에 도달할 것인지 아닌지를 좌우하는 기초자산 가격의 빈도 역시 배리어옵션에 있어 핵심적 역할을 한다.

베리어옵션과 비슷한 형태로는 이항옵션Binary Option이 있다. 이 옵션의 만기 수익구조는 0 아니면 1이다. 전부 아니면 전무라고 볼 수 있다. 소위 기초자산이 사전 약정된 배리어 수준을 건드리면 정해진 금액을 지불하고 그렇지 않으면 지불하지 않는 구조인 셈이다. 따라서 수익구조가 비연속적으로 나타나게 되며 연속적 수익구조를 갖는 파생상품과 달리 일반적 옵션, 선물과 같은 선형상품으로 헤지하기가 쉽지 않다. 바스켓옵션은 한 개의 기초자산이 아닌 바스켓에 포함된 종목들의 가치에 따라 옵션 행사여부가 결정되는 구조이다. 기초자산이 종목이 될 수도 있고 주가지수 또는 통화가 될 수도 있다. 그 외 아시안옵션Asian Option은 만기수익 구조가 일정기간 동안의 기초자산 가격에 의존하는 형태이다. 만기 특정시점의 급격한 가격변화로 인한 옵션가치 변동을 회피하기 위해 고안된 상품인데, ELS에 이 개념이 포함되었다면 만기 주가조작 논란도 불식시킬 수 있었을 것이다.

원론적으로 ELS는 주가 또는 주가지수에 연동되어 이들의 움직임에 따라 사전에 약정된 수익률을 투자자에게 지불하는 상품으로 자산의 대부분을 채권에 투자하고 일부를 따로 떼어 주식, 파생상품 등에 투자하는 형태를 띠고 있다. 원금보존과 이익확대에 대한 욕망을 동시에 만족시킬 접점을 찾아가는 상품으로 볼 수 있는데, 이색옵션이 그러하듯 ELS도 상품설계 방법에 따라 다양한 형태로 현실화될 수 있다. 설계이념에 원금보존이 핵심적 위치를 차지하고 있지만 수익증권 특성상 예금자 보호법 적용은 되지 않는다. 이 상품은 증권회사 주도로 발행, 판매되고 있으며 상환책임도 최종적으로는 증권회사가 짊어진다. 만약 ELS 발행회사가 부도 처리될 경우 투자자는 예금자가 아닌 무보증 채권보유자 입장에 놓이게 되며 우선순위에 따라 청구권이 부가된다. 제조업처럼 그 빈도가 높지는 않지만 증권사도 디폴트의 사각지대에 놓인 것은 아니다. 시장환경이 상당히 악화된 상태라면 신용도가 낮은 증권사가 발행한 ELS는 일순간 독배로 변모할 수 있다. 리만브라더스 사태가 결코 먼 산의 이야기만은 아니다.

현재 국내에서 가장 많이 팔리고 있는 형태는 스텝다운형Step-down과 녹아웃Knock-out형이다. 스텝다운형은 기초자산 가격이 최초 기준가격 대비 일정수준 이하로 떨어지지 않으면 약정된 수익률을 지불하는 구조이다. 보통 만기일까지 조기상환 가능횟수를 정해 놓고 조건에 부합될 경우 투자자는 조기상황을 통하여 수익을 실현할 수 있다. 보통 상환조건은 시간이 지남에 따라 순차적으로 낮아지는데 이는 주가변화 폭이 시간에 따라 확대될 확률이 높기 때문이다. 한편 녹아웃형은 스텝다운형과 달리 조기상황 조건을 한 개로 둔다. 즉 기초자산 가격이 최초 기준가격 대비 일정수준 이상으로 오르면 일정한 수익률을 보장한다는 구조이다.

흔히 ELS상품을 비과세상품 또는 원금보장형 상품으로 오해하는 경향이 있는데, 이는 순전히 잘못된 생각이다. 세금은 채권에 준하여 부과되고 있으며, 원금보장 유무는 상품약관에 이를 명시적으로 기입할 경우에만 해당한다. 그렇지 않을 경우 원금보전을 위해 노력한다는 정도로 받아들이는 것이 좋다. 스텝다운형 ELS가 원금보장구간을 이탈한다면 원금손실 위험에 처할 수 있으며 헤지가 유발될 수 있다. 보통 기준가격 대비 마이너스(-) 50% 전후에서 원금 또는 원금＋일정수익을 보장하는 구조로 상품이 설계된 경우가 많다. 평상시는 문제없지만 설계 당시가 고점이고 이후 2008년처럼 증시가 폭락할 경우 막대한 손실을 유발할 수 있다. 일례로 ELS투자로 남양유업은 창사 45년 만에 첫 적자를 기록하였으며 일부는 ELS 손실 관련 불명확한 회계처리로 논란을 빚었다.

그럼 모럴헤저드 측면에서 시중에 팔리고 있는 각종 ELS 상품들이 가진 위험성을 살펴보자. 주 논점은 일부 ELS 발행사가 만기일에 해당 기초자산의 주가를 의도적으로 떨어뜨렸다는 의혹에서 출발한다. 먼저 이런 의혹이 제기된 배경을 살펴보기로 하자. 2003년 이후 국내에서 가장 많이 팔린 ELS 상품은 '투스톡 스텝다운Two Stock Step-down' 구조를 가진 ELS이다. 쉽게 말해 특정종목 두 개를 기초자산으로 설정해 일정수준 이하로 떨어지지만 않는다면 약정된 수익률을 지불하는 구조이다. 주가지수를 기초자산으로 정한 ELS라면 발행사 역량으로 만기일 해당 주가를 변경하기는 힘들 것이다. 하지만 두 종목으로 그 대상이 압축된다면 해당일 장 종료 전 약간의 수고만으로도 조건을 조작할 수 있다. 즉 투자자에게 약정된 금액을 지불할 필요가 사라지는 셈이다.

이런 문제를 인식하고 감독기관도 현 만기일 종가 대신 만기 이전 3일 이상 종가 또는 만기 거래량의 가중평균가격으로 하는 방안을 논의하고 있다. 또한 백투백헤지를 이용하는 경우 실제로 헤지하는 금융회사명을 투자자에게 공지하거나 ELS발행 증권사가 발행액의 3% 이상을 인수하고 상환시점까지 보유하는 방안 역시 논의되고 있지만 얼마나 호응을 얻을지 의문시된다. 참고로 백투백헤지는 국내증권사가 ELS 발행에 따른 리스크를 직접 회피하지 않고 외국증권사에 떠넘기는 것을 일컫는다. 국내증권사는 판매수수료만 챙길 뿐 실질적 상품개발과 운용은 외국증권사가 담당하는 행태

이다. 참고로 2008년 기준 80% 상당의 국내ELS 상품이 백투백헤지로 운영

되고 있다.

12장

초콜릿 박스와 같은 신용파생상품

주식시장과는 별개인 존재로 여겨졌던 신용파생상품이 사실은 수면 아래 잠복한 복병임을 이제 알게 되었다. 2008년 수면에 잠긴 빙하의 일부분을 살짝 엿보는 것만으로 우리는 글로벌 경제가 흔들리고 국제금융시장이 위축됨을 목격했다. 신용위험 회피가 아닌 신용팽창으로 넘어선다면 증시는 침몰할 것이고 그 비장함 속으로 투자자도 함께 빨려 갈 것이다.

1. 악마의 유혹, 신용파생상품

신용파생상품은 초콜릿 박스와 같다. 여러분은 자신이
선택한 초콜릿이 어떤 것인지를 모르기 때문이다.

2007년 전 세계를 경악에 빠트린 서브프라임 모기지 사태를 계기로 '신용파생상품Credit Derivatives' 이라는 말도 시사용어의 한 자리를 차지하게 되었다. 사실 서브프라인 모기지란 말보다는 우선담보 모기지First Lien Mortgages라는 용어가 더 적당할 것이다. 우선담보 모기지란 신용등급이 낮은 저소득층들을 대상으로 주택자금을 빌려 주는 미국의 주택담보대출상품을 일컫는데, 이를 대출자의 신용등급에 따라 세분화한 것이 바로 프라임Prime, 알트에이Alt-A: Alternative-A, 서브프라임Subprime이다.

플로리다 부동산 투자열기가 1929년 대공황의 중요 시발점을 제공한 것처럼 21세기 첫 10년을 공포로 몰아넣고 있는 경제공황 역시 부동산이 그 단초를 제공하였다. 끊임없이 외부 에너지를 흡수하면서 타오를 것 같던 미국 부동산 시장이 푹 꺼짐에 따라 신용등급이 낮은 서브프라임 모기지부터 문제가 터지기 시작하였다. 2007년 4월 미국 제2위의 서브프라임 모기지 대출

회사인 뉴센트리 파이낸셜이 파산신청을 하였으며 8월에는 알트에이 모기지 전문업체인 인베스트먼트AHMI가 무너졌다. 또한 프랑스 최대은행 BNP 파리바는 자산유동화증권ABS펀드에 대한 환매를 일시 중단하였다.

하지만 이는 우리가 차후 목격할 악몽의 전조에 불과했으며 위기는 미국에서 유럽 그리고 아시아로 퍼지면서 자기번식을 지속하였다. 158년 역사를 자랑한 리만브라더스는 사라졌고 메릴린치는 매각당했으며 시티그룹, BOA와 AIG 등은 모르핀에 의존하여 생명을 영위하고 있다. 2009년 8월 블룸버그 통신은 전 세계 100개 이상의 금융업체가 서브프라임 모기지로 손실을 입었으며 그 규모는 1.6조 달러에 이른다고 추산하였다. 은행과 증권사가 입은 손실액은 1.1조 달러를 상회하였으며 보험사 손실 규모는 근 2,500억 달러에 달하였다. 미 국책 모기지업체인 패니메이와 프레디맥은 단일 업체로는 가장 큰 손실을 입었으며 그 규모는 각각 1,196억 달러와 1,183억 달러에 이른다. 그 다음은 돈 먹는 하마 시티그룹(1,122억 달러), 와코비아(1,019억 달러), AIG(1,014억 달러) 순이다. 유럽계 은행 가운데는 UBS가 531억 달러 정도로 최대손실을 기록하였다. 물론 이 수치는 앞으로 확대될 것이며 세금에 의해 그 갭이 보충될 것이다.

이것으로 모든 문제는 덮어진 것일까? 그렇지 않다는 사실을 여러분은 잘 알고 있을 것이다. 주택담보대출이 금융권에 막대한 부담을 안겨 주고 있지만 그 경로파악은 유추할 수 있다. 또한 주택 가격과 신용상태에 따라 조정작업을 벌이면서 손실규모도 정확한 통계치는 아니지만 근사치까지는 측정이 가능하다. 심리적 충격을 감안하여 통계치를 왜곡, 발표하고 있지만 답은 알고 있는 상태일 것이다. 하지만 앞으로 다룰 신용파생상품은 그 깊이가 보이지 않는 암흑터널과 같다. 실체는 불분명하지만 손실은 현실화되고 위치는 불명확하지만 그 존재는 있는 악마의 속삭임과 같다. IMF는 전 세계 금융권 부실자산 규모를 3.3조 달러로 전망하고 있는데 현재 처리된 결과는 반타작 정도에 불과한 것으로 알려진다. 이것도 상당히 보수적 추정치일 것이다. 숨겨진 폭탄은 터진 이후에야 드러나기 때문이다.

신용파생상품은 준거자산Reference Asset의 신용위험을 거래대상으로 한다. 쉽게 말해서 KOSPI200 옵션에 있어서 그 기초자산인 KOSPI200, 보험의 경우 보험대상물에 해당하는 것이 바로 준거자산이다. 준거자산에 따라 신용파생상품도 다양하게 나뉘는데, 가장 대중화된 형태가 바로 채권을 대상으로 한 신용디폴트스왑CDS: Credit Default Swap이다. 채권을 보유한 이는 해당 채권이 휴지조각이 될 위험에 수시로 노출되어 있다. 따라서 일정한 수수료를 부과하더라도 부도와 같은 신용사건을 회피하려는 투자자가 존재하며 이와 반대로 수지타산이 된다면 적극적으로 위험을 떠맡는 이 역시 나타난다. 언뜻 보기에도 보험상품과 유사한 구조를 가지고 있는데 이것이 AIG에 지나친 자신감을 불러일으켰다. 증권상품이 아닌 자신들이 강점을 가진 보험상품이라고 생각한 것이다.

벤 버냉키 미 연방준비제도이사회FRB 의장이 미 상원 재무위 청문회에서 AIG가 마치 헤지펀드처럼 운영됐다고 한탄했지만 때늦은 감이 있다. 솔직히 말해 미국 전체를 하나의 헤지펀드로 보는 것이 적당할 것이다. 결국 이카루스의 날개처럼 태양을 향해 힘껏 솟아오르던 신용파생상품도 그 열기가 너무 뜨거웠는지 심연의 어둠으로 빠져들었다. 신용파생상품에는 앞서 언급한 신용디폴트스왑 이외에 신용파생상품지수, 바스켓스왑Basket Swap 총수익

스왑TRS, 신용연계채권Credit Linked Notes: CLN, 합성 CDO 등이 있다. 신용파상
상품지수는 그 규모에 있어 신용디폴트스왑에 육박하고 있는데, 그 구조는
다양한 신용디폴트스왑을 묶어 지수화한 이후 이를 매매하는 형식이다. 채
권지수의 낮은 유동성에 대한 반발작용으로 개발되었는데, 한마디로 숫자놀
음에 불과하다.

바스켓스왑은 그 형식은 신용디폴트스왑과 유사하지만 한 개가 아닌 몇
개의 채권으로 구성된다는 차이점이 있다. 쉽게 말하자면 한 채권에서 신용
사건이 발생할 경우 약정된 손실부담을 부담하는 구조는 First-to-
Default basket, 둘이면 Second-to-Default Basket이 되는 것이다. 주사
위 1개를 던져서 6이 나올 확률은 17% 정도이지만 주사위를 5개를 던져 한
곳에서 6이 떨어질 확률은 8%이다. 물론 주사위 두 군데에서 6이 될 확률은
이보다 훨씬 적은 1.6%에 불과하다. 바스켓스왑은 위험을 떠넘기는 쪽보다
위험을 부담하는 측 사정이 더 많이 반영된 상품으로 글로벌 시장점유율은
낮은 편이다.

총수익스왑은 다이아몬드 사태라는 이름으로 한국에 첫선을 보였다. 10
년이면 강산도 변한다지만 국내 기관투자자에게는 여전히 교훈적 사례로 언
급되고 있으며 파생상품 연구에 불을 댕긴 계기도 되었다. 그 사례를 간략히
살펴보면 다음과 같다. 1997년 SK증권, 한남투신, LG금속은 자본금 3,440
만 달러를 투자하여 다이아몬드펀드라는 역외펀드를 설립하였다. 그 후 J.
P. 모건과 태국 바트화 채권을 기초자산으로 한 총수익스왑을 체결하고 수
익증권 발행을 통해 J. P. 모건으로부터 5,300만 달러를 차입하였다. 상품은
기초자산에서 발생한 손익을 가지고 그 대신 엔화, 바트화의 환위험을 떠안

는 구조로 설계되었다. 이익은 고정되고 손실은 무한정인 형태인 셈이다.

　　또한 이들은 자본금과 차입금 총액 8,650만 달러를 인도네시아 루피아 연계채권에 투자하였는데, 1997년 외환위기가 발생함에 따라 바트화와 루피아는 폭락하였고 1998년 2월 만기 도래 시 초기 투자액의 5.5배에 달하는 1.9억 달러의 손실이 발생하였다. 위험에 대한 충분한 고지가 이루어지지 않음을 이유로 SK증권 등은 소송을 걸었지만 결국 1999년 11월 합의 형식으로 J. P .모건에 2억 달러 상당의 화해금을 지급하면서 사건을 종결하였다. 당사자에게는 분명 쓰라린 경험이지만 긴 안목에서 보면 2007년 신용파생상품이라는 해일을 무사히 넘긴 전기를 마련한 사건으로 볼 수 있다. 여담이지만 이번에는 한국이 아닌 중국이 그 유탄을 좀 맞았다.

　　신용연계채권은 구조화된 채권으로 신용디폴트스왑이 내포되어 있다. 파생상품을 직접 거래할 수 없는 기관투자자를 위한 우회통로 성격이 강하며 일반채권에 비해 높은 금리를 획득할 수 있다는 장점도 존재한다. 물론 공짜가 아닌 위험을 부담하는 대가로 말이다. 개념상 부채담보부증권은 신용연계채권과 비슷하지만 그 구조는 자산유동화 증권을 좇아가고 있다. 대출, 채권 등의 자산보유자가 다수의 채권을 묶어 이를 기초자산으로 삼는 자산담보부증권을 투자자에게 매각하는 형태이다. 기초자산이 채권인 경우에는 CBO^Collateralized Bond Obligation, 대출인 경우에는 CLO^Collateralized Loan Obligations, 주택저당채권인 경우 MBS^Mortgage-backed Securities, 자동차 할부대출인 경우 Auto-ABS라고 부르며 위험부담 순위에 따라 선순위, 중간순위, 후순위 등으로 트랜치^Tranche, 등급를 분할하여 위험도에 따라 수수료를 달리 책정하여 판매하고 있다.

이상으로 신용파생상품과 관련된 개괄적인 지식을 알아보았다. 그리 흥미로운 내용도 그렇다고 가슴에 와 닿은 주제도 아닐 것이다. 신용파생상품은 기관을 대상으로 한 상품이며 또한 투자가치에 대한 확인작업이 거의 불가능하다. 개인투자자 입장에서 신용파생상품이 활개치고 있다면 투자위험이 확대되고 있으며, 여러분이 진흙탕에 들어가든 들어가지 않든 그 대가는 함께 짊어질 것이라는 사실만 명심하면 된다. 2008년 국제금융시장이 경색될 때 세계 각국에 퍼져 있던 자금들이 썰물처럼 쭉 빠져나갔다는 사실을 기억하길 바란다. 한국증시도 그 물결에서 비켜날 수는 없었다. 그럼 신용파생상품 가격결정 메커니즘을 통하여 그 허구성과 우스꽝스러운 형태를 한 번 들여다보기로 하자.

2. 세 치 혀로 결정되는 가격 메커니즘

화려한 모형을 전시해 두고 테이블에 둘러싸여 가격을
흥정하는 것이 신용파생상품 가격결정 논리이다.

신용파생상품의 가격결정을 위해서는 신용사건이 발생할 확률을 구하는 것이 우선되어야 한다. ISDA는 신용사건의 종류를 크게 지급실패, 파산, 기한이익 상실, 채무불이행, 모라토리엄 선언, 채무재조정 6가지로 구분하고 있다. 일반적으로는 지급불능이나 파산, 즉 부도로 통칭되며 가끔 신용등급 하락도 그 대상에 포함시킨다. 부도율은 크게 세 가지 방법을 통하여 추정한다.

첫째, 신용평가회사가 축적한 과거 부도자료를 이용하는 것이다. 역사적 자료로 현실에 대한 적응력이 떨어지며 구체적 대상을 일반화시켜 평균적 부도율로 획일화하는 우를 범할 수 있다.

둘째, Merton(1974)모형을 확장한 방법이다. 흔히 구조적 모형이라고 부르는데, 이 방법은 기업가치가 일정한 수준, 즉 부도 가능점^{Default Threshold Level} 이하로 떨어지면 부도로 간주하는 것이다. FCF법을 포함한 다양한 기업가치 추정모델이 존재하므로 어느 것을 기준으로 할 것인지에 대한 논란이 존재한다. 또한 과거 부도경험 및 신용등급 변화를 반영하지 못한다는 단점 역시 있다. 부도가능점은 일반적으로 채권총액을 대용한다.

셋째, 소위 축소형 모형Reduced Form Model으로 시장에서 관측 가능한 채권수익률의 기간구조를 통하여 부도율을 추산하는 방법이다. 적용상의 편의성은 뛰어나지만 채권을 발행하지 않은 경우 혹은 그 기간구조가 협소할 경우 한계가 있으며 앞서 두 번째 방법처럼 신용등급 변화정보를 반영하지 못한다.

앞서의 논란을 불문에 부치더라도 우리는 회수율Recovery Rate이라는 장애에 부딪힌다. 채무불이행 상태가 곧 회수율 제로를 의미하지는 않는다. 보유자산 처분을 통하여 일정부분 재회수할 수 있으며 그 부분은 손실의 차감항목이다. 말하자면 전체 손실에서 회수 가능한 부문을 제한 것이 실제 손실인 셈이다. 신용파생상품은 이 부분을 보상의 기준으로 삼고 있다. 무디스Moody, 스탠더드앤드푸어스Standard & Poors, 피치Fitch와 같은 세계 3대 신용평가기관은 역사적 부도율과 회수율에 관한 광범위한 데이터를 축적하고 있으며 이들의 데이터는 신용파생상품 가격결정에 핵심적 역할을 수행한다. 준거자산 평가에서 신용파생상품설계까지 이들의 입김이 곳곳에 스며들 수밖에 없는 구조이며 그들은 기꺼이 파우스트가 될 마음자세를 보여주었다. RMBS, CDS, CDO 등 신용파생상품이 본격화된 2002년부터 2007년까지 3대 신용평가기관의 총수입은 30억 달러에서 60억 달러로 약 2배 증가하였는데, 특히 CEO 그 자신이 투철한 영업정신을 발휘한 무디스는 2000년 당시보다 기업이익이 4배 확대되었다.

불확실한 부도율, 임의적인 회수율을 지나 우리는 답도 없는 상관성에 직면하게 된다. 준거대상이 한 개인 신용디폴트 스왑의 경우는 예외이지만 구조화증권 혹은 배스킷스왑과 같은 형태는 부도상관 수치가 필수적이다. 신용파생상품은 가격결정에 있어 상품군Pool에 포함된 개별 채권 간 동시 부도 가능성 역시 고려해야 하며 이는 부도상관성으로 표면화된다. 부도율 자체도 불확실한데, 그 부도율의 상관성을 어떻게 추정할 것인가라는 문제는 모형설계자를 곤혹스럽게 하였으며, 이들은 또다시 신용평가기관에 손을 벌렸다. 즉 과거 수치를 그대로 대입한 것이다. 회사채의 경우 그 진실성에 살짝 눈을 감는다면 주가 상관성을 그 대용지표로 이용할 수 있었다. 그것이 현실적인가라는 물음을 뇌리에서 삭제해 버린다면 그 모형의 완결성은 보장되는 듯했다.

모기지 증권과 은행채권의 과거 지향성은 투자매력을 잃게 하였으며 똑똑한 이들 가운데 과거는 극복될 수 있다는 생각이 고개를 들었다. 악마의 함수로 불리는 코풀라가 점차 전면에 등장한 것이다. 화려하면서 기발한 논리성을 앞에 두고 누구도 반론을 제기할 수 없었으며 현실성마저 확보한 듯했다. 이 함수만 들이대면 모두 침묵 속에 빠졌는데, 그 원인을 개념에 대한 동조보다는 무지에 대한 회피에 한 표를 주고 싶다. 어린아이에게 신기한 물건을 선물하면 지칠 때까지 가지고 노는데, 신용파생상품도 다를 것이 없었다. 무겁고 노후화된 듯한 RMBS, CDO보다 간단히 조작 가능하고 세련된 듯한 유행을 뽐내는 신용디폴트스왑에 투자자는 더 깊게 빠져들게 되었다. 그들 자신들이 상품가치를 근사하게 추정할 수 있다는 자신감도 한몫을 하였을 것이다.

하지만 그 세부내역을 찬찬히 들여다보면 우리는 곳곳에서 폭탄을 발견할 수 있다. 가격평가 모델은 불확실한 부도율, 임의적인 회수율, 미지의 상관성이 결합되어 논리적 확실성도 놓치고 진리도 날려 버렸다. 누군가 블랙박스 속에서 꺼낸 불안정한 가격을 서로 매입하고 매수하는 절차 속에서 그 상품에 가치를 부과하는 과정만 남았으며 현실반영이 아닌 협상논리로 모든 것이 결정되었다. 그 협상이 일단 화려한 수학적 모델로 상대방을 위축시킨 후 세 치 혀로 이루어졌다는 것이 좀 다를 뿐이다.

3. 신용디폴트스왑, 화려함 그 뒤의 허무함

신용파생상품 그 자체가 허무맹랑한 소설인 것만은 아니다. 가격결정모형 속에 녹아 든 수학적 아름다움은 경이롭기조차 하다. 버트런드 러셀은 "수학은 최상의 아름다움, 즉 조각의 아름다움과 마찬가지로 우리의 약한 본성 어디에도 호소하지 않고 음악이나 그림의 화려한 장식도 없지만 숭고할 정도로 순수하며 가장 위대한 예술만이 보여줄 수 있는 엄격함과 완벽함을 가능하게 하는 차갑고 엄숙한 아름다움을 소유하고 있다."라고 극찬하였다. 이 말에 전적으로 동의한다. 하지만 금융으로 현실화된 수학은 본의 아니게 아름다움이 화려함으로 그리고 순수함이 영악함으로 변한다.

금융상품을 설계하는 이들은 근대 이전 성직자의 역할을 기꺼이 감당하고 있다. 당시 성직자들은 수학을 포함한 모든 학문을 개인적인 목적을 위해 이용하고 독점하였다. 지식은 그들에게 권력을 가져다주었으며 지식을 제약함으로써 자신들의 권력에 대항할 수 있는 가능성을 축소시켰다. 무지는 두려움을 낳고 두려움에 가득 찬 사람들은 자신들을 인도하고 자신들에게 확신을 주는 지도자에게 의존한다. 본인이 혹시 '신'은 아닐까라는 착각에 매몰되는 것이다. 철학과 현실을 떠나 모형이 주는 화려함에 빠진 이는 새벽의 깨달음에 심취된 나머지 신을 배반한 루시퍼가 아닐까! 그럼 실제 사례를 통하여 그 화려함과 논리구조를 조금 엿보기로 하자.

우선 2007년 자료를 통하여 현재를 되짚어 보기로 한다. 과거 자료의 적합성은 현재의 불확실성 제거와 함께 미래에 대한 신뢰성을 높여 준다. 〈표 12-1〉은 2007년 2월 기준 회사별 신용등급을 조사한 것이다. 적지 않은 시간이 흘렀지만 신용등급의 현실적 적합성은 그리 퇴색되지 않은 것 같다. BBB(-)로 최저등급을 받은 쌍용자동차는 파산의 턱 앞에 놓여 있으며 정부 지원 없이는 회생가능성이 거의 전무한 상태이다. 금호그룹의 양대 지주인 금호산업도 그 등급에 맞게 2008년 적자실현에 이어 경영권 분쟁의 회오리 속에 있으며 2009년 8월 현재 벽산건설 주가는 액면가를 하회하고 있다. 남광토건은 일명 개미들의 무덤으로 변하였으며 그 외 기업들도 비약적 발전은 요원한 것 같다. B등급에 건설업종이 유달리 많이 집중된 것도 한 원인일 것이다. 우량그룹(AA~AAA)과 중간그룹(A~AA-)은 시간의 화살이 가로질러 갔음에도 상대적으로 안정된 경영실적을 보이고 있으며 등급 간 이동도 빈번하지 않다.

그렇다고 신용등급이 절대적인 것은 아니다. 세월의 부침에 따라 자연스럽게 등급이동이 이루어질 것이며 돌발사태 혹은 숨겨진 부실이 표면에 떠오른다면 등급이 몇 단계 떨어질 수도 있다. 다만 BBB- 등급을 받은 기업이 일순간 AAA 등급으로 상승할 것으로 보지는 않는다. 주식시장에서는 신

자료원천: 한국채권평가 데이터 정리

AAA	AA+	AA	AA−	A+	A	A−	BBB+	BBB	BBB−
국민은행	부산은행	삼천리	기아자동차	삼성전기	대구가스	가온전선	금호전기	대우자동차	경남기업
신한지주	삼성SDI	우리투자	대림산업	유한양행	동양제철	고려개발	대상	동국산업	금호산업
우리금융	삼성SDI	우리투자	대림산업	현재증권	오리온	대성산업	대한전선	동부건설	남광토건
기업은행	KTF	KCC	삼성물산		태영	대한항공	쌍용건설	동양건설	다음
포스코		현대차	SBS		하이트맥주	동국제강	하나로	두산	벽산건설
한국가스		LG화학	한국타이어		한진해운	메리츠종합	하이닉스	삼부토건	신성건설
외환은행		SK	현대백화점		현대제철	SKC	한미	카스코	심텍
한전			LG전자			풍산	한솔제지	코오롱	쌍용양회
KT			LG카드			한국개발	현대상선	한라건설	쌍용차
SK텔레콤						한국캐피탈	효성	KTB네트	아시아나
						한미약품	SK케미칼	STX	일진전기
						현대시멘트	금호전기		중외제약
						LG데이콤	대상		풍림산업
						동원f&b	대한전선		하림

〈표 12−1〉 신용등급 분류(2007년 2월 기준)

데렐라 신드롬이 펼쳐질 수 있지만 채권시장은 좀 결정론적이다. 못난이가 하룻밤에 공주가 되지는 않는다. 이는 증권가 리포트와 달리 확률적 이익창출 능력보다 현실화된 이익과 그 구조에 분석의 초점이 모여 있기 때문이다. 낮은 친밀감과 자칫 딱딱할 수밖에 없는 현실감 때문에 투자자로부터 외면을 당하지만 투자대상에 대한 신용등급 확인은 필요한 절차이다.

<표 12-2>는 개별기업의 신용디폴트스왑CDS 스프레드를 추산한 것이다. 스프레드라는 용어가 갑자기 등장하니 좀 당황스러운 분들도 있을 것이다. 수수료율 혹은 보험요율 정도로 해석하면 될 것이다. 계약기간은 5년으로 두고 프리미엄은 반년 단위로 지급되도록 설정했다. 시뮬레이션 횟수는 10만 번으로 두었는데, 컴퓨터 사양이 뒷받침된다면 100만 번으로 늘려 잡아도 될 것이다. 참고로 현재에 관한 평가작업이 아니라 신용파생상품이 무엇을 의미하는지를 탐구하기 위한 용도라는 점을 밝혀 둔다. <표 12-2> 내 신용디폴트스왑 스프레드를 보면 신용등급이 높은 쪽은 낮은 스프레드 수치, 신용등급이 낮은 쪽은 높은 스프레드가 산출된 것을 확연히 구별할 수 있을 것이다. 위험수준에 대응하여 보험료가 책정된 것으로 모형적으로나 논리적으로 전혀 상식에 어긋난 결과는 아니다. 투자이론의 핵심에는 항상 위험과 수익률의 동일방향성이 새겨져 있다. 적어도 이성적 인간이라면 상기 결과에 불편한 감정을 가지지 않을 것이며 혹자는 열렬한 지지도 보낼 것이다.

그럼 현실적 문제는 어디에서 불거진 것일까? 아마 낮은 금리에 그 뿌리를 두고 있을 것이다. 전 연방준비제도이사회 의장인 그린스펀이 이자율을 낮게 유지함에 따라 국채를 기준으로 한 채권들의 수익률이 구조적으로 하향 조정되었으며 스프레드 간격 역시 좁아졌을 것이다. 말하자면 부도율이 체계적으로 낮게 추산되었으며, 그에 더하여 수익창출에만 급급한 투자은행, 과점형태로 재편된 3대 신용평가기관 체제, 엘도라도를 찾아다니는 몽상가 등 각종 인간군상들의 욕망이 복합적으로 작용하여 곳곳에 지뢰가 뿌려진 것이다. 문제는 지뢰가 매설된 위치를 모르니 지뢰제거반을 투입할 수

회사명	CDS	회사명	CDS	회사명	CDS
한전	7.30	LG카드	17.14	현대상선	37.33
기업은행	7.47	대우증권	17.34	하나로텔레콤	37.67
포스코	7.88	동국제강	17.63	카스코	38.50
한국가스공사	8.33	SBS	17.84	효성	41.68
외환은행	8.47	기아자동차	18.11	두산	42.31
국민은행	8.57	오리온	18.59	한미캐피탈	49.53
KT	9.89	풍산	18.75	대우자동차	56.44
부산은행	10.35	태영	19.95	쌍용건설	59.26
SK텔레콤	10.78	대한항공	19.96	삼부토건	61.85
우리금융	11.55	대성산업	20.27	동국산업	65.47
신세계	12.52	현대시멘트	20.64	한라건설	66.57
KTF	12.67	삼성전기	20.66	아시아나항공	70.62
SK	13.4	한진해운	21.17	금호산업	74.93
대림산업	14.01	SKC	22.4	동양건설	87.55
삼성물산	14.23	대한전선	22.59	KTB네트워크	97.97
유한양행	14.27	대구가스	23.36	하림	100.33
KCC	14.45	동원f&b	24.26	경남기업	112.69
우리투자증권	14.68	고려개발	24.40	쌍용양회	113.72
LG전자	14.71	한솔제지	25.61	일진전기	137.23
삼천리	14.83	대상	26.89	벽산건설	143.18
현대자동차	14.88	금호전기	28.12	쌍용차	144.57
삼성SDI	14.89	SK케미칼	28.52	심텍	159.98
현대제철	15.3	현대증권	28.86	신성건설	166.85
현대백화점	15.82	하이닉스반노제	29.61	님광도건	170.02
농양제철화학	16.00	네리스종합금융	29.68	풍림산업	173.22

〈표 12-2〉 몬테카를로 시뮬레이션을 통한 회사채 CDS 추산(2007년 2월 기준)

도, 그렇다고 핵폭탄을 터뜨려 일거에 날려 버릴 수도 없는 오도 가도 못하는 위치에 놓여 있다는 점이다. 지뢰가 터지는 대로 그 폭발력을 최소화하는 사후처리에 목매달 수밖에 없는 상태이다.

만약 2007년이 아닌 2010년경 서브프라임 모기지 사태가 터졌다면 적어도 국내 대형 금융기관 몇 군데는 간판을 내렸을 것이다. 한국은 아시아에서 채권시장이 가장 발달된 곳이며, 기간구조 매칭을 위하여 당시 국채와 회사채 간의 수익률 역전 현상도 나타났다. 또한 앞서 CDS 스프레드 수치에서 보듯이 한국 역시 체계적으로 부도위험을 저평가한 상태였다. 소위 전문가 그룹이라고 부르는 이들은 금융공학에 대한 친화도가 본질적으로 높으며 선택된 자들의 밀법으로 여기기도 한다. 대중적으로는 세계 최고의 옵션거래량이 상징하듯이 파생상품에 대한 거부감이 없으며 일부는 도깨비방망이로 여긴다. 2007년은 21세기 초 미 금융권에 고개를 내민 이 신기한 동물에 대한 관찰기간이 거의 마무리 단계였던 것이다.

4. 위험은 더욱 뭉쳐서 팔아라

위험은 분산하는 것이 아니라 더욱 뭉칠 때만
가치가 있고 그만큼 파괴력은 높아진다.

위험은 분산하는 것이 일반적 투자법칙이다. 투자자에게 '한 바구니에
모든 계란을 담지 말라.' 라는 오랜 격언은 성언聖言으로 받아들여지고 있으
며 포트폴리오와 펀드 투자로 그 법칙이 현실화되고 있다. 하지만 이상하게
위험을 더욱 뭉쳐야만 팔리는 상품이 있는데, 그게 바로 구조화 증권이다. 위
험수준별로 채권을 묶어 상, 중, 하 Tranche로 나누고 투자자와 위험을 짊어
질 이를 수소문하여 추산한 위험 정도에 따라 돈이 오가는 것이다. 위험과 수
익의 동시 방향성이 또 현실화된 경우이다.

우선 신용디폴트스왑과 구조화 형식을 띤 CDO의 중간단계를 살펴보기
로 하자. 일명 바스켓스왑으로 불리는 상품이 바로 그것이다. 간략한 실례를
위하여 그림에 나타난 신용등급과 업종을 토대로 두 그룹으로 나누어 보았
다. 첫째 그룹은 우수한 신용등급을 가진 기업들로 국민은행, 포스코, 현대
자동차, LG전자, SK텔레콤으로 구성되어 있다. 둘째 그룹은 신용등급이 낮

게 부과된 업체로 남광토건, 다음, 심텍, 쌍용차, 중외제약이 포함되었다.

모형에 따라 10만 번 정도 시뮬레이션을 수행한 결과 신용등급이 높은 그룹이든 혹은 그렇지 않은 그룹이든 First to Default Basket Swap의 경우, 즉 해당 그룹에서 한 개 채권이 부도가 날 경우 약속된 손실액을 지불하는 상품은 채권 간 상관관계가 높을수록 수수료가 낮아지는 경향이 있다. 반면 두 개 채권이 부도가 날 경우 약속된 보상금을 지불하는 Second to Default Basket swap은 오히려 상관관계가 높아질수록 수수료가 상승하는 모습을 그린다. 왜 그럴까? First to Default Basket Swap의 경우 상관관계가 높다는 것은 단일상품처럼 움직인다는 의미이며 그만큼 위험이 다운된다. 하지만 Second to Default Basket Swap은 한 개가 아닌 두 개의 채권을 다루므로 위험의 동조화 현상이 발생할 가능성이 존재한다. 따라서 상이한 결과가 도출되는 것이다.

한편 부도율이 높아질수록 수수료율이 높아지는 현상 역시 관찰할 수 있었다. 신용등급에 따라 카드 수수료율이 다르고 교통사고가 빈번할 경우 보험요율이 올라가는 것과 같은 이치이다. 회수율이 높아질수록 보장매도자가 요구하는 수수료는 떨어졌는데, 이는 수수료 산정의 기준이 되는 위험부담 총액이 적어지기 때문이다. Basket Swap Spread가 기대한 것보다 높다고 생각된다면 보장매입자는 최대한 Pool 내 채권회수율이 높게 계산되도록 노력하여야 할 것이다. 다만 상관관계, 부도율, 회수율의 정도에 상관없이 〈그룹 1〉은 〈그룹 2〉보다 항상 낮은 수수료가 책정된다. 이는 해당 채권이 가진 원죄가 아닌가 생각된다.

〈그림 12-3〉은 90개 채권으로 CDO를 구성한 결과이다. 부도율에 따

First to default basket swap

(그룹 1) **(그룹 2)**

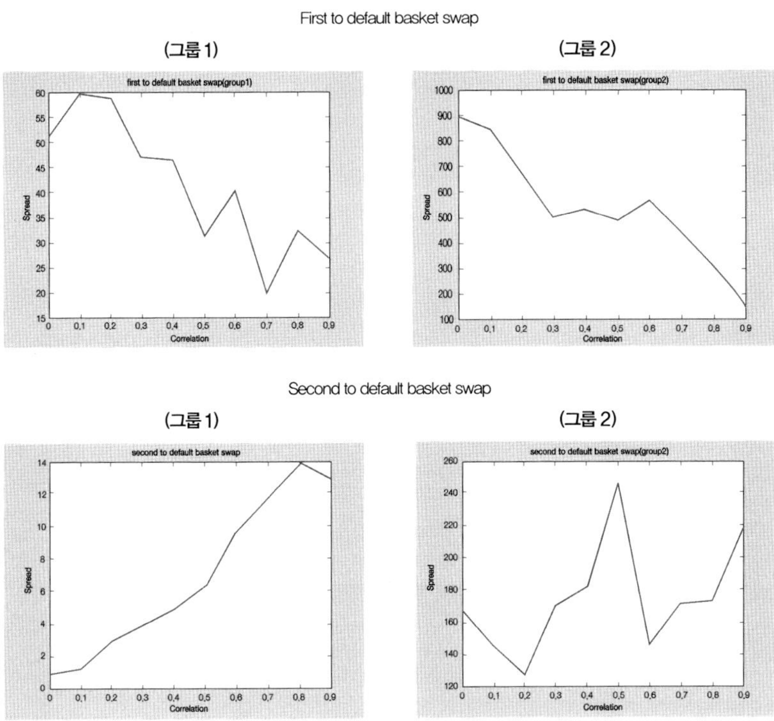

Second to default basket swap

(그룹 1) **(그룹 2)**

〈그림 12-1〉 그룹별 상관관계 변화에 따른 스프레드 가격

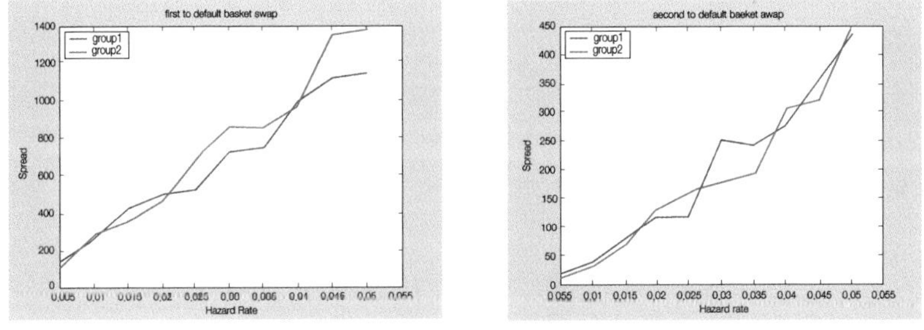

〈그림 12-2〉 Hazard Rate 변화에 따른 스프레드 가격

신용도에 따라 두 그룹으로 나누어 상관관계와 부도율Hazard Rate 변화에 따른 수수료 변화 추이와 방향을 살펴본 것임.

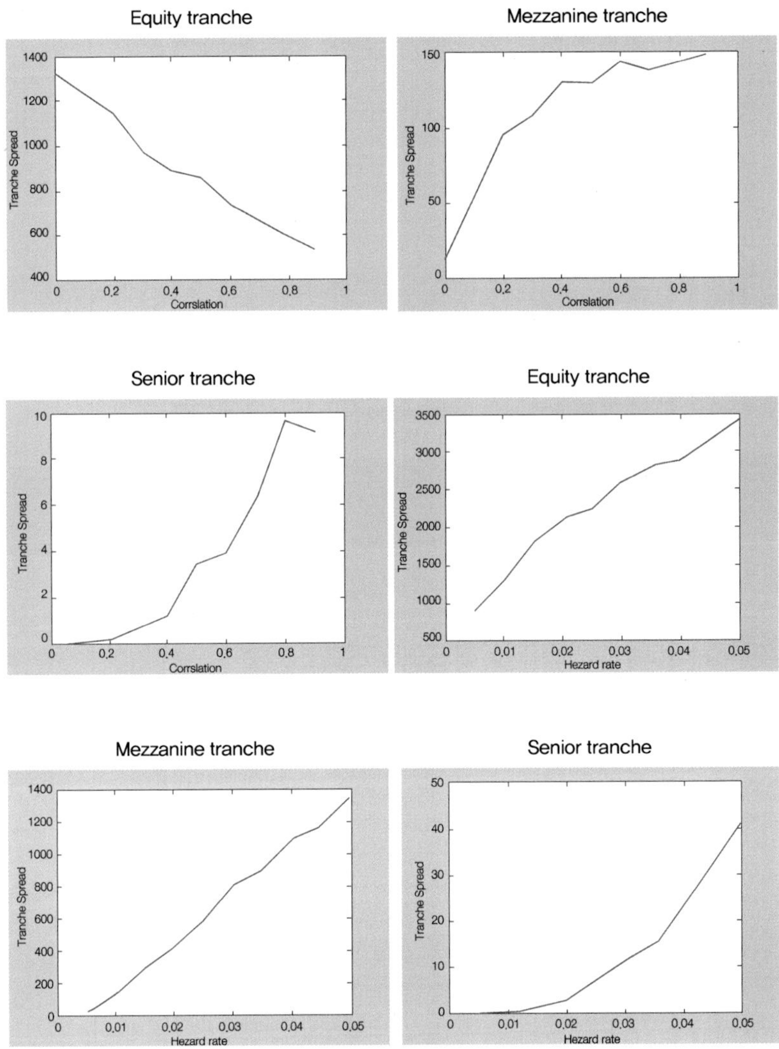

〈그림 12-3〉 Tranche별 상관관계, 부도율 변화에 따른 스프레드 추이

높은 위험순으로 Equity, Mezzanine, Senior로 구조화됨. 가장 낮은 신용등급을 가진 채권들로 구성된 것이 Equity Tranche라고 볼 수 있음.

라 Equity, 메자닌Mezzanine, Senior 3개 그룹으로 나누었으며 시뮬레이션 횟수는 10,000번으로 설정하였다. 90개 채권에 대한 각각의 상관관계와 부도율을 모두 대입함에 따라 계산과정에서 상당한 과부하와 시간이 요구되었다. 2기가 이상 메모리를 탑재한 컴퓨터라면 10만 번 정도는 소화할 수 있을 것으로 생각된다.

결론적으로 말해 Equity의 경우 상관관계가 증가할수록 스프레드 가격이 하락한 반면 메자닌과 Senior는 상향하는 형태를 보였다. 부도율은 트랜치Tranche와 상관없이 높아질수록 스프레드 가격이 상승하였다. 이는 앞서 바스켓 스왑과 동일한 맥락, 즉 위험의 동조화 현상이 관찰되기 때문이다. 한편 당연한 결과이지만 트랜치별로는 Equity가 가장 높은 스프레드 값을 기록하고 있으며 그 다음이 Mezzanine와 Senior 순이다. 높은 위험은 고수익으로 낮은 위험은 저수익으로 현실화되는 것이 금융모형의 핵심이다. 높은 수익에는 그만한 대가가 따르는 셈이다.

끝으로 본 장의 결과를 간추리자면 신용파생상품은 원천적인 패러독스를 안고 태어난 상품이다. 혹시 발생할지 모를 부도위험을 사전에 회피하고자, 즉 수익만 가지고 위험은 떼어 놓으려는 의도로 채권투자로부터 획득하게 될 일부 이득을 포기하고 그 대가로 원금(혹은 계약된 금액)에 대한 보장을 받는 것이다. 여기서 우리는 한 가지 논리적 오류를 발견할 수 있는데, 그것은 바로 부도위험이 높아진다면 신용파생상품의 존재성이 상실하고 무너진다는 사실이다.

부도위험, 즉 국채와 회사채 간의 스프레드가 커질 경우 위험을 부담한 대가로 상대방은 더 높은 보험요율을 요구하게 되고 그 결과 금리로부터 오

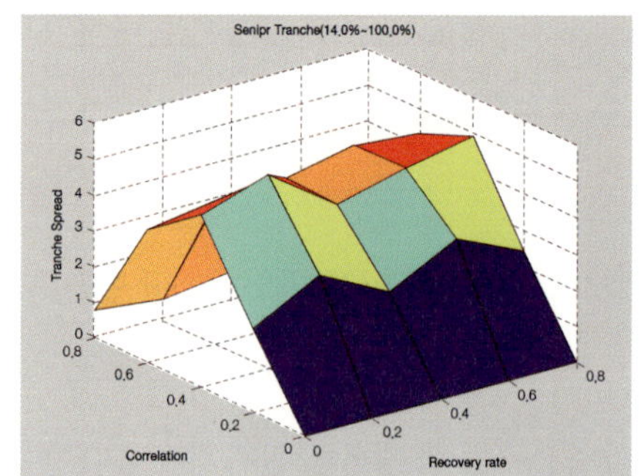

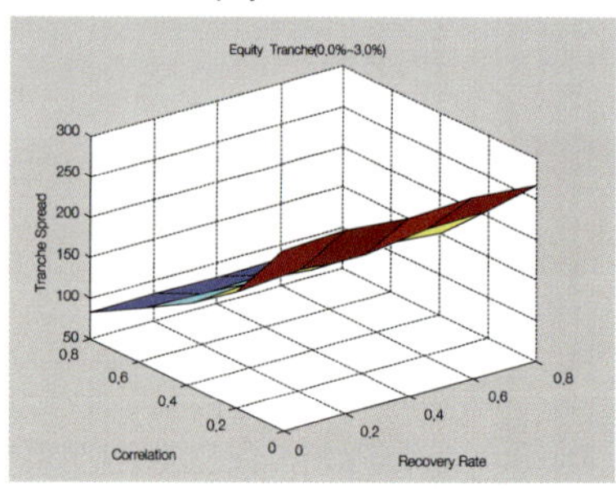

〈그림 12-4〉 Senior CDO tranche(t-copula, 시뮬레이션 횟수=10,000번)

상기 그림은 90개 상장회사 발행채권을 샘플로 사용하여 Tranche별 CDO 가격변화를 도출한 것임.

는 이익이 좁아진다. 높은 위험은 높은 금리로 대응된다는 절대불멸의 원칙은 산산이 깨어지고 배보다 배꼽이 더 큰 상황이 펼쳐지는 것이다. 반면 AIG처럼 위험을 적극적으로 떠안는 입장에서는 높은 위험의 대가로 터무니없이 낮은 보험요율이 책정된다면 그야말로 부도면허를 남발한 것과 진배없다. 초기 설계단계부터 AIG와 같은 멍청한 이가 존재할 것이라는 가정을 감안하지 않았다면 신용파생상품은 허무맹랑한 이론으로 남았을 것이며 세상에 그 모습을 내놓지 못하였을 것이다.

13장

주가예측,
그 한계에 도전한다

주식투자는 이익을 위해 타인에게 손실을 강요하는 자유행위이며 증시는 다수의 손실을 담보로 소수의 이익이 극대화되는 장소이다. 철학적 빈곤은 투자를 기법으로 만들고 투자자는 증시에 함몰된다. 투자전략이란 투자목적 실현을 위한 종합적 이론체계이며, 투자전술은 투자전략을 구성하는 요소에 관한 것이다. 투자이론은 맹목적 교리가 아닌 현상을 직시할 수 있는 나침반이 되어야 한다. 주식투자는 전쟁과 같은 것이 아닌 그 자체로 전쟁이다.

1. 미래를 알고 싶은 인간의 욕망

고대 이래로 인류에게 닥친 대재앙들은 무수한 생명을 앗아 갔으며 인간의 오만을 징벌하였다. 지구촌에서 무소불위의 권력을 휘두를 유일한 존재라는 환상은 지진, 해일, 질병 등으로 씻겨 내려갔으며 달에 우주선을 보내고 화성을 탐사하는 현재까지도 신에 의지하는 나약한 존재로 명맥을 이어 오고 있다. 인류는 아직 아는 것보다 모르는 것이 더 많기 때문이다. 쉽게 정복될 것 같던 암은 21세기 현재에도 난공불락으로 자리 잡고 14세기 중반 중앙아시아와 유럽을 휩쓸며 유럽인구의 1/3을 몰살시킨 흑사병은 영영 사라진 것으로 느껴졌으나 조류독감, 신종플루라는 이름으로 또 인류를 위협할 준비를 하고 있다. 쓰나미는 이제 새삼스러울 것도 없으며 이를 주제로 한 영화가 국내에서 제작되기도 하였다. 모든 것이 가능할 것 같던 21세기에도 사실 대부분은 불가능한 것처럼 보이며 슈퍼컴퓨터와 수많은 데이터, 똑똑한 인간들을 조합해도 주가를 예측하는 것은 힘든 여정인 것 같다.

미지는 언제나 불안으로 연결되며 대처할 수 없는 사건은 위험으로 다가온다. 미지의 위험은 인간을 체념하게 하고 신적인 존재에 의존하게 만든다. 하지만 신은 누구나 볼 수도 또한 느낄 수 있는 대상이 아니며 그 존재성도 종종 의심받는다. 따라서 우리는 신에게 특수한 능력을 부여받은 신적인 존재를 찾게 되고 그들은 지역과 종교에 따라 무당, 주술사, 예언가, 성자 등으로 불리며 인류에게 다가온다. 해외에는 성경 속 예언, 노스트라무스 대예언, 마야인의 예언 등이 있으며 국내에는 정감록이 회자되고 있다. 또한 토정비결은 연초에 신수를 알아보는 점복서로 대중에게 널리 알려져 있으며 집안에 우환이 들 때 점을 보는 것은 일상사로 치부되고 있다. 일반인은 미래를 알 수 없으니 그것을 엿볼 수 있는 고서와 신성을 받았다고 생각되는 누군가에게 기대는 것이다. 흔히 예지력은 신성을 통해 부여받는 것이 대부분이겠지만 방대한 지식과 학습을 통하여 후천적으로도 획득할 수 있을 것이다. 세상과 인간사를 두루 살펴본다면 맥이 잡힐 것이고 도도하게 흐르는 물줄기는 인력으로 쉽게 변하지 않기 때문이다. 공부에 관심을 기울이지 않고 놀기만 즐겨 한다면 대체로 성적이 떨어질 것임을 누구나 전망할 수 있다. 지구대종말 같은 큰 예언을 못하더라도 사회 현상에 관한 소소한 예언은 여러분도 할 수 있으며 우리는 그걸 예측 혹은 전망이라는 용어로 바꾸어 부른다.

증시도 사회의 한 부문이며, 얼마나 깊고 복합적으로 흐름을 살펴보는지에 따라 먼 미래는 아닐지라도 가까운 미래는 떠올릴 수 있을 것이다. 현상만으로도 추세에 대한 움직임은 유추할 수 있는데, 추세가 일순간 급변할 가능성은 그렇지 않은 가능성보다 낮기 때문이다. 추세가 쉽게 바뀐다면 그건 추세가 아니기도 하다. 이후 다양한 계량기법을 통하여 주가지수와 종목주가를 예측해 보겠는데, 현실적으로 이런 기법은 일반인이 다룰 수 있는 분야도 아니며 그 적합성도 담보하기 힘들다. 가벼운 느낌으로 살펴보길 바란다. 계량기법과 같은 잔기술보다 첫 장부터 지금까지 살펴본 내용들을 토대로 현상을 직시하는 안목이 여러분에게는 더 소중할 것이다. 과거와 현실에 대한 인식은 미래로 통하는 첫 관문이며 또한 마지막 관문이기도 하다. 섣부른 예측과 전망보다 지금 있는 그 자리를 둘러보는 것이 더 중요할 것 같다.

2. 무작위 샘플로 공통점 꺼내기

미래의 상을 잡아내는 것도 현실을 기초로
이루어지며 핵심은 그 값이 아닌 그 범위이다.

누구도 확실한 미래를 알 수는 없다. 하지만 현 상태를 토대로 미래를 그려 볼 수는 있으며 그 동선을 확대하다 보면 일순간 미래의 모습일 것으로 추정되는 공통된 이미지를 잡아낼 수는 있다. 다수의 집합 가운데 공집합을 추출해 보면 그 공집합이 개별집합 그 자체는 아니더라도 개별집합들이 모두 보유한 특성의 한 가닥은 뽑아낼 수 있다는 의미이다. 쉽게 말해 실제 미래는 아닐지라도 미래와 비슷할 것으로 추측되는 가상의 미래는 한번 그려 볼 수 있는 것이다. 이런 사상을 밑바탕에 둔 것이 몬테카를로 시뮬레이션인데, 좀 시니컬하게 보면 이 개념 속에서 사회의 한 단상을 끄집어낼 수도 있다. 빈털터리가 부자가 되려면 세상이라는 도박판에 인생을 던져야 한다. 막대한 유산을 상속받았다면 안정적으로 인생을 설계하겠지만 그렇지 않다면 위험을 안고 가지 않는 한 장밋빛 미래를 기대하기는 힘들다. 몬테카를로 시뮬레이션에 깔린 사상은 결정론적 계급관념인 셈이다.

본인의 출생 상태를 초기 주가로 두고 인생에 대한 도전의식을 변동성으로 삼아 보자. 여러분이 부유한 재벌가 자손이라면 코스피(KOSPI) 10,000포인트가 주어진 것과 같다. 세상사 등락에 따라 주가지수는 움직이겠지만 인생을 위험한 쪽, 다시 말해 변동성을 크게 만들지 않는다면 코스피 5,000포인트로 떨어질 가능성은 극히 낮을 것이다. 물론 코스피 20,000포인트에 도달할 개연성도 희미하겠지만. 평범한 가정에서 태어났다면 여러분은 KOSPI 1,000 수준의 값을 부여받은 셈이다. 열심히 노력하고 또한 운이 좋다면 2~3배 신분 상승도 성취할 수 있을 것이다. KOSPI 2,000~3,000포인트도 남의 일만은 아니다. 다만 위험 회피적인 노력과 운에 기댄 행태로는 KOSPI 5,000포인트에 도달하기는 정말 힘들 것이다. 거기까지가 한계인 셈이다. 따라서 어떤 이는 인생을 도박판에 던져 버린다. 소위 변동성을 높게 들고 가는 것이다. KOSPI 제로가 될 가능성도 높지만 대박이 나면 KOSPI 5,000포인트도 동화 속 이야기는 아니다. 국내 투자자들이 안전자산보다 주식, 주식보다 옵션에 목을 매는 이유도 이를 본능적으로 알기 때문이며 스스로 갇힌 게임^{Closed Game} 속으로 들어간다.

상기 관념을 들고 주가 또는 주가지수 경로를 전문적 용어로 풀어헤쳐 보자. 주가 혹은 주가지수는 일반적으로 마코브 과정^{Markov Process}을 따른다고 추정된다. 마코브 과정이란 미래지수가 일주일 전 혹은 한 달 전 지수에 의해 좌우되는 것이 아닌 지금 현재 주가지수에 영향을 받는다는 의미로 이 사고를 좀 더 확대하면 우리는 주가 흐름에 관한 개념을 발견할 수 있다. 11장에서 살펴본 옵션가격결정모형의 토대를 제공하는 기하브라운 운동^{Geometric Brownian Motion}이 바로 그것이다. 말로 설명하는 것보다 공식으로 나타내는 것이 훨씬 직관적이고 이해하기 쉬울 때가 있는데, 지금이 바로 그 순간이다.

$$dS = \mu Sdt + \sigma Sdz$$

상기 식에서 dS 는 주가(혹은 주기지수) 변화, S 는 주가(혹은 주가지수)를 의미한다. 또한 μ 는 예상 주가지수 수익률, dt 는 시간 간격을 나타낸다. 일 주가지수 변화로 표현된다면 dt 는 하루라는 기간이 되는 셈이다. 또한 σ 는 변동성을 말한다. 변동성 개념은 앞 장에서 살펴보았으므로 생략하기로 한다. dz 는 변화를 이끌어 내는 모든 움직임으로 통칭할 수 있으며 그 변화는 평균이 0이고 분산이 1인 마코브 확률과정을 따른다. 흔히 이를 와이너과정Wiener Process이라고 부르기도 한다. dz 는 달리 $\varepsilon\sqrt{dt}$ 로 해석되며 여기서 ε 는 표준정규분포를 따르는 무작위 숫자를 의미한다. 위 공식을 통해 우리는 주가(혹은 주가지수) 변화를 초래하는 모든 변수를 관찰해 보았다.

그럼 코스피 1,500포인트, 예상 수익률과 변동성을 각각 5%와 30%로 설정하고 시간 간격은 하루로 1일로 둔다. 5% 수익률을 좇아 투자할 사람들은 드물겠지만 보통 국채 수익률로 표현되는 무위험 수익률을 대용 지표로 자주 애용한다. dt 는 1/250(0.004)으로 표현될 수 있는데 여기서 250은 거래일수를 의미한다. $\sqrt{dt}$ 는 0.063으로 표현된다. 실제 EXCEL 파일에서 sqrt 함수를 이용하여 산출해 보길 바란다. 그럼 내일의 주가를 산출하는 공식은 아래와 같이 표현할 수 있다.

$$dS = 0.15 * 1500 * 0.004 + 0.3 * 1500\,dz$$

$$dS = 0.9 + 450\,dz$$

$$dS = 0.9 + 450 * 0.063 * \varepsilon$$

남은 것은 임의의 난수를 생성하는 것이다. 몬테카를로 시뮬레이션도 엄밀히 말하자면 위 공식을 토대로 단순히 임의의 난수를 생성하는 절차에 불과하다. 시뮬레이션을 10만 번 수행하였다는 말은 난수, 즉 를 10만 개 만들어 보았다는 의미이다. 일례로 값이 0.3으로 나타났다면 내일 코스피지수는 오늘보다 9.4포인트 상승할 것이라는 뜻이며 반대로 값이 마이너스(−) 0.5로 생성된다면 13.3포인트, 즉 0.89% 하락할 것임을 의미한다. 공식을 볼 때는 난해해 보였지만 막상 풀고 보면 사칙연산 이외에 별다를 것도 없음을 발견할 수 있다.

그럼 몬테카를로 시뮬레이션에 대한 학술적 개념을 살펴보고 실무적 응용으로 넘어가 보자. 몬테카를로 시뮬레이션이란 불확실한 상황, 즉 확률적인 조건하에서 의사결정을 목적으로 난수Random Number를 생성하여 정해진 조건식에 적용하는 절차를 말한다. 확률에 따른 통계 검증을 수행하는 기법으로 그 결과는 시뮬레이션을 실행할 때마다 미묘한 차이를 보인다. 분석적 해Analytical Solution 도출이 가능한 확정모형Deterministic Model과 달리 몬테카를로 시뮬레이션은 변수 간의 관계에 대한 설명이 불가능하다. 미래는 확률적 과정Stochastic Process을 따른다는 가정하에 확률적 추정치와 그 표준편차에 관심을 가질 뿐이다. 다만 기본 조건식을 고정, 변경함으로써 확률과정에 확정모형 색채를 가미할 수는 있다.

핵심은 간단한데 학술로 넘어가면 항상 관념화된 기호들과 그들만의 용어들이 불쑥불쑥 튀어나온다. 단순화와 직관으로 치부될 수 있지만 그 속에 지식의 권력화도 살포시 숨어든 것 같다. 가끔 점프Jump로 표현되는 돌발 사태도 반영하고 변동성도 고정된 수치에서 시계열적 흐름으로 끌고 가며 난수에 조정도 가해 보지만 그 바탕은 수많은 주가지수 경로를 생성하다 보면 평균적으로 예측하고자 하는 미래 주가에 근접하지 않을까라는 믿음이 놓여 있다. 이론과 개념은 이쯤에서 놓아두고 평이한 형태로 코스피와 코스닥 그리고 종목 몇 개를 간추려 한번 구현해 보기로 하자.

구체적 결과는 〈표 13-1〉과 그 밑의 그림과 같다. 변동성이 높아질수록 추정 범위, 즉 최댓값과 최솟값의 격차가 확대됨을 알 수 있다. 2000년부터 2009년이라는 비교적 긴 시간을 놓고 볼 때 코스피 변동성은 28%, 코스닥은 32%로 산출되었다. 예상보다 그 격차가 크지 않는데, 이는 극단 값들이 평균 속으로 함몰되었기 때문이다. 무수히 긴 시간으로 관측치를 늘리다 보면 수익률은 제로에 수렴되는데, 몇 년으로 안 된다면 몇십 년 또는 몇백 년으로 확대하면 된다. 긴 인생살이는 결국 공수래공수거인 것이다. 한편 주가경로 생성기간과 같이 1년이라는 시간으로 한정할 경우 변동성은 약간 높아지는데, 2008년 말과 2009년 초 불안한 증시상황이 반영된 것 같다. 평균보다 약간 높아진 변동성을 들고 1년 후 주가를 추정해 보면 코스피는 최소 1,048~최대 2,258포인트, 코스닥은 최소 320~최대 692포인트로 나타났다.

위 수치는 추정치에 불과하며 실무적 해석은 좀 다르게 접근할 필요가 있다. 코스피를 일례로 설명하자면, 1,048포인트는 모형이 추산한 최솟값이지 미래 현실화될 수치는 아니다. 실 데이터는 이 밑으로 사정없이 떨어질 수

지수	변동성		추정치	최댓값	최솟값
코스피	평균	28%	1,634	2,102	1,166
	1년	35%	1,653	2,258	1,048
코스닥	평균	32%	505	667	343
	1년	35%	506	692	320

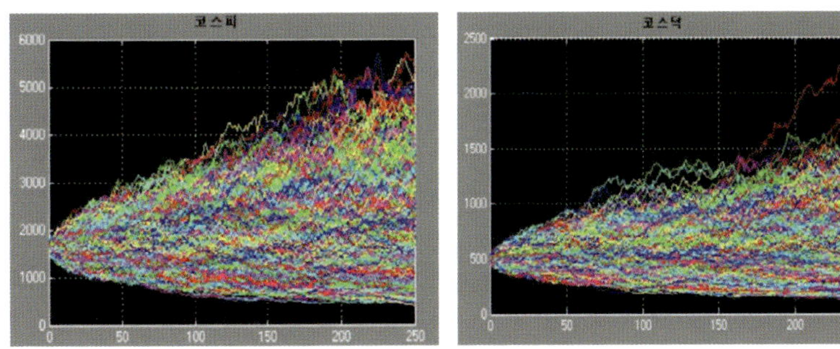

〈표 13-1, 그림 13-1〉 지수 몬테카를로 시뮬레이션 결과

지수	변동성		추정치	최댓값	최솟값
현대자동차	평균	51%	102,790	158,603	46,977
	1년	58%	102,250	168,347	36,153
삼성전자	평균	32%	816,560	1,083,000	550,120
	1년	43%	811,910	1,185,210	438,610

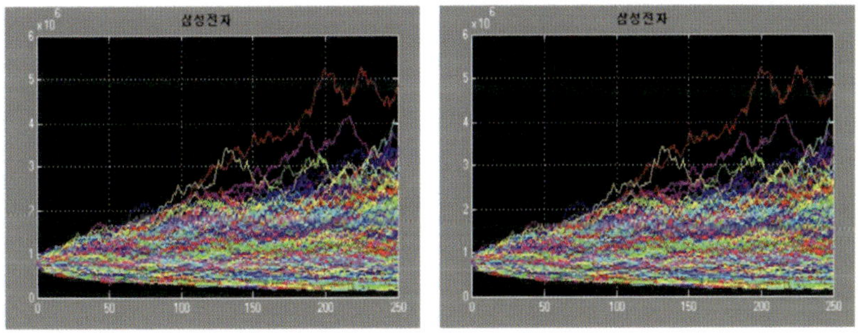

〈표 13-1, 그림 13-1〉 지수 몬테카를로 시뮬레이션 결과

도 있는데, 인간은 생각하는 갈대이고 투자 심리는 변화무쌍하기 때문이다. 다만 추가 하락폭은 그리 깊지는 않을 것이다. 떨어질 만큼 떨어졌으면 그 후는 조정 아니면 도약일 것이다. 최댓값도 같은 맥락에서 바라볼 수 있는데, 모형에서 제시한 2,258포인트가 1년 후 현실화될 최고점일 수는 없다. 투자 열기가 증시를 휘감는다면 더 치고 올라갈 수도 있을 것이다. 하지만 정점에 근접할수록 추진력은 떨어지고 현실은 점차 다가올 것이다. 안정적 투자자라면 만약 2,258포인트를 넘어서더라도 뒤쫓지 말고 수익을 현실화하는 것이 현명할 것이고 그 이전이라도 비중을 축소하면서 수치가 아닌 손안의 이익으로 만들 필요가 있다.

지수가 아닌 종목으로 넘어가 보자. 제조업 가운데 한국 자동차와 전자산업을 대표하는 현대자동차와 삼성전자를 샘플로 뽑았다. 〈표 13-2〉에서 보듯이 현대자동차 변동성이 삼성전자보다 높게 산출되고 있으며, 과거보다는 최근 1년이 더 높은 수치를 제시하고 있다. 주가지수에서 관찰된 현상의 반복으로 볼 수 있다. 현대자동차는 58% 변동성 기준, 최소 36,150원에서 최대 168,347원까지 주가가 형성될 것으로 예측되고 있다. 1년이라는 기간을 두었지만 최솟값을 너무 낮게 추정한 것이 아닌가라고 의문을 제기할 이들도 있을 것이다. 사실 분석시점인 10월 현재 현대자동차 주가는 10만 원 수준에서 움직이고 있다. 다만 약 1년 전인 2008년 11월 25일 3만 5천 원 수준까지 떨어졌다는 사실을 염두에 두면 그리 큰 비약은 아닐 것이다. 앞서 발생한 일은 이후에도 발생할 수 있는 것이다.

43% 변동성하에서 삼성전자는 최소 438,610원, 최대 1,185,210원까지 주가 범위가 설정되었다. 아무리 천하의 삼성전자라도 120만 원은 무리일

것이라는 견해도 있을 수 있고 실제 이 100만 원만 제시해도 진지한 고민에 앞서 냉소적 시각이 주류를 이루고 있다. 당장 기업가치평가 모형을 돌려도 120만 원대는 무리일 수 있다. 하지만 고정화된 개념을 떠나 모형 그 자체에서 해답을 찾기 때문에 120만 원 수준도 가능하다고 보는 것이다. 같은 견지에서 44만원 밑으로도 주가를 제시하고 있다. 현대 자동차보다 한 달 빠른 2009년 10월 24일, 삼성전자 역시 40만 원대가 무너질 위기를 겪었다. 이상에서 살펴본 수치를 실무적으로 해석할 때는 앞서 코스피에서 언급한 것과 같은 맥락에서 판단하길 바란다.

3. 전통적 투자기법으로 살펴본 미래

미래는 자기로부터 또 다른 자신을 발견하는 작업이다.

몬테카를로 시뮬레이션의 단점은 기술적 분석에서도 관찰되듯이 결과에 대한 설명력이 약하다는 데 있다. 주가경로를 움직이는 요인은 이미 확정된 내부적 수치와 블랙박스와 같은 임의난수이며 왜 그런 결과가 도출되었는지에 대한 인과관계는 빠져 있다. 사람들은 일반적으로 현상을 인과관계로 바라보는 데 익숙해져 있으며 그 연결 고리에서 답을 찾으려고 노력한다. A가 이렇게 변했으니 B는 대충 얼마만큼 변할 것이라는 직관을 줄 수 있는 모형을 선호하며 그런 구조에서는 B를 설명하는 변수 A를 찾아내는 작업이 무엇보다 중요하게 된다.

일례로 A가 다우지수, B가 코스피라면 보통 95% 신뢰수준에 다우지수가 1% 변할 때 코스피는 0.44% 움직이는 것으로 나타났다. 이 말은 다우지수로 코스피 등락률의 44%밖에 설명할 수 없음을 의미한다. 종목으로 한 번 들어가면 현대중공업과 하나금융을 놓고 보았을 때, 현대중공업 주가는 하나금융 주가로 1% 정도 설명되는 것으로 나타났다. 업종이 전혀 다르고 투자자층도 다르며 가치산출 기준도 상이하다는 것을 감안한다면 의외의 결과는 아닐 것이다. LG전자와 LG디스플레이를 대상으로 재확인한 결과 LG디스플레이 주가 움직임은 LG전자를 통해 65% 이상 설명되었다.

이런 논리에 부합한 것이 바로 선형 회귀모형이며 그 단순함과 직관력 때문에 현재 가장 널리 이용되고 있다. 자본자산가격결정모형CAPM과 다인수모형이 그 대표적 경우이고 약간 변형된 자기회귀모형과 VAR 모형도 그 갈래에 속한다. 다만 자기회귀모형은 다양한 변수로 주가를 추정하는 것이 아닌 주가 그 자체를 놓고 회귀분석을 한다는 점에서 다인수모형과 VAR모형과는 일정한 거리감을 두고 있다. 어떤 측면에서는 이동평균법으로 대변되는 기술적 분석에 더 가깝다고 볼 수 있다. 그럼 결과를 놓고 논의를 좀 더 진행하도록 하자.

〈그림 13-3〉은 다우지수와 코스피 수익률을 두고 회귀분석을 시행한 결과인데, 실제 코스피 수치보다 중앙으로 집중되는 경향을 보이고 있다. 위 결과는 회귀분석을 통하여 코스피를 추정한다면 추정된 미래 값은 실제로 현실화된 향후 코스피 값보다 더 중간으로 몰리는 형태를 띨 것이라는 점을 대변해 준다. 급등락 같은 돌발 상황이나 진폭이 크게 일어나는 부문은 노멀로Normal 표현되는 정규분포로 제거된 채 무미건조한 모습을 띨 가능성이 높다는 뜻이기도 하다. 회귀 분석은 틀에 집어넣은 단편적 흐름은 유출할 수 있지만 구체적 형태는 잡아낼 수 없으며 중앙으로 수치를 몰아감으로써 단조로운 직선 형태로 주가 예측치가 추정될 수 있다.

그럼 아류에 속하는 자기회귀모형을 통하여 코스피지수를 한번 예측해

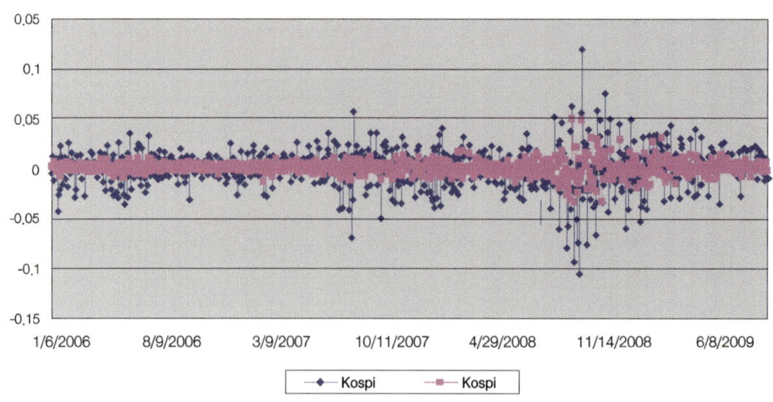

〈그림 13-3〉 다우지수로 회귀 분석한 결과

보자. 다양한 변수들을 이용한, 즉 풍부한 인과관계로 맺어질 부문은 차후에 진행하도록 한다. 우선은 코스피 그 자체만으로 향후 흐름을 예측하여 보자. 몬테카를로 시뮬레이션이 예측 값만을 제시한다면 자기회귀모형은 방향성도 함께 점검한다. 1993년부터 2009년 9월 월 데이터를 들고 2011년 말까지 2년 정도 코스피 흐름을 전망한 결과 기울기가 급경사를 이루며 떨어지는 형태는 아닐지라도 완만한 하락을 점치고 있다. 과거 데이터와 추세를 감안한 회귀적 경향으로 파악되며 최대한 긍정적으로 해석해도 2007년 달성한 고점에는 못 미치는 것 같다. 저점을 중심에 놓고 보면 점차 주가수준을 낮추면서 2011년 말에는 1,200포인트 밑으로 하회할 것 같다.

코스닥 시장은 상대적으로 늦게 출범하였다는 점을 감안하여 분석 시점을 2000년부터 설정하였으며 예측은 2년이 아닌 1년으로 단축시켰다. 그 결과는 〈그림 13-5〉와 같은데, 코스피와 달리 약간 상승하는 모습을 띠고 있다. 이전보다 평균적으로 뚜렷이 낮은 지수대와 2009년 상승세가 맞물려

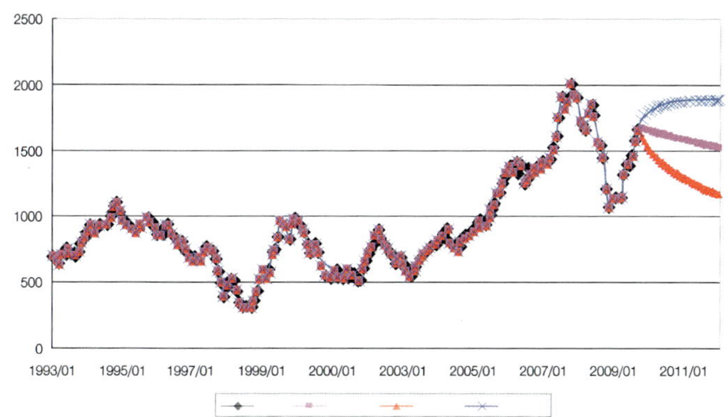

〈그림 13-4〉 자기회귀모형을 통한 코스피 예측

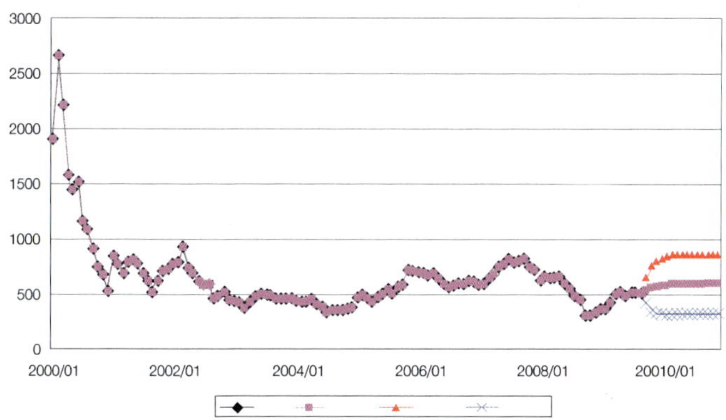

〈그림 13-5〉 자기회귀모형을 통한 코스닥 예측

2010년 흐름도 약간은 긍정적으로 보는 것 같다. 평균으로 회귀라는 울타리를 벗어나지 못한 결과로 생각된다. 투자로 접근할 때는 앞 단락에서도 언급한 것처럼 약간은 다른 시각과 접근법을 택할 필요가 있다. 월별로는 현실적 데이터들이 구간 안에서 놀고 있는지 체크해 보고 일 단위로는 그림상의 월별 상한선과 하한선을 기준으로 어떻게 매매를 이끌어 낼 것인지 고민할 필요가 있겠다.

4. 충격을 통하여 알아본 미래 주가흐름

삶의 부대낌 속에 인생이 변화하듯 주가도 별반 다를 것이 없다.

회귀분석이 단순한 선형관계에 기반을 두었다면 백터자기회귀모형VAR: Vector autoregressive models은 회귀분석에 사용되는 변수들을 한데 묶어 상호 충돌시킴으로써 그 영향 관계와 방향을 예측하는 기법이다. 사실 이 모형은 주가와 같은 금융변수보다 약간은 정형화된 패턴을 그리는 경제변수 예측에 더 어울리는데, 이는 주가가 임의보행Random하는 성질이 있어 정형화된 틀로서 추정하기가 힘들기 때문이다. 개념은 이쯤에서 접어 두고 2010년 예상 주가지수 흐름을 추론해 보자.

예측은 두 가지 패턴으로 나누어 진행하였다. 첫 번째는 지수들만으로 추정하였으며 두 번째는 경제와 투자자금 지표를 동시에 고려하여 살펴보았다. 이런 구조를 통해 우리는 타 증시 충격으로부터 야기되는 영향력을 측정할 수 있으며 경제와 자금 상황이 한국증시에 미치는 영향력을 가늠할 수 있다. 또한 보너스로 두 패턴 간의 비교 우위도 점칠 수 있을 것이다. 주가지수는 월 평균데이터를 사용했으며 그 외 경제, 자금지표는 월 평균과 월 수치를 적용하였다. 참고로 분석에 사용된 지수는 코스피, 항생지수, 상해종합지수 그리고 다우지수이다.

먼저 지수들만으로 추정한 결과는 〈그림 13−6〉과 같다. 앞서 그림들과 거의 동일한 결론을 내고 있는데, 예상 시점인 2010년까지 코스피는 완만한 하락세를 기록할 것으로 예측되고 있다. 또한 2010년 말 예상 지수대는 1,440포인트 정도로 자기회귀모형에서 추정한 값 1,580포인트와는 약간의 격차를 보인다. VAR모형 역시 최솟값과 최댓값 범위를 제시하고 있는데, 완만하게 그려진 최댓값보다 급격히 떨어지는 최솟값에 더 눈길이 간다. 모형이 제출한 최저점은 1,170포인트로 추정되고 있으며 최댓값은 1,700포인트대에 머물러 있다.

개별지수가 코스피에 미치는 충격은 그래프에서 보듯이 코스피 자기 자신은 과거 수치라도 이후 흐름에 양의 영향력을 비교적 장기간 미치는 것으로 나타났다. 추정 최대시점인 10개월 이후에도 그 여진은 큰 변화 없이 지속되고 있다. 과거 수치가 항상 오늘날의 투자판단 근거가 된다는 점에서 큰 이의를 제기할 수는 없을 것 같다. 상해종합지수는 다른 형태로 이미 언급되었듯이 코스피에 양(+)의 영향력을 미치지만 그 파괴력은 가장 떨어지는 것으로 나타났다. 이에 대한 부연 설명은 필요 없으리라 생각된다. 한편 다우지수와 항생지수는 초기에는 비슷한 수준의 영향력을 코스피에 미치지만 점차 시간이 흐름에 따라 항생지수는 퇴색되고 다우지수만 남게 된다.

이런 결과로 우리는 주식투자에 도움이 될 몇 가지 추론을 끄집어낼 수 있는데, 첫째, 세 증시 모두 한국증시에 양의 영향을 미친다. 이는 상관관계를 통해서도 일부 검증된 사실이다. 둘째, 중국증시는 글로벌 증시의 관심을 불러일으킬 반짝 이벤트가 아니라면 한국증시에 의미 있는 충격을 던져 주지 못한다. 셋째, 미 증시와 홍콩증시 모두 구조적 충격을 한국증시에 던져

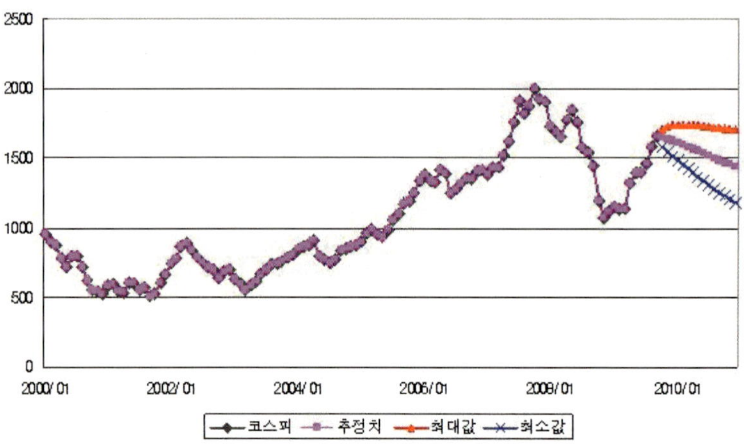

〈그림 13-6〉 VAR 모형을 통한 코스피 예측(국내외 주가지수들)

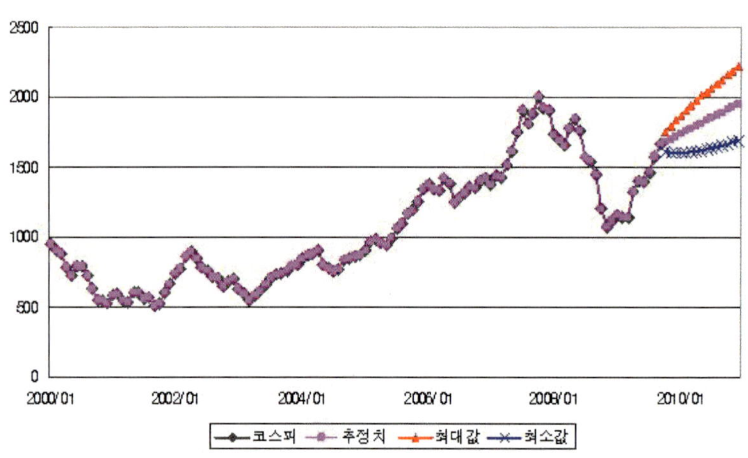

〈그림 13-7〉 VAR 모형을 통한 코스피 예측(경제, 투자자금 지표)

주지만 그 지속성은 미 증시가 더 길고 뚜렷하다. 일단 이상의 결론만 들고 두 번째 패턴을 진행하기로 하자.

지수들로 추정된 결과에 실망한 투자자라면 경제와 투자자금 지표에서는 웃음을 지을 수 있을 것 같다. 국내외 주가지수들로 구성할 경우 하락 시그널이 떨어졌지만 수출액, 환율, 거래량, 신용융자 잔고를 모형에 포함시킬 경우 반대로 상승 시그널을 발산하고 있다. 상황이 긍정적으로 흐른다면 2010년 말 2,200포인트를 약간 상회할 수도 있을 것이다. 무엇보다도 월 최저점을 연결한 수치들이 완만한 상승을 보이며 그 수준도 1,600~1,700포인트를 가리키고 있다는 것이다. 2007년 정점을 넘어설지는 단언할 수 없지만 모형 자체는 그 가능성을 배제하지 않고 있다. 2010년과 같은 특정연도가 아니더라도 한국증시를 제약하고 있는 역사적 박스구간을 탈피하려면 해외증시보다는 해외경제, 대외변수보다는 대내변수에 좀 더 집중해야만 할 것이다.

한편 충격반응을 통하여 경제와 투자자금 지표 영향력을 추정해 보면, 환율을 제외하고는 모두 양의 영향을 미치는 것으로 나타났다. 그 가운데 신용융자 잔고가 가장 큰 영향력을 발휘하고 있으며 거래량과 수출액은 비슷한 수준을 유지하고 있다. 앞서 사례와 다른 점은 시간이 흐름에 따라 영향력이 퇴색되는 것이 아닌 확대된다는 사실이다. 지수와 지표의 차이가 아닌가 생각된다. 환율은 유일하게 부(−)의 영향력을 미치는데, 이 말은 환율이 상승하면 주가는 떨어지고 환율이 하락하면 주가는 올라간다는 것을 의미한다. 무엇보다도 그 영향력이 일시적이지 않고 비교적 길게 지속된다는 특징이 있다. 이런 결론은 앞 장에서 살펴본 내용과 일맥상통하며 논리적 타당성도 확보하고 있다. 한국 돈 가치가 올라야 주가도 상승하는 셈이다.

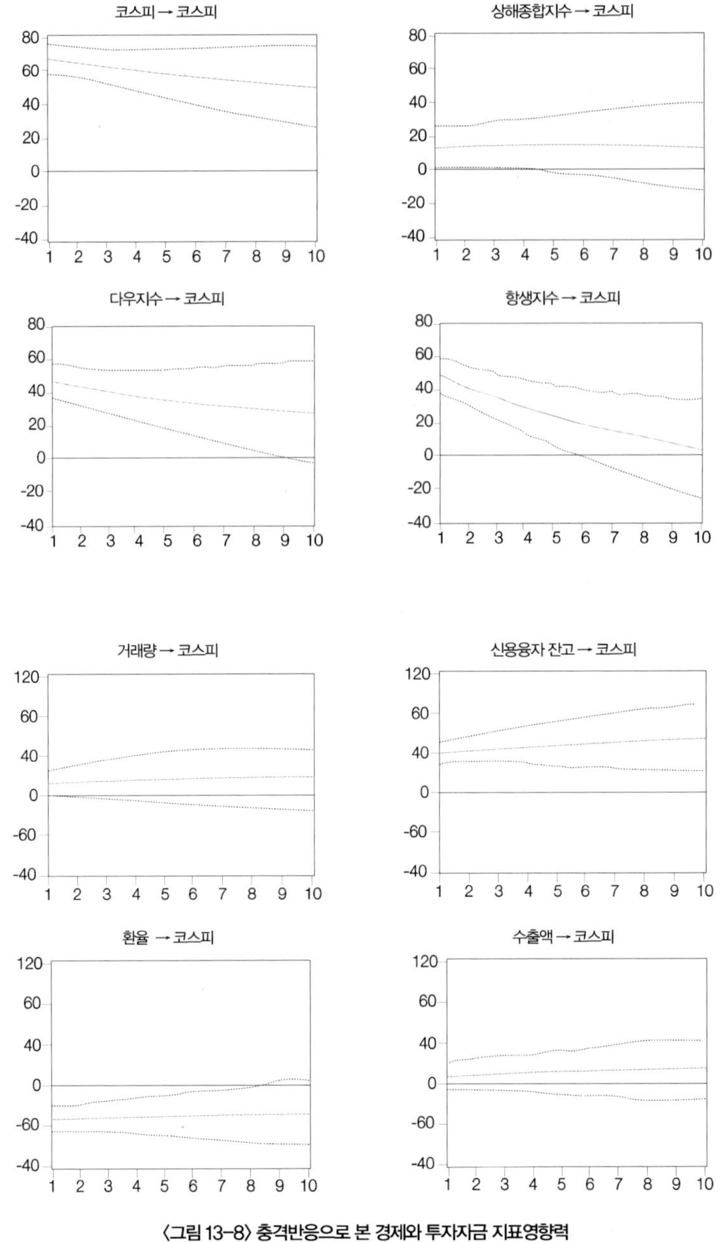

〈그림 13-8〉 충격반응으로 본 경제와 투자자금 지표영향력

5. 미래를 향한 현재의 그물

세상은 진보하며 인간과 신도 정확한 미래는 알지 못한다.

이제 본서의 마지막 종착역에 도착하였다. 그리스 신화에 나오는 프로메테우스의 어원은 '미리 생각하는 사람'이라고 한다. 그는 인간에게 불과 문명을 전수했으며 그것으로부터 예술과 과학이 파생되었다. 하지만 그 자신의 삶은 즐거웠을까?

제우스의 미움을 받아 영원히 간을 쪼이는 형벌을 받았으며 인간은 희망의 끝자락만 남겨 놓은 채 판도라 상자로 대변되는 재앙과 질병 그리고 불행을 선사받았다. 희망은 '시지프스의 신화' 속 내용처럼 돌을 산 정상에 올렸다가 굴러떨어지면 다시 올리는 영원한 굴레일 수 있다. 미래는 인간이 아닌 신의 영역이지만 그 영역을 깨려는 시도는 지금도 끊임없이 행해지고 있다. 제우스가 그렇게 진노한 것도 미래를 꿰뚫어 보는 프로메테우스에 대한 질투와 함께 인류가 과학의 힘을 빌려 신의 영역에 도전할 것을 알았기 때문인지도 모른다.

비록 그 대상이 우주만물은 아니지만 투자자는 증시라는 공간에서 끊임없이 미래를 엿보려 한다. 과거와 현실에 머물길 원하는 신의 뜻을 거부하고 미지의 미래로 그 영역을 확대하는 셈이다. 전 인류 가운데 투자자만큼 미래에 목매는 이들도 드물 것이다. 그들은 때론 체념하면서 미래예측보다는 헤지와 위험평가에 골몰하고 또 다른 이는 물리, 지질, 신경망 등을 통하여 구조적 메커니즘을 밝히려고 한다. 주가는 항상 가치로 회귀한다지만 '욕망'이라는 과실을 던져 놓고 이성적일 것을 강요하는 것은 이율배반적이다. 마치 이브에게 금단의 과실을 먹지 말고 판도라에게 상자를 열어 보지 말 것을 요구하는 것처럼….

증시에 발을 들여놓는 순간 우리는 즐거움보다 슬픔이 더 깊게 배어나며 행운보다는 불행이 먼저 찾아온다. 그럼에도 희망이라는 끝자락을 움켜지고 굴러떨어질지 알면서도 또다시 정상을 향해 증시를 밀어 올린다. 정상에서 맞이하는 한 호흡의 쾌감이 없다면 무엇으로 인생을 살아갈 것인가! 집중하고 몰두할 그 무언가가 필요하다면 전쟁보다는 지적게임이 더 좋지 아니한가! 그 끝이 비록 허망할지라도 미래를 향한 인간의 도전은 지속될 필요가 있으며 세상은 진보하고 인간도 신도 정확한 미래는 알지 못한다. 내가 '꽃' 이라 불러 줄 때 비로소 그 '꽃' 은 의미를 가지게 된다.

긴 여정을 함께한 독자 여러분에게 감사의 인사를 전해 드립니다. 한국증시를 해체할 의도로 기획되었지만 지나고 보니 미진한 점들만 눈에 들어옵니다. 표상이 눈을 흐리고 현상이 왜곡되며 지식은 권력화된 곳에서 숨통을 틔워 줄 한 줌의 공기가 되길 바라며….

주식투자의 길2

증시해체
김태일 투자전략가 지음

초판인쇄 | 2010년 2월 15일
초판발행 | 2010년 2월 15일

지은이 | 김태일
펴낸이 | 채종준
기 획 | 강태우
디자인 | 이효정 양은정
마케팅 | 김봉환

펴낸곳 | 한국학술정보㈜
주 소 | 경기도 파주시 교하읍 문발리 파주출판문화정보산업단지 513-5
전 화 | 031) 908-3181(대표)
팩 스 | 031) 908-3189
홈페이지 | http://www.kstudy.com
E-mail | 출판사업부 publish@kstudy.com
등 록 | 제일산-115호(2000. 6. 19)

ISBN   978-89-268-0804-7 14320(Paper Book)
        978-89-268-0805-4 18320(e-Book)
        978-89-268-0800-9 14320(Paper Set)
        978-89-268-0801-6 18320(e-Book Set)

이담
Books 는 한국학술정보㈜의 지식실용서 브랜드입니다.